管理的奥秘

曾仕强告诉你中国企业怎么管

曾仕强 著

廣東旅游出版社
GUANGDONG TRAVEL & TOURISM PRESS
悦读书·悦旅行·悦享人生
中国·广州

图书在版编目（CIP）数据

管理的奥秘 / 曾仕强著 .—广州：广东旅游出版社，2016.3
ISBN 978-7-5570-0315-9

Ⅰ. ①管…　Ⅱ. ①曾…　Ⅲ. ①企业管理　Ⅳ. ①F270

中国版本图书馆 CIP 数据核字（2015）第 309630 号

管理的奥秘
Guanli de Aomi

广东旅游出版社出版发行
（广州市天河区五山路 483 号华南农业大学公共管理学院 14 号楼三楼　邮编：510642）
印刷：北京嘉业印刷厂
（地址：北京市大兴区黄村镇李村）
广东旅游出版社图书网
www.tourpress.cn
邮购地址：广州市天河区五山路 483 号华南农业大学（公共管理学院）14 号楼三楼
联系电话：020-87347994　　邮编：510642
787 毫米 ×1092 毫米　16 开　20.75 印张　299 千字
2016 年 3 月第 1 版第 1 次印刷
定价：68.00 元

目录

引　言　中国式管理重视管理功夫

第一节　中国企业少不了管理功夫 / 3

第二节　练力不练功到头来一场空 / 9
高压式解决问题只是练力 / 10
疏解式大事化小才是练功 / 10

第三节　管理功夫分为基础和精微 / 12
基础功夫大家都可以学习 / 13
精微功夫毕竟还需要缘分 / 13

第四节　管理功夫要以理念作基础 / 16
练好功夫先要有理念 / 17
只求根本而不问结果 / 20
使自己立于不败之地 / 21
兼顾长期和短期利益 / 23
秉持公诚正直的原则 / 25

第一章　内外兼修才能做好企业

第一节　**理念正确才能谈企业形象** / 29
好理念表现企业良好形象 / 30
树立企业形象是系统工程 / 31

第二节　**形象的内发力是企业文化** / 38
企业文化是一种主观文化 / 39
企业文化要随时调整变迁 / 42
企业文化有一套发展模式 / 47
企业文化要适时调整提升 / 50

第二章　合理计划促进企业发展

第一节　**企业发展要依赖确实预测** / 59
企业领导要有先见之明 / 61
设法加强预测力的培训 / 65

第二节　**预测之后要变成具体计划** / 69
根据实际情况制订计划 / 69
制订计划遵循三大模式 / 74

第三节　**计划扩大成决策即为企划** / 79
企划的目的是建立行动方案 / 79
能产生效益的才是好的企划 / 83
好的企划需要好的企划人员 / 84

第三章　组织架构决定企业实力

第一节　组织是企业生存发展的力量 / 91

组织使平凡人做不平凡事 / 92

好的组织必须具有组织力 / 93

选择适合企业的组织形态 / 97

第二节　组织没必要害怕因人设事 / 102

组织的基本结构及层级划分 / 103

因人设事并不违反管理原则 / 105

组织应随环境的变迁而调整 / 108

家族企业如何善待专业人才 / 110

第三节　集权和分权只是程度的差异 / 112

集权和分权视企业情况而定 / 112

敢于授权才能提升工作绩效 / 116

第四章　圆通领导才能激发组织力

第一节　圆通的领导才有团队精神 / 125

自发领导可以创造良好氛围 / 127

民主时代也需要强势的领导 / 129

用脸色管理让下属自动自发 / 133

第二节　圆通领导就是合理推拖拉 / 136

中国人不可以盲目推拖拉 / 137

推拖拉必须具备三大功能 / 139

合理推拖拉更具有影响力 / 140

第五章　有效执行产生最佳效益

第一节　合理计划更需要有效执行 / 149
再好的计划也需要适时调整 / 150
制订计划时要考虑顺利执行 / 151
计划失败并非执行者不努力 / 154
执行前后的沟通工作最要紧 / 156

第二节　有效执行要注意过程控制 / 159
控制就是发现问题解决问题 / 159
中国人不喜欢控制也难控制 / 164
合理的预算有助于过程控制 / 166
优良的控制更合乎人性需求 / 168

第三节　时时控制不如实施目标管理 / 170
目标管理真正实现自动自发 / 171
目标管理培养员工重视成果 / 175

第六章　适时培训帮助员工成长

第一节　用指导来代替监督和控制 / 183
培训是企业最重要的投资 / 184
中国式培训的特色和缺失 / 186
企业培训无效的六个原因 / 190

第二节　培训要解决员工实际问题 / 193
存在员工问题而非问题员工 / 194
员工不为要分清原因来解决 / 198
特殊问题应该视为个案处理 / 203

第七章　考核激励提升工作绩效

第一节　中国人最应该重视考核 / 209
既要重视考成又要重视考绩 / 210
考核时考核者发挥主导作用 / 211
考核的原则和要避免的难题 / 216

第二节　考绩是考核的重要依据 / 220
考核是为了救人而不是杀人 / 220
考核权所有者要有正确理念 / 223
考绩要有连续性以免有后患 / 226
并不是考绩好的人就能升迁 / 229

第三节　正确激励促进员工表现 / 231
中国人有能力未必肯表现 / 231
最好的激励就是自我激励 / 233
对不同阶层分别进行激励 / 236

第八章　协调沟通消除内外矛盾

第一节　所有管理活动都要求协调 / 243
中国人以让代争更显高明 / 243
一切透过协调求合理解决 / 248

第二节　协调的主要方法便是沟通 / 251
中国人难沟通存在九大弊端 / 252
难沟通更要掌握沟通的方法 / 256
中国人最擅长不讲话来沟通 / 259

第九章　知人善任发挥最大人力

第一节　**管理以人为主知人最重要** / 265

知人而不能善任就毫无意义 / 266

知人实属不易必须用心修炼 / 271

知人先要知己然后再去知彼 / 274

第二节　**知人的目的在求适才适用** / 282

寻找人才要选择合适的途径 / 282

招聘要慎重选择真正的人才 / 284

聘用人才后要做到适才适用 / 288

第三节　**知人善任才能人人尽其才** / 292

知人善任目的是得人又得心 / 292

员工跳槽关键在于找准原因 / 297

第十章　时常自省才能成就未来

第一节　**人人修己才能创长青基业** / 305

忧患意识和企业伦理不可少 / 305

企业管理是修己安人的过程 / 308

第二节　**时常自省才能成为好老板** / 316

好老板没有固定的参考标准 / 316

好的管理者应该避免的症状 / 319

引　言

中国式管理重视管理功夫

有功夫的管理者，无意识中做的事情也会恰到好处，没有什么差错，所有的决策都能够得到下属的谅解和支持，他也不必追究责任，而责任自然很分明。

第一节 中国企业少不了管理功夫

中国企业究竟怎么管？这个问题困扰我们多年。我一直倡导中国的企业要靠中国式管理。而推行中国式管理，除了掌握必要的理念外，还要重视管理功夫。

管理功夫，简单地说，就是管理方面的功夫。中国功夫一直是很神奇的，但看的人多，会的人少。因为没有功夫的人，看到别人有一套功夫，通常会有两种反应：一种是很怀疑，这算什么功夫，分明是装神弄鬼，故弄玄虚。另一种是觉得功夫了不起，太神奇了，不过反正我也学不会，管它干什么。要么怀疑，要么断定自己学不会，使得很多人一辈子无缘学到中国功夫。

有一位留美学子，在美国专修电子工程，回到中国以后，进入大学教书。无意中他接触到气功，起初根本不相信，但是他非常好奇，抱着不妨一试的心理学了起来。谁知道一发而不可收，他越学越着迷，以至于最后把大学里的职位辞掉，又到美国去，专门教中国气功。

一个人如果一开始就对新鲜事物持武断态度，说“这个是假的”，“这是不可能的”，这恐怕是不合适的。我们应该先了解新鲜事物，了解到一定程度，才能下判断，这样才不容易出错。

当然，有人会问，功夫是功夫，功夫跟管理有什么关系。我们可以说，管理其实就是一种功夫。

有些企业的高层主管常常连续开三四天的会，用来拟订计划。这样做到底对不对？三四天会开完以后，计划固然是制订好了，恐怕形势也已经改变了；形势一变，制订好的计划也泡汤了，根本用不上。我倒是觉得，与其花三四天作计划而用不上，不如根据直觉更有效。有人惊呼：“光靠直觉还得了？那根本谈不上管理。”其实不是，这就是管理功夫。无意识中闪现出来的主意，又行得通，比什么都了不起。但有的人根本没有这个直觉。

直觉，就是第六感。我们都很重视五官的感觉，其实我们也都知道五官的感觉不一定对，眼睛会骗人，耳朵会骗人，嘴巴不可靠，鼻子也不灵光……那怎么办？只有依靠第六感，第六感不会骗人。可惜现在很少人使用它，也不太重视它。

我曾问别人：“你睡过上铺没有？”他说睡过。“有没有摔下来过？”他想了一下说有。“有没有受伤？”他说没有。“为什么那么高摔下来不会受伤呢？”他也觉得奇怪。我说：“你现在试试看，睁着眼睛摔下来，骨头一定断。”

人醒着，掉下来的时候会惊慌失措，胡乱挣扎，结果把自己摔得很惨。如果人睡着了，摔下来时，什么都不做，但是第六感会帮助你摆出一个最佳的姿势，使你安全着陆。同理，发生车祸后，现场乱七八糟，幸运的是有些人存活了下来，如果你问其中的幸存者：“当时情况怎么样？”他通常会说：“我怎么知道，我睡着了。”

什么是功夫？当对方拿着刀向我们砍过来的时候，我们不用脑筋去想，也不用眼睛去看，就会本能地躲闪开，这样才叫做功夫。等到对方挥刀砍过来，我们还要看清楚这把刀是真的还是假的，从哪个方向砍过来，还要想该怎么躲过去，恐怕已经来不及了。要经过思考，才能出招，这是没有功夫的表现。有功夫的人怎么做呢？对方想杀我，他那把刀离我的身体只有一寸远，我还能够躲过去。

在管理上也一样，以往我们作计划都讲究周详，认为计划得越详细越容易执行；现在不一样了，变数太多，计划越详细就会越离谱。所以我们要制订一个大概的计划，把要点写下来，那些细枝末节，到时候再去填补。计划的弹性太小，一切都规定得很清楚，就没有办法适应真实的环境。如果弹性加大，虽然变数很多，但具体执行时更容易应对。

不过，没有功夫的人花三四天时间开会来拟订计划，这是很正常而且很必要的，绝不可以依照无意识中闪现的主意——那实在太危险了。换句话说，如果没有管理功夫，那么你只好凭数据，只好凭报表。这样做常常失掉了时效，事倍功半。而有了功夫以后，就不一定看那些东西，那些只是作参考的。有功夫的人只需灵机一动，主意就出来了，既快又轻松，但这种轻松是靠辛苦磨炼得来的。

如果我们吃得苦中苦，学到一套管理功夫，就可以很轻松地解决问题。举个例子，有些企业很重视沟通，往往做一件事情，要花七八天时间让基层员工理解，效果却不一定好。我们也承认沟通很重要，可是样样都要花七八天时间，不但费时费力，而且困难重重。因为有很多事情，第一，基层员工能力有限，经验不够，很难理解；第二，他们不关心，根本不想理解。

所以说，向中国人传达指令很困难。但有功夫的人不用沟通大家都知道，这才厉害。

再举一个例子。有一些企业很喜欢追究责任，为了显示自己很公平，一定要弄清楚责任是谁的。这种做法表面上看很对，但是结果很糟糕，不但不公平，而且不合理，几乎每次都会引起很多不满。这就是没功夫的表现。倒不如说，你既然是单位主管，你就要负完全责任，而不去追究别人。解决问题比追究责任更重要。一开始就认定主管要负完全责任，主管就会去照顾所有的细节，就会减少各种各样的过失。假定说谁的责任就要去追究谁，那结果很简单：每个人都没有责任，反正大家都会推卸，推来推去，到最后被抓到的人只会说“我倒霉”。

有功夫的管理者，无意识中做的事情也会恰到好处，没有什么差错，所有的决策都能够得到下属的谅解和支持，他也不必追究责任，而责任自然很分明。这是因为他平常练了很多功夫，功夫到家，自然无往不利。不过，要达到这个程度也是很不容易的，我们一定要好好磨炼，不要求速成，因为速成的根基很不扎实，功夫需要一步一步练出来。

我们现在常常听到“很正确，但没有功夫”的话，举例说明：

员工当中如果有呆人，就应该让他走路，否则会影响别人。

企业不是慈善机构，而是赢利组织，一定要追求利润。

员工不可以只问耕耘，不问收获，应该更积极地要求一分耕耘至少有一分收获。

下班以后员工有自己的自由，他要炒股票，企业是管不着的，只要他不影响正常的工作。

人是一种资源，不知道善用人力资源的企业就会造成人力的浪费。

在自由平等的社会当中，管理也要求平等，主管对下属应该一视同仁，平等地对待他们。

这些话我们常常听到，而且总觉得很有道理，但是仔细分析一下，这些话虽然很正确，但一点功夫都没有，这种观念听了以后没有什么作用。我们来看看正确又有功夫的话应该怎么说，两种话一对比，功夫就显出来了。

员工当中如果有呆人，就应该让他走路，否则会影响别人。这种话如果修改一下，呆人的产生，企业、主管和员工三方面都有责任，大家一起努力才能够改善。这样的话就算是呆人自己听起来也很舒服，也能够接受，而且这也是事实。

很多企业的老板都向我反映他们企业有呆人。我其实对呆人没有什么兴趣，我比较有兴趣的是，这些企业的呆人是不是都从一个部门出来的？如果是，那个部门主管最厉害，专门制造呆人。企业里面有多少呆人并不重要，出了一两个专门制造呆人的主管才危险，因为他会不断地产生呆人。可见，呆人本身要负责任，主管要负责任，企业要负责任，三方面一起来解决才有办法改善。

企业不是慈善机构，而是赢利组织，一定要追求利润。这种话谁都知道，听起来也没有错，如果我们换一个说法，企业一定要追求利润才能够生存，也才有本事去做好事，这样我们就把利润的功能及其目的都讲出来了，让大家知道，我们要赚取利润是正当的，因为企业要活下去。

我到一家企业，常常喜欢问员工："你的薪水是谁给你的？"他如果回答"老板给的"，我想这家企业一定管得很差。他如果说"我自己赚的"，那么这家企业就了不起，本来薪水就不是企业给的。如果他说"老板给的"，那么再问他："你的老板难道每个月都卖房子，给你们发薪水？"他会说："不可能，老板再好，也不会每个月卖房子给员工发薪水。"既然薪水是员工赚来的，为什么还要分给老板？很简单，因为企业给员工提供很多硬件，很多设备，还有很多信用，这样员工出去讲话，人家才会相信，员工卖的东西人家才会购买。但这种观念，我们现在没有认识清楚。

员工不可以只问耕耘，不问收获，应该更积极地要求一分耕耘至少有一分收获。这种话如果改变一下，员工不可以只抱尽力而为的心理，应该要进一步讲求方法，确立目标，使得自己更有收获，这就对了。一分耕耘，一分收获是错的吗？只问耕耘，不问收获是错的吗？都没错，只不过看在什么层次、怎么讲而已。除了这些观念，还要有目标，有方法，那大家都能够接受。

我们一直在电视上看到，有的老板穿着西装，打着领带，很现代化。他说，下班以后员工有自己的自由，他要炒股票，企业是管不着的，只要他不影响正常的工作。这种话听起来很冷，说话的人好像跟自己的员工没有关系：员工是员工，有他的自由，企业是企业，我们只是上班时间才有关系，下了班各走各的，互不相干。这样的话只会让员工寒心。我们如果改变一下试试看，员工下班以后，可以安排自己的时间，这是没有错的，他可以做他喜欢做的事情，企业也很赞成，只不过企业还是很关心他，希望他不要去炒股票，免得有损失。这话说明，员工有自由做自己喜欢做的事，但老板关心他，他如果炒股票炒得好当然很高兴，万一炒不好呢，糟糕了，他不好，企业也不安。这样一来，就把员工和企业的密切关系表现出来了。员工听了以后也会很感动。之前的说法没有错，但是很冷酷，好像没有什么情感；后面的说法把员工当一家人看待，很有人情味儿，员工说不定会改过来。

人是一种资源，不知道善用人力资源的企业就会造成人力的浪费。把人当做一种资源，其实是不得已的，我们最好不要这样讲。人哪里是资源？人是处理资源的，所有的资源都要人来妥善地运用。企业要重视人，人来运用资源，这个说法大家听起来感受就不一样。我们有时候说，在自由平等的社会当中，管理也要求平等，主管对下属应该一视同仁，平等地对待他们，听起来很有道理，其实都行不通。什么叫一视同仁？一视同仁就是看待每个人都一样，没有是非，做得好也这样，做得不好也这样。那就错了。做得好你当然要特别照顾他，做得不好给他脸色看，这才对。

所以，我们要有一点气魄，要敢讲一些听起来好像乱七八糟，但实际上有力量的话。可是做这些要有功夫，功夫不够的人不敢讲这种话。

宏碁在1976年9月成立的时候，员工只有11个人，都是穷小子，凑了100万新台币，3年以后变成10倍，人数增加到48人。达到这样一个成长速度，当然要有些功夫。

1984年3月18日，宏碁新竹厂有一批价值超过4000万新台币的集成电路丢了。消息传开了以后，很多人说宏碁因为财务的问题，想要转移资产，以此套取保险金。一时间谣言四起，越传越难听。3月19日，施振荣先生召开记者招待会，他很肯定地说："这绝不是我们企业员工做的事情，一定是外界做的。"说这种话，有什么好处呢？使整个企业的情绪都稳定下来了。如果施振荣先生说"可能是我们自己人做的"，那就糟糕了，大家会议论纷纷，疑神疑鬼，无法安心做事。

后来经过调查发现，真不是宏碁内部的人做的，大家因此更佩服施振荣先生有先见之明。经过努力，大家赚回了远超过4000万新台币的利润。

施振荣先生这句话看起来很简单，实际上是有功夫才讲得出来的。这句话所表现的功夫发展出整个宏碁的企业文化，使得大家了解，使得大家肯定。所以宏碁经过这一关以后发展得更快，成为现在世界知名的大企业。

第二节 练力不练功到头来一场空

中国有一句老话，练力不练功，到头一场空。什么叫做练力呢？就管理来讲，我们多听、多看一些管理理论，就是练力。不练力，管理理论掌握得再多，也发挥不了效用。但只是练力，不见得有功夫，我们还要把听来的、看来的管理理论，在实际中加以运用，在实践中体验，才会磨炼出一身功夫来。

这句话听起来有点奇怪，既然我练了“力”，却没有“功”，那我练了干什么？其实“力”和“功”，说有关系也有关系，说没有关系也是两回事。西方人比较重视练力，他们的体格都练得很强壮。中国人比较重视练功，有功夫的中国人，外表不一定很强。很多外国人到中国来挑战，却被瘦小的中国人打败，可见练功比练力更重要。

高压式解决问题只是练力

在管理界，有很多人到现在为止还喜欢用高压式的方法解决问题，这谈不上功夫，可以说只是在练力的阶段。

如果问一个主管是怎样领导下属的，那个主管多半会回答："我要使他了解工作的意义，确立工作的目标，我尽量授权，给他正确的指导，同时我在工作方面、生活方面都给他很好的照顾。"听到这样的回答，我们会觉得这个主管很了不起。但如果追问一句："你讲的你都能做得到？"那个主管听了多半会不好意思，承认做不到。

这是一种很普遍的现象，大家嘴上都会讲得很好听，积极推行人性管理或者说管理人性化，而实际上动不动就骂，动不动就追究责任。绝大多数主管心里始终存着一个想法：不骂下属几句，他们就不会好好做。所以嘴上说管理是沟通、是协调，而心里面一直在想管理就是严格要求。

人性化管理并不是完全不责骂下属，完全不用力也是不对的。主管如果完全不用力，就会很懦弱，很消极，也不符合人性。一个很消极、很懦弱、很无力的主管绝不是一个称职的主管。我们千万不要忘记，人性当中也有这么一条，一个人被责骂才会发愤图强，你骂他几句，他才会振作。玉不琢，不成器，就是这个道理。高压式的管理不是不好，只不过这只是练力，谈不上练功。如果本身没有功夫，你只好用力，只好用高压式的管理，否则会越管越乱。但是高压式的管理只可以暂时解决问题，不可能长久解决问题，所以我们还是要练功。

疏解式大事化小才是练功

练功就是用一种疏解式的方法来解决问题。什么叫做疏解式？我们通常这样形容，大事化小，小事化了。有的人一听到"大事化小，小事化了"就有点紧张，认为"化"到最后，就是什么事情都不做了。日本人曾经讲过，中国人这个"化"字非常厉害，非常高明。在不知不觉当中就养成一些牢不可破的观念和习惯，这才是真功夫。"化"不代表掩盖、作假、欺骗，而代表疏解、消化、解决。什么事情化得很通，就表示解决得很好。中国人最重视圆满的沟通，圆通的领导，还有圆融的协调。怎样才能圆？就是要化。圆满的沟通就是化除成见，圆通的领导就是化解排斥，圆融的协调就是融合大家的心意。“化”代表不刻板，能够随机应变；不固执，能够多方面包容；不软弱，能够做到外柔内刚。

> 宏碁在国际化以后，有了一些外籍的高层主管。很多宏碁人开始怀疑：我们的企业文化，会不会得到那些外籍高管的认同呢？为此，他们开过几次会，进行长时间的研讨，反复沟通。最后所有外籍主管都说：“只要你们把企业文化说清楚，我们听懂以后，是很容易接受你们这套理念的。”

可见中国人是用不着自卑的，只要把我们这套东西说清楚就没有问题。我们今天一开口讲国际化，有一些人自然而然就会想到欧美化，这是不对的。国际化不一定是欧美化。凡是认为国际化就是欧美化的，其本身已经被“化”掉了。国际化是什么？举个实例，美国人如果赞美别人，对方会说“谢谢”。中国人听了觉得很奇怪：人家赞美你，你就表示感谢，那表示你认为自己很值得赞美。其实大可不必别扭，我们随机应变即可。美国人赞美你，你就回答“谢谢”；日本人赞美你，你就回答“请多指教”；而中国人赞美你，你还继续说“哪里”——这就是国际化，这就是现代化。如果连这种问题都处理不好的话，这个人很显然脑筋转不过来。

第三节 管理功夫分为基础和精微

功夫有两种，一种叫做基础功夫，一种叫做精微功夫。基础功夫就是把学来的管理知识在实践中印证，看看它们合不合用。如果觉得合用，还要进一步在行动当中去修正，这样才能够增强效果。这种基础功夫只能够保健，不能够治病。

很多人问："我练了功夫，是不是不用看医生了？"其实不然，你有功夫，生病了还是要去看医生。因为真正有功夫的人是不会生病的，你生病就表示你功夫还不到家，功夫不到家当然要看医生了。所以一个管理者，如果所管的企业没有毛病，就不必请别人来当顾问。管得有毛病，就要请别人当顾问，因为这是自己功夫不够的一种体现。

精微功夫不但可以保健，而且能够祛病延年。一个人想要身体健康，活得长，光靠基础功夫是不够的，还需要去学精微功夫。不过精微功夫要有诚意才学得到，要心正才学得进去。

基础功夫大家都可以学习

中国人的功夫是差之毫厘，失之千里的，所以我们不要小看它。如果连这种拿捏的功夫都没有，实在应该自己检讨，因为别人很难帮得上忙。如果有这种拿捏功夫，也不过是基础功夫而已。

基础功夫是人人都可以学的，只要遵循下面介绍的方法，一步一步去学，一定可以学到很好的功夫。

首先，如果听到比较重要的管理观念就要进行判断。比如企业一定要赚取合理的利润，这种观念到底是对还是错呢？我们想了半天，觉得它很重要，那么接下来我们就要问自己，这么重要的观念，如何运用才能够发挥力量。我们可以问自己三个问题：其一，我要做什么？即我知道这个观念以后，应该做些什么。比如，我想让企业的同人都知道利润是靠大家通力合作才能够得到的，而且赚取利润不但为企业，也是为每一个同人。其二，我什么时候开始做这件事情呢？比如，我是在开会时宣布，还是在下班以后大家闲聊的时候宣布？我想来想去，觉得这两种方式都很好，开会时宣布比较正式，工作完以后闲聊时更容易沟通，那就两件事都要做。其三，我要找什么人一起来做？比如，找我的主管还是下属？最后我决定先向主管报告一下，然后由一个下属提出“为什么企业这么重视利润”，我再来解释给大家听，这样一唱一和就能达到目的了。把整个过程都构思清楚以后，我们就开始做。做的时候要把做的日期登记在册，把整个过程也记录下来。这样做几次以后，功夫自然就到家了。

精微功夫毕竟还需要缘分

基础功夫人人可以学，但是精微功夫不是想学就能学的。你没有碰到高明的师父，高明的师父愿不愿意教给你，这都是问题。学习精微功夫，需要缘分。就企业管理来讲，缘分就是企业的环境，比如社区、顾客、股东、供应商、经销商、银行，还有相关的管理机构。我们要和这些环境维持良好的关系，大家就会来支持我们，这样缘分就够。银行支持我们，我们和银行有些来往，就能得到相关的经验。顾客支持我们，我们了解他们，也可以得到经验。慢慢的，精微功夫就会练起来。我们跟他们处不处得好，就看缘分够不够，缘分够的话，就会跟他们处得很好，缘分不够就会发生误会，产生不愉快的纠纷。

凡是采取高姿态，不能够亲切待人的公司，就算有利润也是缺乏功夫的。就算一家公司，产品品质非常好，价钱也相当公道，但是因为摆出高姿态，就不会受顾客欢迎。企业要依赖环境，没有办法离开环境而独立，就算能够维持经营，也不过是基础功夫，环境一变动，就会失败了。所以企业的生命有限，能够超过七年就很了不起了。当然也有很长命的，因为它常常调整，能够很好地适应环境的变动。企业如果只知道靠广告争取大众的信任，而没有过硬的品质，只能蒙骗一阵子，终究会被拆穿，逃不过倒闭的命运。所以企业一定要把自己的产品搞好，价格合理，同时人际关系，也就是企业的公共关系也要做好。这种按照正道而行的作风，不用依赖别人，不用依赖广告，自谋发展，而且能够教育顾客，这就具有精微的功夫。企业能够了解这个道理，并且能够顺利地针对环境的变化而调整，这种企业一定可以永续经营，而它的功夫也一定会一代一代传下去。

台湾功夫高的人很多，辜振甫先生就是其中的一位，据我个人的观察，他的功夫是相当到家的。辜振甫先生在上大二那年，父亲就去世了，所以他一面求学一面继承父业，还没有毕业就当了七家公司的董事长。但是如果像他这样当下去，可能就不会有今天这种表现。他越想越不对，学业还没有完成，功夫还没有学到，就当七家公司的董事长，这太危险了，所以他把这些职位通通都辞了。之后他到日本去留学，在留学的三年当中，他到贸易公司当了个小职员。辜振甫先生的理念很好，一切从头做起，培训自己的毅力和耐力，果然他在那边学到一些基础的功夫。从日本回来以后，他出任台泥的协理，负责把台泥转为民营，之后他被推选为常务董事兼总经理。那时候辜振甫先生还是很年轻的，可是他知道业务要机动化，生产要计划化，管理要制度化，财务要合理化。1962年，他又创办了当时台湾唯一的证券交易公司和证券投资公司，出任董事长。

辜振甫先生的头衔非常多，如果印名片，三张也印不完。可是他每天穿西装，打领带，到处去开会，好像无所事事。很多人觉得奇怪：他有没有在做事？他当然在做事，一个人不管事，不可能把公司管理好，他是抓住重点，知道怎样在最短的时间内解决最多的问题，这就是功夫。

曾宪章先生也是很有功夫的人，如果要跟欧洲市场打交道，曾先生的功夫是很值得借鉴的。曾宪章先生是全友的创办人之一，在全友奋斗了七年才离开。离开后，他创立了东怡科技公司。很多人问他为什么离开全友，他说全友已经是相当成功的公司，但是他还年轻，还不到坐享其成的年龄，所以他就离开了。曾宪章先生最值得大家称道的，就是他对欧洲市场的了解，他在国际营销方面特别是高科技产品圈里是很有名的营销高手。有人问他："你是工程师，你学的是理工，怎么会变成营销高手呢？"他说："没办法，环境逼的嘛。"实际就是磨炼出来的。他在全友的时候，据我所知，一年至少有五个月在国外到处奔波。他所做的工作就是国际营销，再加上他记忆力很好，很喜欢把资料积攒下来，所以他得到了很完整的培训。有丰富的管理经验，又有实际的营销经验，就促使他练成了一身好功夫。

当然功夫好的人很多，所以我们要睁大眼睛，看看附近有谁功夫高深，多跟他学，学几招就够用了。

第四节

管理功夫要以理念作基础

我们都知道个案研究是一种很好的方式，这种方式在哈佛大学颇为流行。不过根据我的经验，个案的选取要慎重，否则的话不但没有效，反而会有害。西方人的个案都写得很清楚，所以大家可以角色扮演，可以沙盘演习，可以有很多参考答案。我们中国人不是不会写个案，而是不敢写。因为写得太清楚，就会有很多人受害。我们不见得有什么不可告人的事情，可是你写得太清楚，总有人怪你把它写出来干什么。

这是很难消除的障碍。所以个案的选取，第一，尽量选历史人物和事件，比较客观。你选现在的个案，就会牵扯到某些人，最后变成表面化，只能讲好的，不敢讲坏的，这样讨论不出结论。

第二，爱拿通例做个案，而不爱拿特例做个案。所以很多人批评中国人研究个案，好像也没有人，也没有事，也没有例，但是这很符合中国人的思想。我们今天也要拿一个通例做个案，来研讨我们今天所要谈的问题。

练好功夫先要有理念

下属常常会抱怨自己的主管，说："我这样尽力而为，你为什么还不了解，总觉得我没有什么功劳？"但是主管的感觉刚好相反，说："你认为自己很卖力，其实你不晓得，你所做的那些事情根本是有害的，越帮越忙，你越卖力我越倒霉。"上下级这样彼此埋怨，原因在哪里？为什么下属拼命想做好，但是主管却认为有害无益？我们有什么方法可以打破这种僵局？我们再来追究一下，下属如果只知道忠实地服从主管的命令，是不是也不知不觉伤害了组织。

一个公司里面，上下都不满，互相埋怨，工作气氛一定不好，大家情绪恶劣，同时绩效很差。上下不满，其实是理念不相同。如果没有共识，就会产生"我很卖力，你却认为我白费工夫，我有什么办法？你让我做的事，我又认为不重要"这样的争执，冲突无处不在。下属想做好，上司却认为"你不做还好，你越做我越倒霉"，就是因为下属不了解公司的目标，不了解上司的用意，换句话说，对自己所做的工作认识不够。为什么这样做，为什么做这些事情，自己都没有研究明白，那当然就会产生误会。

要打破大家不满的僵局，得靠双方面去努力。主管要把自己的理念告诉给下属，下属还要去体会，这样一来，彼此达成共识，一切就比较好办。下属只知道说自己很忠实，很服从，听主管的话，可主管照样骂他："我叫你这样做，你就这样做？你只知道听话，听话有什么用呢？"这个道理如果没有弄清楚，下属就会觉得主管讲的话乱七八糟。其实不是的，下属会不知不觉地伤害组织，但自己不知道。

由此可知，要练好功夫，除了锻炼以外还要有好的理念，如果没有好的理念，你可能会走火入魔，想救都救不了。功夫人人都会练，但每个人都有自己的一套，尤其中国人更是如此，每个人最后会发展出不同的想法和做法。因此我们不能说你的对或者我的对，而是说我们既然要共事，就要有一些共同的理念。

同样的制度，同样的老板，同样的公司，甚至销售的产品都是一样的，那为什么有人绩效高，有人绩效低？如果做一个调查分析，会发现：效率高的人不一定有出众的容貌，并不是谁漂亮谁的业绩就好；也不一定谁聪明谁的业绩就好，如果是这样，招聘时看 IQ 就行了；也不是说拼命，工作业绩就会好，有人很认真，很努力，最后业绩还是做不出来。到底差别在哪里？关键是看他有没有心。没有心的话，再漂亮，再聪明，再拼命，最后还是没有用的。

我以前有一个学生很用功，但是成绩一直很差。他不甘心，就跑来问我："老师，你看我这么用功，为什么我的成绩始终不好？"我说："你检讨一下自己，上数学课的时候你在干什么？""在背英文。"我问为什么。他说："我上数学课时想到英文很重要，因为马上要考试，所以要背英文。""那上英文课呢？""做语文。""上语文课呢？""背历史。"……那永远没有效果，因为他没有心，他不专心。

行动很重要，但是行动背后的观念更重要，很多人跟我说："你把管理的理论都讲出来，我们回去照着做，不是很好吗？"这就是没有功夫的话。我也曾建议很多老板，不要光重视技术，不要光重视员工的表单有没有写好，而要重视他们的观念正确不正确。凡是观念正确的，自然有一套办法，自然做得很好。所以思想、信仰、力量，并不单是政治或宗教方面的，真正的管理也需要一套观念，这套观念你如果不相信，它就没有力量，你若相信，有了信心，自然会发生力量。

可以这样讲，**成功最大的力量就是观念正确，同时信心要坚定**。一个人有很好的观念，但信心不坚定还是没有用。

> 统一企业自从创业以来，即遵循企业创始人吴修齐先生所秉持的"三好一公道"的经营理念。"三好一公道"即质量好、信用好、服务好，价钱公道。讲起来容易，但有没有成效呢？每个商店都可以提倡"三好一公

道”，但是有的有效，有的没有效，有心就有效，没有心就没有效。统一企业之所以成长迅速，就是因为统一的每一个人时时刻刻都发扬诚实、苦干的精神，同时也深刻理解“三好一公道”的内涵。

统一的一些领导人也很值得我们敬佩，像吴三连先生、侯雨利先生、吴修奇先生、高清愿先生，他们在商场上都有很好的信誉，而且一向说一不二。有些人说中国人没有信用，那是不对的。中国人一句话、一个电话就算数，绝不拖拖拉拉。统一就是承袭了这种作风，讲话算话，一诺千金。我们都知道高清愿先生是白手起家的，他为什么能够白手起家？因为他有很正确的理念，他常常说信用是企业家无形的资产，一个真正的企业家，如果有人格，就算没有资金，也可以成就大企业。换句话说，有人相信你，他就会把钱交给你去运用，因为人格和信用都是用之不尽的本钱。所以一个人经营企业，视野要宽，理想要崇高，方针要远大。如果一心只想走歪路，只想图小利，那就永远出不了头！这些如果只是空口说白话，也就没有今天的统一。统一是有了这个理念以后，大家又对此深信不疑，很努力去贯彻，才有今天的结果。

结果是由于习惯产生的，不同的习惯就会产生不同的结果。比如一个人习惯于晚上很晚睡觉，早上很晚起床，那么他一定要选择某些行业才能够适应，他没有办法去适应需要早睡早起的行业。什么叫习惯？一个人每次都采取同样的行动，就叫做习惯。我们一般人只注意到行动、习惯、结果，没有想到行动从哪里来。这个行动完全从我们的感觉来，我们感觉到这样，就会产生这样的行动。比如，我感觉到手闲着，没有事情做，想要抽根烟，自然就会抽；我感觉到现在想喝杯酒，自然就去喝。这个感觉来自观念。所以一个人有正确的观念，就会有正确的感觉，这种感觉就会去指挥其行动，而行动长久以后就变成习惯，习惯就会带来一些结果。

行动虽然很重要，但它不是关键所在。就好像我们天天练功，如果不得其法也是徒劳。有很多人很勤劳，一天到晚都在练，练到最后也没有什么成效，就是因为方法不对。

管理者如果只注意行动、习惯跟结果，往往不能收到预期的效果。比如，很多人老是注意自己的下属有没有准时上下班，他的下属就认为准时上下班最要紧，有没有工作在其次，那就没有用了。管理要有效，一定要重视员工的心理建设。观念的改变和沟通非常重要。我们要建立正确的理念，然后才能够产生坚定的信仰。有了正确的理念，又有坚定的信仰，就会引发一连串有效的行动，就会产生良好的习惯，这样就能达到成功的效果。我一再跟很多人讲：你们要重视利润没有错，但是利润是结果不是原因，原因是你们有没有正确的理念。如果某员工行为很好，工作态度很好，但是没有业绩，那就说明他没有正确的理念。我常常问很多人在干什么，他说"我在卖东西"，那他的理念就是错误的，其业绩也不会好到哪里去。

只求根本而不问结果

> 台塑的管理有一个很大的特色，即只求根本，不问结果。王永庆董事长的做法是，一切事都要从根本上找缘由，而不是从结果上面去找答案。在台塑的内部工作检讨会上，王永庆先生从来没有谈论过检讨业绩的事情。他不是不重视业绩，而是更关心根本。他说，业绩是末，管理有没有合理化才是根本。一味地追求利润，就是舍本逐末。因为利润是结果，如果不追求管理合理化，拼命追求利润，那就是放弃了根本而在末端拼命去找。"本"如果不能顾的话，利润从哪里来？就算短时间有利润，长期也会无利可图。
>
> 王永庆先生最重视的就是管理扎根，因为经营企业跟树有根系一样。树是一个整体，它的根一定要深入到土里面去，才能够把土里的营养吸收上来，再输送到树干及树叶。我们不可以只看到茂盛的树叶，而忽略了看不见的根部。一棵树尽管枝叶很茂盛，但是它的根如果被破坏了，也不可能维持很久。所以重视根部跟重视枝叶原则上应该是同等重要的，而且根部可能更重要一点。

从台塑的“只求根本，不问结果”的管理理念上可以得到三点启示：第一，一个人最好只问耕耘，不问收获。只要有耕耘，不太可能没收获。我常常劝很多人，专心工作就好了，不要老下决心说我这次一定要做得很好。你下决心时，又浪费了一秒钟，同时你会分心。事实上你根本不必去想它，只要认真去做就好了。因为你好好耕耘，一定会有好的结果，不要老分心去盘算收获如何。

第二，树状的经营结构，根部很重要。在企业里面，董事会的人员编制是不是很健全，他们的理念是不是很正确，这非常重要。树状结构的根是相对的，不一定说董事会才是根。在部门的层级，部门的主管也是根。部门的主管要把自己的理念传播给所有的下属，这样才能够发挥积极的效果。

第三，无形的比有形的更要紧。换句话说，看不到的地方更值得我们留意。中国人常常讲，某人能够看到别人看不到的东西，这非常重要。你看不见的地方若能掌握住，看得见的地方就跑不掉。例如理念，就是所谓看不见的，行为是看得见的，我们管理他的行为倒不如校正他的理念，理念正确，行为自然跟着改变过来。

使自己立于不败之地

企业里面最糟糕的观念是开口闭口“行不通”。主管当然不会明着跟下属讲“你不行”，但是会暗示他。下属收到主管的暗示，就会想“反正你认为我不行，那我还努力了干什么”，结果真的不行。主管暗示下属“你能够把事情做好才怪呢，你根本办不好”，下属也很聪明，马上接收这个信息，“你认为我根本办不好，那就算了，一直拖下去吧”。主管也会暗示下属“我很清楚你，你根本没用心，你一直不想把它做好”，下属会想，“既然你看出来了，那我就只能这样了”。主管常常这样有意无意地暗示下属，最后大家都吃亏。

我建议每个人都要有自己的一套信心机制：第一，任何事情如果根本办不到，就把它当做是一个挑战。如果可以办得到，就赶快去做。这样一来，面对困难的事，你会鼓起勇气克服困难；面对不困难的事，你会尽快把它做好。如果每个人都这样想的话，企业就会化危机为转机，再困难的环境我们都有办法突破。

我们一定要想办法使自己立于不败之地。中国人有一个很伟大的理念，就是不能败。因为败了以后从头再来，比什么都辛苦。可是要立于不败之地，就一定要有几个具体的行动，要有正确的观念，才能做得到。在这里提出三点建议：

第一，不做自己不能负责的事情。你如果答应了，就要负起全部责任。如果没有办法做，就不要答应别人。要建立自己的责任感，一个人有没有责任感非常重要，有责任感的人再困难也会全力克服，没有责任感的人过一天算一天，什么事情对他来讲都很烦，而且很困难。我们不要老是说“他错了”或者“你错了”，而是要勇敢地承认“我错了”。这种精神要一直保留下来。

中国人一定要记住两句话：第一句，“功劳是让出来的”。功劳不可能是抢出来的，你一开始抢功劳，所有人都会抢，你抢不过大家，结果功劳都被抢光了。反之，有了功劳，你让给别人，他一定让给你，那你就收回一分。你让给五个人，五个人又让回来给你，你就收到五分。你让出去的越多，收回来的就越多，最后你功劳最大。第二句，“错误是争出来的”。有了错误，如果大家都推，都不承认错误，那就找不到谁错。如果大家都把错误推到自己的身上，说“这是我的错”，每个人都如此，最后一定会水落石出。尤其是主管，主管应是责任的承担者，一有错误，他说，“对不起，这是我的疏忽”，下属就会说，“这是我的错”。每个人把自己的缺失说出来，就可以很轻松地找到错误在哪里。不过我还是建议，出了问题，补救和解决问题更重要，而不是去追究责任。

第二，既然做就要负起全面责任。既然我不做自己不能负责的事情，那我答应了就表示我能够负责，既然能够负责，就要负起全面的责任，就要以很谨慎的态度面对工作。我不常常说“这是例外”、“这我没有想到”之类的话来推卸责任，同时对工作也不会敷衍了事。假定每个人都这样，整个部门就会非常好；每个部门都这样，这个企业就一定立于不败之地。

第三，以平常心来看待不公平的地方。如果不公平，你就生气，就抱怨，这不是修养好不好的问题，而是根本没办法做事情，因为到处都是不公平的。

今天社会上为什么到处都是暴力，大家都在埋怨？就是因为我们盲目地追求公平。他买的股票挣了，你买的股票偏偏下跌，你有什么办法？同样去上班，人家的车子没有抛锚，你的车子抛锚了，那怪谁呢？

我的一个朋友就非常爱抱怨。他住在公寓的五楼，有一天下楼后，发现车子被拖走了，他就骂警察："有那么多违规停车的，你们有没有通通拖走？没有的话，专门拖我的，存心给我找麻烦吗？"他很生气，骂了半天，警察又没在场，骂了也是白骂，于是他开始生邻居的气："你们这些邻居实在差劲，尤其是一楼的最差劲，人家拖我的车你没有看到吗？你打个电话我就会下来马上开走。"

中国人喜欢这样怪来怪去，老觉得自己委屈。这样做，不但没有好处，而且会使大家情绪不好，同时事情越做越不顺利。所以我常常说，一个有眼泪往肚子里面流的人，是最有毅力的人。因为人生当中，说难听一点，处处都是不公平的，你没有生病我却生病了，这就是不公平，然而无处讲理。任何逃避责任的借口，都只不过证明了自己缺乏跟环境搏斗的勇气而已。看不惯不公平的事，只不过表示自己的度量不够，眼光不够远。所以，凡是碰到不公平的时候，保持平常心就好，自己快乐别人也快乐。

建议每个人画一张表格，这张表只有两栏，一栏是自己的责任范围，另一栏是针对责任范围写出的具体做法。一个人如果知道自己的责任是什么，又能够把握自己要怎么做，我想这个人一定是很有成效的。此外，这个表格上还要把自己的姓名、单位都写清楚，这样就可以让别人也看到你的责任范围和具体做法。根据这张表格，每天想一想自己的责任尽了没有，做法有没有偏差。每个人如果牢记自己的责任，同时用实际的行动来负起自己的责任，那企业一定强，国家一定强。

兼顾长期和短期利益

"尽人事，听天命"，听起来好像是很古老，而且好像是软绵绵的，实际上这句话到今天还是很有用的。什么叫做"尽人事"呢？在农业社会，即尽力而为；在现代社会，即实现目标。什么叫"听天命"呢？在农业社会，就是顺命，我顺着我的命去做；在现代社会是造命，就是说，我不一定按照命里注定的那样，而是要走出自己想要的一条路来，这是很积极的。

另外一句话对中国人来讲也是很特别、很重要的，就是“过程与结果并重”。有的人光重视过程，如果过程一切都很好，结果不良好，就证明过程一定有瑕疵。相反光看到结果，没有看到过程，就失去了对过程的掌握。一个是根本，一个是末，但“根本”与“末”是一气呵成的，我们要发扬兼顾的观念，兼顾过程与结果。

过程，在农业社会是不以胜败论英雄，可是在现代社会要改一下，叫做充分发挥组织力。这个过程不是靠我一个人，而是靠整体，大家合作，把组织力发挥出来，过程就圆满。结果，在农业社会叫做胜者为王，败者为寇。中国人很有意思，一方面说不以胜败论英雄，另一方面告诉你胜者为王，败者为寇。一个是讲过程，一个是讲结果，看似矛盾，其实不然。结果，成就是成，败就是败。但是过程，不以胜败论英雄，因为还没有看到结果，你现在是英雄，将来败亡也说不定。

楚汉相争的时候，在相当长的过程中，项羽一直占上风，刘邦一直倒霉，这个时候不能以胜败论英雄，胜败乃兵家常事。到最后项羽失败了，那时候胜者为王，败者为寇。农业社会可以讲胜者为王，败者为寇，现代社会我们应该改口，叫做实现目标，赢得胜利，这就是结果。你发挥你的组织力，大家发扬团队精神，这是过程。在过程当中注意到每个人都能够发挥自己的力量，而在结果当中注意目标的实现，两全其美。

兼顾过程和结果，在企业管理上就是兼顾长期利益和短期利益。一个人或者一个企业只看短期利益就会短视，不求改进，保守，不求创新，就会自满，最后一定是不进则退，落在人家后面。一个人或者一个企业如果只看到长期的利益，就会不切实际，或者空谈，或者自欺欺人，画饼充饥，最后只是一个幻想，而不是理想。因此，必须兼顾长期和短期利益，有长期目标，一步一步向前迈进，有正当理想，一步一步积极地修正，有团体的共识，分工合作，才能够集中一致。

秉持公诚正直的原则

我建议，一切管理活动都要秉持公诚正直的原则，个人的理念是公诚正直，企业的理念也是公诚正直。企业的社会责任表现为给公众提供货真价实的物品或者劳务，同时也要为员工赚取合理的利润。这里只说价实，没有说价廉，便宜不一定好，只图便宜，是比较落伍的想法。我很实在，我有附加价值，但附加得并不过分，这才是正确的观念。再说利润，利润不可以用诈骗的手段得到，要诚实，该赚的要赚，而不是靠欺骗。如果一毛钱也不赚，也不行，不但企业要垮掉，员工也不能活。

用创意来获得满足应该是比较好的方向，今天我们很重视创造性、创意，我有创意你喜欢吗？喜欢的话就多付一点钱，我会赚得心安理得。不赚钱的企业也是不负责任的，因为它会倒闭，会制造社会问题。现在不但是企业本身不想倒闭，社会也不会轻易让企业倒闭。

公诚正直是最好的原则，公正对待企业内、外部的人，是最有效的经营理念。经营理念有不同的，也有共同的，共同的部分就是公诚正直。

第一章
内外兼修才能做好企业

做一个管理者，不要认为规定就是这样，大家就非按规定做不可。相反的，我们要认为规定是规定，规定是不得已的事情，能做到最好，做不到我们大家商量办理。

第一节 理念正确才能谈企业形象

中国人有一个观点叫做“命由我造”，即我的命是由我自己创造出来的。这是一种非常积极的人生观。但是我们中国人对命运的看法常常受到误解，一般人认为中国人非常相信命运，就说中国人是宿命论者，很认命。其实我们是知命而不认命。

所谓知命，是说我们知道有命的存在，如果一个人连命都没有还活得下去吗？但是有了命，不一定要听从命运的安排，所以叫做不认命。不认命的人喜欢自己创造自己的命，所以叫做造命。造命就是改变自己的性格，使自己的命运有新的突破。

换句话说，我们要塑造自己的形象来求得性格改变，再求得命运改变。

好理念表现企业良好形象

塑造自己的形象，不仅对个人来说非常重要，对企业来说，也越来越重要。一个好的企业理念，其具体的表现就是企业的形象良好。

重视企业形象，是从最近几十年才开始的。以前是生产导向，那个时候，企业只要把产品生产出来，就有顾客来买，所以称为卖方市场。后来，从事生产的企业多了，顾客就开始挑剔，生产出来的东西不一定卖得出去，因此开始转为营销导向，按顾客的需求来设计我们的产品。再后来，我们又感觉到在企业的经营中，财务的调度是最困难的，所以大家就采取财务导向。财务慢慢地稳定下来以后，企业慢慢摸索到了很多经验，感觉到经营理念最要紧，因此大家拼命追求经营理念，这一时期就是理念导向。时至今日，差不多大大小小的企业都有一套理念，但是这套理念能不能落实，情况各不相同。理念的落实体现在企业的形象上。每个生产企业，当技术水准都差不多时，它们生产出来的商品很难分出优劣，市场上同类产品太多，消费者就会依据企业的形象来选购。所以企业形象是在我们都有了很好的产品，又符合消费者的需求之后，用来突出自身特色的方式。

企业要在行业竞争中出人头地或者争得一席之地，一定要把良好的经营理念表现出来，塑造良好的企业形象，使社会公众的印象深刻，而且还要长期保持下去，这样才能得到普遍的支持。

我们为什么喜欢到麦当劳、星巴克这样的地方消费？就是因为它们的形象吸引我们。服务型企业提供的产品是无形的，比有形的产品更不容易辨别好坏，所以一定要塑造良好的企业形象，来让消费者感觉自己的特色。

不但服务型企业要注意形象，制造型企业也应该注意形象。在制造型企业里，干净整洁的生产环境、自动化的设备也是吸引订单的有利因素之一。很多人会来参观我们的工厂，看看我们的环境、设备以及员工的士气情况，然后才决定是不是要下订单。制造型企业流行“5S”运动，“5S”即整理（Seiri）、整顿（Seiton）、清扫（Seiso）、清洁（Seiketsu）和素养（Shitsuke）。因日语的罗马拼音均以“S”开头而简称“5S”。“5S”的流行，就是因为顾客已经开始注意到工厂内部的运作，这是制造型企业的形象管理。

今后的趋势是什么呢？产品的寿命会越来越短，顾客对品质的要求会越来越高，顾客慢慢地不喜欢企业制造出来的统一模式，而是喜欢根据自己的需要订制。制造型企业要提升自己，就得把自己看成服务型企业。如果所有企业都把自己看成服务型企业，都希望给顾客留下好印象，顾客就会对我们的企业产生无比的信心，同时配合我们的生产弹性自动化，这就是各行各业的生存发展之道。

我们要争取社会认同，最便捷的方式就是做好营销。以前有东西买大家就很高兴，即使有要求，也不会太高；现在消费意识抬头，特别是当顾客有很强的购买能力以后，他们一定是很挑剔的。企业的营销要注意到顾客导向，换句话说，要研究如何吸引顾客，让顾客对我们有好印象，对我们有信心，进而买我们的东西。这就需要发挥企业形象的作用。

一个企业怎样才能使社会大众认识自己，并且产生良好的印象呢？企业必须有一套形之于外的符号，这套符号得是具体的，让大家一眼就能识别出来，而且要符合企业文化。如果没有企业文化，光弄一套企业形象系统，那等于只注意到装饰，而没有注意到设计。设计得不好，装饰得再好，也是虚有其表，跟品质不能配合。所以一方面要有内在的企业文化，另一方面要有外在的符号，这样可以增强社会大众的认同感，使大家对我们产生好印象。

树立企业形象是系统工程

人的形象需要塑造，企业形象也需要悉心塑造，最常见、最便捷的塑造方法就是建立企业识别系统，即 CIS（Corporate Identity System）。CIS 的建立是为了提供给社会大众一套方便辨认、方便识别、方便记忆的形象元素。简单地说，就是使社会大众很容易区别这是什么企业的东西，CIS 也可以看成企业的名片。没有 CIS 的话，就算企业有经营理念，有经营行为，还是不太容易被人家识别出来。如果对企业比较熟悉的人也要经过很长时间才会看出企业的不同之处，那根本谈不上企业形象。所以企业有了正确的经营理念，有了良好的经营行为，还要通过 CIS 来树立企业形象。

CIS的十大好处

1. 可以提升企业的形象，打出很好的知名度。

2. 它会提高广告的效果，CIS明显，广告效果就会事半功倍。

3. 可以增加业绩。

4. 可以提升金融机构、股东对企业的好感，要贷款也比较容易一点，要增资股东也乐意。

5. 可以吸引投资人购买我们的股票，同时也会吸引人才到我们企业来，还可以避免人才的外流。

6. 它会激励员工士气，缔造良好的组织氛围。员工看到我们的CIS那么受社会大众肯定，就会对企业非常有信心，士气高昂，同心协力维护企业的好形象。

7. 它会团结所有的关系企业共同努力，不然关系企业会呈现你是你、我是我的状态，只是有关系而已。用统一的CIS，可以使关系企业一荣俱荣，一损俱损，这样一来，会使各企业更加团结。

8. 避免不同部门重复制作，可以节省成本。比如说文具，各个部门分别购买，就有可能造成浪费。有了CIS以后，一定会统一来订制，统一采购，这样可以节省很多成本。

9. 设计规格化。有些东西统一设计，拿起来就可以用，不会东一个西一个地浪费很多的人力和时间。设计规格化，不但用起来非常方便，看的人也容易识别。

10. 便于内部管理，同时可以活用相关人员的力量。有了CIS，关系企业的人更容易识别，因为都是自己人，沟通起来就容易得多。

企业识别系统实际上包括三大系统，理念识别系统（MI）、行为识别系统（BI）和视觉识别系统（VI）。理念识别系统包括企业的经营理念、企业的精神、企业的发展系统，它的外在表现就是企业信条、企业口号、企业的标语以及企业奉为座右铭的东西等，这些东西都是无形的。如果一个企业上上下下讲的都是一套话，就表示其理念已经深入人心；如果只有少数人在喊口号，而多数人不会响应，那就表示还不成系统，只是表面功夫而已。

行为识别系统包括企业精神指标、身体语言、符号，以及办公室的氛围和员工的态度等。比如，大家走起路来都很有精神，这就是一种行为识别系统；大家走路都是懒洋洋的，当然也是一种行为识别系统，只不过是不好的系统，让人看出来这家企业没有精神，员工士气不高。

视觉识别系统包括企业的名称、LOGO、标准字、标准的色调、企业的造型，还有一些象征性的图案。比如，写上标语、口号的办公用品，办公室的器具、设备，商店的招牌、LOGO、旗帜，建筑的外观、橱窗，员工所穿的制服，还有企业产品的包装等，都属于视觉识别系统。视觉识别系统运用得相当广泛，是静态的，使顾客一眼就看出来这是哪个企业的产品，哪个企业的员工。我们一定要让顾客的眼睛一扫就会认出我们的企业，慢慢地顾客就会接受我们的经营理念，就会相信我们所讲的话，换句话说，就会来买我们的东西。

CIS 是一套完整的系统，绝不是印几个信封、把名片设计好，或者弄一些标准式图案就可以的。很多人都会把视觉设计当做 CIS，其实那只是 VI 而已，只是 CIS 的一部分。如果让 VI 取代 CIS，会使得企业只有华丽的外表而缺乏内在的涵养，那样一来，顾客一眼就看穿了，会很快对我们的外表失去信心。所以我们强调整体规划，一定要由内而外，要有全盘的设计。制定好标准，还要配合我们的行为，表现出整个企业的氛围，才能够获得成功。

企业要么不做 CIS，一旦要做，就要以负责任的态度，使得每一个员工都切切实实符合标准，才不会让公众相信以后，却发现我们名不副实，对我们失去信心，那样会更糟糕。

CIS 不只是表面的装饰，我们可以把它分成三个部分：基本要素、视觉要素和非视觉要素。企业标语，还有人物形象，这些都是基本要素。在视觉要素方面，企业的 LOGO 很重要，企业名最好朗朗上口，让大家可以轻松念出来。有些企业故意用那些比较生僻的字做名称，不知道它们有没有特殊的理由，反正在我看来这是很别扭的事情。一家企业的名称，大家都念不出来，怎么会记得住呢？LOGO 的字要特别设计，而且无论何处，都要用固定的写法，让大家一看，就知道是此企业而非彼企业，比如可口可乐的 LOGO，一眼看过去就能识别。视觉要素还包括广告，你是用电视广告、报纸广告、杂志广告还是用自己印海报、宣传册的方式，来彰显企业的特色？新闻报道、公众刊物现在越来越受重视，有些企业也会委托专业的出版机构来发行一些内部刊物。还有制服、车辆乃至信封、文具、便条等办公用品的设计都属于视觉要素。另外我们还要注意非视觉要素，比如商品的品质，商品流通以及服务水准，人员的服务态度，销售的技巧等。这三方面要素兼顾，才能形成完整的企业形象。

CIS 不是改头换面，它不是改变企业的外貌，也不是使用一些新的标志和符号，来取代以往的识别物。CIS 能不能产生效果，能不能真正为社会大众所接受，除了基本要素、视觉要素、非视觉要素之外，我们经营者的行动，所发表的言论，还有从业人员的一举一动、服务态度、电话礼仪、应对的技巧以及专业的销售技巧等，都有很重大的影响。

特别值得一提的是，电话礼仪是我们给顾客的第一印象。我经常打电话到不同的企业，有一家企业的总机接线小姐很客气："某某企业，你好！"然后我的电话就不晓得转到哪里去了。我第二次打电话的时候，她又说："某某企业，你好！"我还是很有耐心地说出我要接通的号码，她又把我的电话不知道转到哪里去。等到第三次的时候，她跟我说："某某企业，你好！"我说："我好不好没有关系，你给我接通最要紧。"可见，电话礼仪不光是"你好""谢谢"等，要准确快速地给客户接通电话才是最重要的。

企业的具体情况不同，CIS 的表现也不同。如果要区别的话，CIS 可以分成三大类型：企业识别类型、关系企业类型、品牌识别类型。

企业识别类型是指一家企业有别于其他企业的东西，我设计一些东西让公众便于认识，这就是企业识别类型。一个企业集团下属多家关系企业，但是这些企业的经营内容、服务性质、所属行业都很相近，所以采用统一化的造型、标志色，使人一看就知道某企业属于哪个集团，或与哪个企业相关。

统一化的印象，更有助于公众对企业的识别。

如果某个集团比较庞大，而且下属的企业属于不同的行业，就采取关系企业类型。关系企业类型的标志、造型、结构是统一的，但是局部有差异。

同一个企业的产品很多，怕产生垄断整个市场的坏印象，就开始用不同的品牌来分散大家的观感。如可口可乐公司分别推出了可口可乐、雪碧、芬达等品牌。一般人以为可口可乐是可口可乐，雪碧是雪碧，芬达是芬达，来自不同的企业，其实都是可口可乐公司的产品。这种做法，就相当于给公众几个选择，不让公众感觉到每天所喝的都是同一企业的产品。这样用企业名称、标志造型、色彩差异化，使得品牌有区分的，就属于品牌识别类型。

不管使用哪种类型的 CIS，最重要的是得到员工的认同；而要让员工认同，CIS 要具备实质的意义。任何企业如果舍弃了旧有的那一套形象，要创造新的形象，树立新的风貌，很容易造成第一代创业者的不满，而且会引起老干部、旧有主管的疑虑，认为你改变形象目的主要是把他们这些老人踢走。

有一家企业想要改变企业的标志，请人设计了几十种新的花样。大家看了半天也很难取舍，于是大家问我，哪一个比较好看。对这种心理我研究得多了，才不会上他们的当，我就说把这些都编号，让大家去投票，少数服从多数。投票结果是大家通通认为旧的好，新的不好。我当时想，幸好我没有选，否则的话我一定出洋相。

这就表示，如果没有充分沟通的话，员工就会对新的东西有怀疑，你设计得再好他们都不会接受。内部沟通，可以通过内部的刊物，通过员工培训进行，一方面告诉他们 CIS 的新观念，另一方面改变员工的认识，根据大家的需要来设计新的 CIS，自然大家就会认同。有了认同感，员工就会照我们所提倡的新作风真正地去实施，否则的话不但虚有其表，而且会产生一些反感，使我们要塑造 CIS 的时候反而有很大的阻碍。企业形象一定要由内而外，才会有实力。内就是员工的内心，员工内心觉得有这个需要才会表现相应的行为，大家都有某种行为，企业的整体形象就塑造出来了。

企业形象还要得到公众的认同，如果公众不认同，无疑是劳民伤财，并没有实际的效果。经营的绩效能不能提高，完全看企业的 CIS 能不能获得公众认同。公众认同企业的CIS，企业就会提高绩效，业绩好了，自然会鼓舞大家，再反馈到我们的经营理念和经营行为方面。这种循环就是由内而外的，使得我们的形象越来越有力量。

企业形象需要企业的实态来支撑，就像一件好看的衣服，也要穿在标准的身材上面，才会显得美观，大家也才能接受。企业形象与实态的关系，我们可以分三种情形来分析：第一种叫做名副其实。名副其实就是同心圆，企业形象的圆和企业实态的圆，同一个圆心，切实吻合，名副其实，当然大家都能够认同。第二种叫做传播实名。意思是，形象是一个圆，实态是另一个圆，有相交的部分，但是没有重合。当然，相交的部分越大，越名副其实，相交的部分越小，越证明是传播实名。也就是说，表面上说得很动听，但实际上差得很远。第三种根本就是虚有其表。企业形象是一个圆，企业实态是另一个圆，这两个圆不但不同心，而且没有交集，你是你，我是我，最后有名无实，互不相交，只能够瞒人一时，终究要被拆穿。以良好的企业形象来赢得一时的好感是不对的，赢得永久的好感才是企业真正要追求的目标。一时的好感只是一个假面具，这个假面具被拆穿时，企业恐怕会悔之晚矣。

实施CIS的时机

1. 企业创业的时候或者是创业纪念日。我们创业的时候马上把CIS做出来是一种做法，如果当时没有做出来或者做不出来，等到创业纪念日还来得及。

2. 企业合并或者企业集团形成，要塑造新的CIS。

3. 当企业的经营方针有重大改变，希望引起社会各界注意的时候，就可以做CIS，而且要隆重推出，使大家知道企业虽然是老企业，但是经营方针已经有重大的改变。

4. 经营内容扩大或多元化经营的时候可以推出新的CIS。

5. 新产品问世的时候，同时推出新的CIS。

6. 开拓海外市场，国际化发展的时候，是做CIS的好时机。

7. 为了提高企业的时代感，让大家都知道我们是赶上时代的企业，可以推出 CIS。

8. 我们要改善经营体制，向大家宣布新的 CIS，同时告诉大家我们的经营体制有很大的改善。

9. 加强市场竞争力也可以利用 CIS。

10. 我们已经有了一些负面的影响，想要改变社会公众对我们的坏印象，应慎重地把新的 CIS 推出来，希望对公众形成新的良好的印象。

无论何时，CIS 都不能只停留在表面，如果缺乏经营理念，只会举办热闹的大型活动，只会用鲜艳的标志色吸引人，也不过是一些视觉活动。换句话说，使人眼睛一亮，看起来很兴奋，但看完以后也就没有什么了，不会采取更积极的行动。企业形象固然是靠一些好看的色彩，靠搞一些活动来吸引人，但还是需要我们的品质良好，我们的价钱公道，我们的服务态度能够为社会公众所接受。

第二节 形象的内发力是企业文化

前面说过，个人要重视个人的形象，企业也应该重视企业的形象。但是如果只有形象而没有实质的内容，那叫做虚有其表。因此形象的背后要有一股很强的内发力，就是由内心真正发出来的力量。就企业来讲，企业的内发力应该是企业文化。所以我们如果用圆和方来表示的话，方的部分就是企业文化，企业文化是束之于内的。而外面圆的部分是企业形象，企业形象是形之于外的。换句话说，企业形象是一个企业的外表，而企业文化是一个企业的实质内容。实质内容可以影响到形象的好坏，形象必须靠实质内容来支撑。

> 王永庆先生在任时，台塑的企业文化可以总结为六个字：彻底，进取，合理。对于一些要紧的事情，王永庆先生一再要求要彻底了解，

彻底执行。王永庆先生说，用心比一味地努力更重要，你很努力，但是不用心，最后还是会做错。他始终说，如果有制度而员工不彻底执行，跟没有制度一样。制度很重要，但是一定要彻底去执行。所以“彻底”这两个字在台塑是非常受重视的。

进取是说一个人要有眼光，要设立长期目标。企业也一样，要有眼光，看得长远一点，要有长期计划。同时还要体会到先苦后甜才是甜的，如果先甜后苦根本就是苦的。只有大家愿意牺牲眼前的享受，将来才能够得到更大的收获。这种精神就是台塑人口口声声所讲的有志气。

台塑一向以管理合理化作为最高原则，曾经脍炙人口的台塑成本分析方法就是要找到构成成本的最根本的因素。到底什么叫成本，成本包括哪些内容，是否有遗漏，我们算得正确不正确，这些都要用追求合理的原则来加以分析。这种方法充分表现了台塑追求合理化的精神。

台塑是由中国人在中国的土地上发展起来的，它的管理，虽说也吸收了美国式精神、日本式精神，但基本上还是中国式精神。中国人一切讲合理，我们非常有积极进取的精神，什么事情都不马马虎虎，讲究彻底，台塑把这种精神发挥得淋漓尽致，所以它有这么好的发展。

企业文化是一种主观文化

企业文化其实是一种观念。大家都在追求生产力，生产力的提高一定要企业的上下都能够贯通，所以生产力的强弱取决于企业文化健全不健全。我们仔细去观察一家企业，如果它的企业文化很好，那么它一定会提高企业整体的生产力。这是我们到处都可以印证的事实。管理是没有定论的，不是说非得这样或非得那样才行。管理一定要适合实际的需要才会有效，所以合不合用是最重要的，如果合这家企业用，管理就有效，不合这家企业用，管理就没有效。合用不合用靠什么决定？靠企业文化。换句话说，有什么样的企业文化就应该用什么样的管理方式，管理方式适合企业文化，才会产生预期的效果。企业最大的要求是永续经营，生生不息，要达到这个目的，一定要健全自身的企业文化。

我常常问一些企业有几年历史了。如果对方说六七年了，我就告诉它们，赶快把企业文化整理一下。因为一家企业在刚刚开始的时候，根本不去考虑塑造企业文化。可是经过五六年，你再不去塑造企业文化的话，企业永远是一盘散沙，那是很危险的。企业一定要有健全的企业文化，才能够正确地规划企业的长期战略，提高生产力。

健全的企业文化能够为企业创造一些有利环境，全面而持续地提高生产力。提高了生产力，再回头刺激我们的企业文化，使我们对自己的文化更有信心，那我们的文化就会增强。两者是互动的，有很好的企业文化，生产力却很低，就表示企业文化有问题。

企业文化，既有广义的，也有狭义的。广义的企业文化包括物质文化和非物质文化两个部分。物质文化就是指与企业产品有关的信息。非物质文化，包括完成文化跟主观文化。完成文化就是企业的典章制度、企业的商标，换句话说，已经完成摆在那里，是成文的东西，我们看得很清楚。主观文化就是看不清楚的，比如企业基本的价值观，这不是用文字写下来的，而是大家言谈之间流露出来的。

可见，企业文化如果从广义来讲无所不包，可是我们如果用狭义的解释，产品不是企业文化，典章制度也不是企业文化，商标也不是企业文化，它是指企业有一套不成文的基本价值观、基本信念，使得我们所有的同人在这方面都有一些共识，这个共识可以决定企业的特征，这样才叫做企业文化。所以我们就说企业文化是主观文化，它不是完成文化。凡是典章制度等写出来的东西都不叫企业文化。

文化是什么？文化就是组织里面所有成员在适应环境的过程中，慢慢发展出来的一套思想、观念、行为，再加上表达这些思想、观念、行为所制造出来的多样产品。主观文化最主要的就是我们的价值观和信念到底是什么。如果所有的员工都认为我来公司上班就是为了赚几个钱，这也是一种价值观，那这家企业显然奉行的是功利主义，大家没有什么感情，价值观建立在利害关系上，有钱赚就来上班，没有钱赚就走人。

> 施振荣先生常说，企业文化就是企业里面的臭规矩。宏碁有很多臭规矩，可是在这些臭规矩里面有一个中心信仰，就是人性本善。宏碁的臭规矩都是围绕着人性本善的中心思想建立起来的。他认为用性恶的观念来待人，人与人之间就不能互信。不能互信就没有办法合作，最后就会导致失败。假定能够用性善的观念来待人处世，虽然有时候会被骗，但是成功的机会还是很多的。因为这个社会上虽然有坏人，但是有更多的好人。如果我们能够把好人招进来，使这些好人互相影响，互相感召，那么性善的观念就会传播开来，大家都相信性善，自然就会相信别人，就会跟别人合作，就会谅解别人。基于这种信念，宏碁所定下的臭规矩在执行上保留了很大的弹性，换句话说，没有一个规矩是硬邦邦的，要具体看看你的动机，看看你的情形，然后再下定论。只要是善意的批评，善意的建议，企业都会承认，都会接受，而且会很快地做适当的调整。

我没有问过施振荣先生为什么用“臭规矩”这三个字，可是我相信这也是中国人的习惯，你如果讲到自己的规矩，说那是“很好的规矩”，那人家会嘲笑你。施振荣先生很懂得中国人的心理，说“臭规矩”，大家就没有排斥感，就会来听他到底讲什么，这是心理手段。另外，企业如果认为自己所定的规矩是百分之百正确的，那么员工就有排斥感，因为你即使是神仙，也不可能定出十全十美的规矩。但是，你说你的规矩是不得已的，不一定合理，大家先试试看，有不行的地方，大家再来研究，再来改正，那大家就不会排斥，就比较容易接受。

所以，做一个管理者，不要认为规定就是这样，大家就非按规定做不可。相反的，我们要认为规定是规定，规定是不得已的事情，能做到最好，做不到我们大家商量办理。这种心态反而比较容易使大家很乐意遵守规定。

好的企业文化体现在企业员工的精神面貌上。换句话说，如果每个组织成员都能够有正直宽广的心胸、忠实工作的态度以及通过不断的在职进修来吸收新知识，就可以建立良好的企业文化。但是成员能不能有正直宽广的心胸，能不能有忠实的工作态度，能不能不断地进修来吸收新知识，就要靠我们企业有没有相应的企业文化。假定没有相应的企业文化，光是要打出那样的形象，恐怕只能是短时间有效，时间一长，大家就会忘得一干二净。

企业文化要随时调整变迁

我们的传统文化有变的部分，也有不变的部分。一种文化确定下来以后，绝不能说我永远都这样，不能改变。中国人很喜欢讲有所变有所不变，实际上就是一体的两面。任何事情有经有权，有所为有所不为，有所不为的部分叫做经，有所为的部分叫做权。所以持经达变就是持经达权，有经有权，才能够有所不为，也才能够有所为；有经有权，才能够有所变，也才能够有所不变。不过现在有很多人对经跟权依然弄不清楚，我曾写过一本书叫做《中国的经权管理》，很多人于是说，“我知道，中国的金钱管理”。把经权当成金钱，那我们就不用谈其他的东西了。有所不为是根本，有所为是作用。

企业的文化也是一样，一定要把握有所变跟有所不变，不是说文化定下来就要生生不息，而是说文化会随着环境的改变不断地修正。但也不是一味地求新求变，如果企业文化是求新求变的，那天天可以变，每个人有意见都可以变，变到最后根本没有经，没有经就没有共识，没有共识就没有原则，那就天下大乱了。因此，一定要站在有所不变的立场来有所变，才不会乱变，才会变得恰到好处。比如我们认为产品一定要不二价，这是一个原则。大家能不能认同呢？大家如果都不认同，那不二价政策是推行不下去的。我也看到有些企业一再说不二价，但最后都是在跟顾客讨价还价中卖出东西的。因为企业里的人自己就不能接受不二价，所以就制造很多困难，找出很多借口，推说顾客根本不会接受。

> 房屋中介企业一度比较混乱，后来根据市场需求，各家企业都纷纷改变经营方式。有的企业打出口号：“我只赚手续费、服务费，只收4%的佣金。”这家企业完成一笔交易后，按规定要收取4%的手续费。顾客第一句话就问：“你凭什么赚我4%，你又没有做什么？”业务人员就说：“对啊，

我们实际上也不用赚到4%，不过企业规定我们必须赚4%。”业务人员回去向企业反映：“客户嫌我们收4%的佣金过多，我们怎么可以一口气要收4%，为什么不收3%呢？”这就表示这家企业的企业文化不够坚强，换句话说，它所提出来的东西，自己的人员都不能认同，又怎么能让顾客认同呢？碰到这种情形，领导就要问业务人员：“为什么我们不能收4%？”业务人员说：“客户不认同。”“可是有很多人都认可4%的收费。”业务人员说：“我比较倒霉，碰到的顾客不讲理。”“你再试试看。”最后，业务人员说：“我不知道怎么跟客户讲。”这就是问题的重点。“你为什么心里面始终觉得我们不够资格收取人家4%的佣金呢？”业务人员说：“我做得比较少，不够资格收人家那么多。”“你多做一点，事先多做一点，事后多做一点，态度诚恳一点，事情做得踏实一点，客户自然认为你应该收4%。”

这就是很好的证明，我们要用行动来争取顾客的认同，而不是用嘴说“这是企业的规定，我们非这样不可”，这种话，顾客是听不进去的。

我们做任何事情都要追究原因，这就是台塑的“彻底”精神。发现原因以后，提出一个合理的解决方案，还要进行充分的沟通，让大家都明白这个方案为什么是合理的，然后彻底地实施，这样才能够变成企业文化。

企业文化要让企业的全体人员接受，需要一个过程。在这个过程中，企业文化要时时调整。如果有些人不接受，提出不同的意见，那我们应该站在有所不变的立场来有所变。换句话说，任何意见提出来以后，我们不要马上说这个意见不行，不要马上说他的意见跟现有的企业文化相抵触。这样的话，人家是不能接受的，因为他会认为，自己的意见好，企业文化里面有缺陷，为什么不能提出反对的意见？我们要说：“好，你可以提意见。我们来检讨一下，是原来的规定好还是你的意见好。如果原来的好，我们就不要变。”换句话说，我们先想想，如果不变好不好。如果不变很好，那千万不要变，因为东变一下，西变一下，就乱了。原来的比较好，个别人有意见，我们可以让他回去再想想，甚至请跟他比较亲近的人再跟他解释一下，说不定他会接受，并收回自己的意见。如果发现不变不好，或者长期下去，会有更多的人反对，那我们就要变。

我们把经跟权分开来看的话，会发现中国式管理有一套大家必须尊重的经，这个“经”与我们整个文化一脉相承。虽然我们每一个企业可以有自己的作风，但经是不能乱变的。我们要把几个不能变的原则确定下来，其他的部分我们来应变，根据大家的意见，随时调整，这样比较好。

> 我有个大学同学，毕业以后就到了美国，在美国生活了三十多年。他的子女都在美国长大，接受的是美国式教育。前年我到美国去的时候，去拜访他，他带着他的孩子陪我一起出去玩儿。当我们一起吃午餐的时候，他的两个孩子吃完以后，很主动地收拾餐桌。这时候我的同学发话了：“不要管它，这里的东西卖这么贵，我们不要帮它收拾。”我当时就感觉到中华文化发挥作用了。美国人的观念是：我不管你价钱贵不贵，我吃完就应该把剩余的东西清理掉。但是我们中国人认为：如果价钱合理的话，我会把你的地方整理得干干净净，可是谁叫你卖这么贵呢？我就不帮你整理，看你怎么办。他就没想到，这样一来，他的小孩所受的美国教育就会遭到冲击。

可见中国人跑到海外，不管住多少年，不管他嘴上怎么说，脑海里面还是根深蒂固的中华文化：我们不会盲目地替人家清理垃圾，我们是有条件的。这就叫做彼此彼此。

企业文化要尊重并且维持原来文化系统的价值，才能够在安定中求进步。一旦失去了基本价值的支持，我们就算学了一些新的东西，也不能持久。中华文化里面有一些根本的理念是不可以乱变的，其中跟企业文化有关的大概有五点。

1. 修己。我觉得一个人要相信别人比较困难，要相信自己还是比较容易的。如果连自己都不相信，又怎么可能相信别人呢？所以最好的办法就是把自己修正一下，使自己很充实地表现出来。并不是说一个人要成大事或者当圣人才需要修己，事实上任何一个主管都需要修己。当你第一天上任的时候，你仔细想一想，所有的下属对你是什么态度，基本上都是两只眼睛一直看着你，看你编什么花样。所有人都要考验你一下，看你有没有好好修己。如果没有，那大家就不会相信你，你讲什么话，都会给你打折扣。因此我们要发挥管理的功能，当主管的最起码要把自己修好。当下属也是一样，主管相不相信下属，会不会给下属比较合适的工作，会不会给下属带来更好的前途，也是看下属有没有修到让他信赖的程度。

2. 安人。安人跟修己是相对的，修己是独善其身，发挥不了多少管理的功能的。修己之后，能够把自己的力量向外去推，推到每一个人，使得跟你在一起的每个人都感到安，就叫安人。假定每个人都能做到修己、安人，企业一定蒸蒸日上。

3. 公正。公正、公开、公平这三个词不要一起讲，一般人很喜欢把公正、公平、公开一起讲完，讲到最后没有人相信。奉劝大家都讲这样一句话："我只能够担保我很公正，但是实际上我不太可能公平。假定机会是无限的，我可以做到很公平。事实上机会相当有限，所以我没有办法很公平。"这样一来，大部分人都能谅解你，觉得你好像很公平。当一个中国人强调自己很公平的时候，大家会一起来证明他是不公平的。至于公开，对中国人来说，公开跟不公开是一样的，所以叫做公开的秘密，根本没有秘密。因此在企业内部，只能够标榜公正，少说公平，至于公开不公开要看情况，有的应该公开，有的不需要公开。有些人提倡透明化，实际对中国人来讲，透明化就是相当不透明，换句话说，不应该让你看到的我不让你看到，应该让你看到的我非常透明，我所讲的透明化是指应该被你看到的部分。

4. 诚恳。诚恳是最根本的。企业的上上下下都很诚恳，彼此关心，是非常重要的事情。

5. 平衡。一切都要求平衡，兼顾就是平衡的意思。一方面要好好做人，另一方面要好好做事，同时在人际关系跟工作绩效之间取得平衡。企业要做到产出的平衡以及资金的平衡，还能够让大家都很愉快的话，我想这个企业文化就相当可贵了。

我们常提到现代化，仿佛现代化的都是好的。如果讲到中国现代化，我们一定要明白，现代化并不是西化。我们还是中国人，只不过要做一个现代化的中国人。企业还是中国的企业，只不过要做一个现代化的中国企业。如果我们能够把伦理、民主、科学融入我们自己的企业文化，那企业就非常现代化了。

伦理，就是把我国固有的伦理道德融入企业里面。民主，中国人很重视实质的自由和民主，而不是形式上的自由或是平等。我们要了解，积极服务就是自由，大家充分地发挥自己的服务态度，这就是最高的自由。机会均等才是平等，所以，在企业里面重视大家积极的服务，同时提供给大家均等的机会，我想这是我们所希望的民主。科学方面，大家都非常认同用科学精神、科学方法来处理一些事情。

管理者如果重视伦理、民主、科学素养，就不可能碰到事情就逃避责任，把责任推给下属，自己毫不操心。假定企业文化产生效果的话，一个人如果能够做到上策，即对主管能够提出坚定的主张，又能够得到同事的大力支持，又有办法激发下属的潜力，那这个人就非常好。不能够做到这一点，最起码也做到中策，即对主管告知我们已经知道的情报，对同事要做好本位工作，对下属要尽量关怀。如果做不到这个，那他是不够格的。换句话说，我们的文化一定有缺失，要赶快修改。所谓不够格的，即对主管只知道盲目地顺从，什么事都不动脑筋；对同事讲究交换，你给我做一分，我才给你做一分，不然的话我就不跟你合作；而对下属只知道采取高压政策。不够格的主管万万要不得。

建立现代化的企业文化，我们要调整一些不正确的观念。比如，一般人认为儒家是不讲功利的，其实儒家并不反对功利，而是要求良好的功，合宜的利。仁义跟功利不一定是相互排斥的，因为凡是讲仁一定合乎义，义一定合乎仁，仁义就是合适的爱。合适的爱，在企业里就是大家合理地你照顾我，我照顾你。我们所求的功利既然是合理的，我们所讲的仁义又是合理的，那我们的文化就是“合理”的。所以中庸之道就是我们常讲的管理合理化。

工会成立以后，大家需要新的文化概念。我们一直认为，老板跟工会都要凭良心，可是凭良心以后每个人都不满，老板认为工会要求太多，而工会又认为老板给得太少。所以不妨按照以前的说法，先小人后君子，大家在一开始，先派代表坐下来，互相研究一套协议，写成一套协约，这样事先防范，就可以避免劳资纠纷。“先小人后君子”的意思是说，我们没有订契约之前先谈一谈，我要求的你能不能做得到，你有什么困难提出来。如果大家都达成某种协议，不妨写下来，作为共同遵守的协约。这种规范劳资之间有关权利、义务的协约，可以维护企业的安定。企业利润的分享，协约期间内罢工、待工的避免，都可以事先谈妥。只要工会健全，可以真正代表工人，而老板又很诚信，那么这种协约对于中国人来讲就是可行的。

不过老板可能会担心，万一运营不善的话，现在订的协约将来不是会绑死我吗。其实不用太担心，只要大家是诚心诚意的，万一经营不善，大家一定还会进一步商谈，定出一个让步协约。就是说，当初协约没有错，我都答应了，但是现在我有实际困难，你让一步，我让一步，彼此合理让步共渡难关，就不会使老板承受太大的损失。

总之，我们的企业文化最后要达成爱惜管理。“爱惜”就是说我们要彼此爱惜，彼此珍惜相聚的机会，通俗地说，在一起就是有缘，既然有缘你就不必太计较，应该怎么做，大家心里有数。这种管理叫做道的管理，就是用道理来沟通，而不是一切都是论功行赏，也不是说一切都是权威压力，把每个人都当做一个平等的人来看待，这是大家最乐意的事情。所谓爱惜管理，首先要彼此关怀，我们要知道，中国人不是工作导向的民族，如果一开口就讲工作，可能很多人会非常不愉快。我们一开口，你关心我，我关心你，感觉很有人情味，我们就可以自动自发了。这里有一句话值得共勉，我们的企业文化要能够做到大家爱惜我们的企业，爱惜我们的同人，爱惜我们的产品。同人之间少说我，少说你，大家一起讲“我们”，这就是我们的企业文化所要努力的目标。

企业文化有一套发展模式

企业文化的作用就是可以使现有的人员改变成为理想的人员，可以就现在的外界环境来预测未来的外界环境。我们现在有的人有了一些想法，但这些想法不一定是我们的企业文化。因为现有人员的想法如果是不正确的，我们就有必要把它改变。企业文化既是塑造过程，又是改造过程，把现在的人的观念变成我们所需要的。同时企业文化也要根据现在外界的环境来预测未来环境的变化。因为企业不是只求现在生存就够了，还要面对未来，还要适应未来的环境，要能够在未来的世界里面继续生存下去。如果我们的企业文化只能够应对现在的环境，势必无法接受未来环境变化的挑战。在这种情况之下，我们一方面顾虑到人员，另一方面顾虑到环境，人员的想法要明确化，而外界的环境要弹性化，要能应对未来的变化。

企业文化固然是自然形成的，可是它也需要人力促使它做一些我们所需要的改变。企业文化应该如何发展起来？一般来讲，有三种方式，我们分别称为圣主型、贤相型、集团型。

所谓圣主型，就是企业有一个主导者或者创立者，一般指公司的董事长或总经理，他本身有一套很完整的而且自认为很正当的价值观，把这些价值观推而广之，就形成了企业文化。此类企业的主管者本身强有力，都富有经验和知识，也有一套很好的理念，又有很坚强的信仰，所以由他们来塑造企业文化，效果相当理想。比如王永庆先生，他在台塑时，经常利用各种机会向员工灌输他的理念，让大家来接受他，使得台塑人都有共同的想法，建立共识，这是很典型的圣主型的做法。

圣主型企业文化的塑造过程是，由创立者扮演施话者，把自己的理念不断地灌输给班底，班底即受话者。受话者接受了施话者的理念后，再扮演第二道的施话者，把这些理念灌输到干部中去，这时候干部就变成受话者。干部接受以后，再传给员工。得到了员工的认同，那企业上下达成共识，就成功塑造了一套企业文化。企业文化可以说是企业内的社会化过程。

如果企业的创立者不愿意做或者认为自己不够条件来做，可以请一个自己信得过的又敬重的人，让他扮演高明的宰相的角色，帮助企业树立一套企业文化，这叫贤相型。比如统一的高清愿等，他们扮演宰相的角色，代表创立者在企业里面塑造出一种理想的文化。

贤相型企业文化的塑造过程是，创立者觉得自己来塑造企业文化有点困难，不如找个靠得住的人，而且他本身的理念跟自己也很接近，只不过我讲得不那么清楚，而他可以代替我讲清楚，所以请他来扮演施话者的角色。而这个人通常称为老板的红人。他要去揣摩创立者的想法，通过彼此的沟通，把自己的理念说给创立者听，创立者认同以后，他再去把这套理念向干部们传播。当然这要看这位红人的声望、能力及表现能不能被干部们接受。如果能接受的话，干部们就愿意扮演受话者，把红人的理念向员工推广，获得员工的认同。

集团型的意思是说企业的创立者，以及一些举足轻重的人物，通常都是高层主管，他们采取互动的方式来共同塑造企业文化，比如宏碁等企业。

集团型企业文化的塑造过程是，创立者跟高层主管在年龄、背景、能力方面都相差无几，高层主管都是举足轻重的人物。大家谈得来，又常常在一起，因此采取头脑风暴的方式，找出企业应该树立的文化到底是什么。由创立者跟这群举足轻重的人物共同扮演施话者的角色，使干部了解他们，接受他们，当然这当中也免不了要有互动。互动的结果如果达成共识的话，那么员工很快就会认同。

> 宏碁的文化就是集团型的，由施振荣先生和他身旁的一些重要的高层互动而成。施振荣先生认为，人性本善的管理模式，最困难的地方就是第一圈的建立，即他跟举足轻重的人物是不是能够真正地达成一致的看法。只要这些人达成共识，第一圈就建立起来了。日后所有的员工都会被第一圈所同化，因为就算有员工不相信人性本善，想要混进来，伪装成为大家的同伴，也很快就会被拆穿。如果他没有被拆穿，就表示他伪装得好，伪装到最后，也变成真的了。所以只要第一圈够强，本来是真善的当然会融入我们的圈子，本来是伪善的，迟早也会被我们同化。施振荣先生强调，如果认为人性本善是正确的，而且要用做企业文化的中心思想，那就应该贯彻到底。不然的话，员工认为这种口号不过是一种形式，不具有实质意义。

一般来说，少数高阶层的人有一些想法，如果我们不相信他，他自己也犹豫不定，这就不可能成为企业文化。如果少数人非常坚定地认为的确是这样，那么后来的人自然不会怀疑，久而久之就会被同化。

有很多人问我："我们企业有七年了，我们是不是要有一套企业文化呢?"我说："实际上你们已经有企业文化了，没有企业文化就不能活到七年，只不过你们没有整理出来而已。"如果要整理，可以按照上面的三种方式，选一种适合自己的。

不管要形成哪一类型的企业文化，都要注意，总经理在宣布一件事情时，应该把各部门的经理都找来，或者把有关的人通通找来，充分沟通以后，看看大家是不是认同，如果认同了，大家就要在不同的地点讲同样的话。我们中国人很奇怪，如果主管彼此之间有不同的意见，员工就很容易投机取巧：反正你和他的看法不一样，我们有什么办法？我们只能利用这个空隙，选择对我们有利的道路。假定发现每个主管讲的话都一样，那时候员工就会很自然地接受企业的主张，就会贯彻实施。

我们把这个权交给创立者，也就是交给老板自己选，你要走圣主型的路可以，要走贤相型的路也可以，或者走集团型的路也可以。这三条路成功的例子都很多，而且都是可行之道，最重要的还是看老板的抉择。

我觉得这方面老板要负很大的责任：第一，他觉得有没有必要，如果他觉得没有必要，谁来创造都没有用。第二，他最喜欢哪一条路，如果他不喜欢，别人做了，还要挨骂，吃力不讨好，谁愿意做?

企业文化要适时调整提升

文化，通俗地说，就是一些花样。中国人有中国人的花样，美国人有美国人的花样，日本人有日本人的花样。花样是会改变的。拿中国人来讲，以前的中国人有很多做法，虽然现在我们保留下来，但并不是跟原来的一模一样。文化会根据实际的情况，自行修补。这样一来，我们可以了解到，人类一定要常常修己以适应文化的改变，而文化也要常常修补以符合人类的需要。

企业文化也是如此，并不是说一经建立，永远是这样，谁都不可以有任何改变，而是要不时地根据实际情况加以调整。企业文化的调整也有三种方式：

1. 自主型。老板自己动脑筋把基本价值观重新思考一下，确定下来以后把新的价值观跟原来的价值观做一个比较，然后找出差异，并把差异不断地向干部灌输，要求干部也跟着改变想法。老板本身强有力，又感觉到基本价值观有修改的必要，而他又能够发挥影响力，那么就可以采用自主型的文化调整方式。

就像台塑的王永庆先生一样，利用午餐汇报时间不断地宣讲，讲到最后，大家的想法跟他的完全一样，这个时候新的价值观就发挥功能了。等到干部都认同以后，员工很自然地就会改变过来。

2. 挑战型。有一群“目无法纪”的人，进企业以后，他们对原来的企业文化不满意，认为原来的价值观不对，所以就公然向既存的价值观做某些程度的挑战。至于企业接不接受挑战，就很难说了，要看挑战者的实力。如果挑战者强有力，说不定就会把原来的风气改变过来，不管原来的是好是坏。如果挑战者不成功，最后就会被赶出去。或者是一些人刚刚进入企业，他们不晓得企业的传统是什么，可能对现有的价值观不满意，然后做一些试探性的挑战。其结果也有两个：一个是被视为叛逆分子训斥一番，然后乖乖地认同原有的文化，这样文化就没有任何调整；另一个是因为挑战者的力量很强，使得我们必须接受，企业文化就会根据新生代的要求做某种程度的改变。

3. 进化型。企业文化随着时代的变迁，为了应对时代的需要，自己慢慢在改变。企业文化本身像一棵树一样，有主干，有旁枝，有根系。组织成员会修剪它，使它具有不同的造型。造型越好看，大家越喜欢它。企业内外环境的变化，也会使得很多成员感到企业文化这棵树要稍微修剪一下，因此你改一下，我改一下，改到大家满意为止。这其中也可能有的人有很特别的想法，他认为这棵树要修剪成一条龙，如果他的主张很强烈的话，可能这棵树就真的被改成龙了。这种人叫做特立独行的人。一个企业如果有一两个很特别的人，就有可能发挥强大的力量，把整个企业气氛都改变过来。

宏碁的文化大概可以分成三个阶段，第一个阶段是1976年到1979年，它以“微处理器的园丁”的口号开始宏碁文化的塑造，即宏碁扮演一个园丁的角色，来耕耘微处理器的园地。这个口号推出以后，宏碁在微处理器方面扮演很重要的角色，整个宏碁人都知道他们应该朝哪个方向去努力。第二个阶段是1980年到1986年，这个时候宏碁提出“贡献智慧，创造未来”。这个口气显然大得多，志在发展中文电脑。这又是一个新的使命，使得宏碁人又提升了自己的精神。1987年以后，宏碁不再满足于中文电脑，提出要“心怀科技，放眼天下”，明确了国际化路线。宏碁提出的龙腾专案，真的让宏碁进入电脑市场，也扩大了宏碁的产品线。

从宏碁文化的自我调整可以看出，宏碁是应对外界的需要，并根据实际情况来进行调整的。1987年9月，宏碁在经过一年的筹备之后，把已经用了十几年，价值几千万美元的LOGO整个改掉，改成很简单的图案。这需要下很大的决心。宏碁认为，新图案可以代表价值感，所以毅然决然地推出。

宏碁虽然一直在改变，但是从1976年宏碁创立一直到现在，有四个字从来没有变过，这四个字就是他们的经营理念，叫做人性本善。可见，企业文化该改的部分是要改的，不该改的部分绝对不能改。

台塑的午餐汇报是其塑造文化以及修补文化的一个重点。原董事长王永庆先生很喜欢利用午餐时间把高级主管集合起来一起吃饭。用餐的时间大概15分钟，用完餐以后，王永庆先生亲自主持，由各个主管轮流报告。报告的题目是一两个月以前就已经得到王永庆先生批准，并通知有关主管好好准备的。一两个月时间，听起来很充裕，好像不会使主管感觉有压力。但是，实际上，给他一两个月时间，他就紧张一两个月，甚至紧张到晚上睡不着觉，白天吃不下饭。为什么？因为王永庆先生很重视午餐汇报，如果报告得太差，那他的位子就会被换掉。主管们都提心吊胆，如果讲不好，那自己在台塑的命运将会很凄惨。

这种手段，虽然可以把午餐汇报的权威确立起来，但是给许多人带来了巨大的压力。很多人开始骂这项制度，时间一久，这些主管难逃肠胃病的困扰。台塑有自己的医院，所以大家很方便就医，但医生只会开一个处方，上面也只有两个字——辞职。你不辞职，病永远不会好。

不过，台塑的高度成长，离不开午餐汇报的贡献。虽然有些人受委屈，但是台塑很快就达成合理化。在塑造与调整企业文化方面，午餐汇报发挥了很大的功能。

虽说调整企业文化是必然，但也不意味着我们可以随时调整，否则只会更乱。那我们应该什么时候调整企业文化？很简单，如果你发现企业里面有五种征兆的话，你就要注意自己的企业文化一定有需要修补的地方。

征兆一，人事变动有偏高或者偏低的趋势。人不可能完全不动，但是如果偏高或偏低，那就要提高警觉。

征兆二，各部门的作风不一致，甚至在穿衣服方面，甲部门跟乙部门慢慢有差异，而且差异越来越显著。彼此谈话的样子、谈话的内容不一样，或者不同部门办公室的设备不一样，工作习惯也慢慢有差异。同一个企业彼此看法不一样，彼此习惯不一样，很快就会引起沟通的障碍，甚至还会发生公开的冲突，等到那时候再来解决已经太晚了。

征兆三，员工的工作情绪普遍不稳定，他们在开会的时候会攻击企业的政策，甚至认为自己的做法比企业的规定还要好。此外，员工开始有一连串的迟到、早退、请假、离婚、酗酒、聚赌的现象。

征兆四，当企业开始看重内部而不看重外部的时候，这是一个很危险的征兆。如果大家都集中精神钩心斗角或者粉饰太平，努力做表面功夫，只注意使老板高兴，私底下你提防我，我提防你，没有心思来拓展市场，关照顾客，那么企业形势就相当险恶了。

征兆五，我们开始重视短期目标而没有长期打算，大家都把当前的利害关系摆在眼前，集中力量去争取，完全不做长远的打算，这个企业文化就是有问题的。

如果有这五种现象，我们还不去调整企业文化，总有一天，企业会出很大的纰漏，到时候可能会措手不及。

当我们发现这些症状的时候，高级主管就要进一步去研讨，去追究：

1. 员工升迁，是有本事的人升上来，还是有本事的被压下去，没有本事的反而被升上来？

2. 员工工作的情况是实实在在，还是马马虎虎？

3. 企业一些对外的资料是不是越来越唱高调，越来越偏离现实？我们没有做到的却大力宣传，夸大是难免的，但是脱离现实太远的话，就很危险。

4. 办公场所是不是对不同阶层的待遇慢慢拉大，比如经理坐的椅子越来越舒服，而一般员工反而没有人照顾？如果不同阶层的人，待遇差别越来越大的话，就是企业文化开始衰退的一个很重要的征兆。

5. 企业怎样去对待客户，是不是非常不耐烦，或者是公事公办？如果是的话，就已经证明大家对企业没有什么信心，或者是缺乏向心力。

如果出现了以上情况，我们就要着手去调整企业文化了。但不是立即行动，要注意：

急不得。企业文化不可以说变就变，有些老板非常好，一听别人讲得有道理，马上就变，可后果不堪设想。说变就变，会引起很严重的新旧势力的抗争，有人高兴，有人不高兴，得到利益的就拥护，受到损失的一定抱怨。所以要经过一段时间的沟通与磨合。

重视沟通。沟通的时候由亲到疏，老板先跟亲近的人交换一下意见，然后再让他跟与他亲近的人交换意见。这样一层一层地传播，一层一层地反馈，相当于重新做一个整合。

充分重视大家的意见。既然要沟通，就不可以马上接受，也不可以马上拒绝。这两种态度都不好。我们听到赞成的就高兴，听到反对的就不高兴，那就不叫沟通。

不要怕冲突。如果在沟通的过程当中有很激烈的争执，不妨让它暴露出来。中国人常常讲长痛不如短痛，与其大家都不讲明立场，始终埋在心里，不如让它爆发出来，就可以彻底解决。不要制造冲突，也不要害怕冲突，尽量大家互动，最后很坦然地接受改变。所谓很坦然地接受改变，就是说，既然大家喜欢这样改变，那就这样改变，老板要积极推动，否则，下面的人不敢改，就不会有效果。

我们调整企业文化的目的，是让它越来越合理，我一直认为我们的企业文化应该提升层次。我现在把企业文化分成四个层次：最底层的叫做力，其次叫做功，再次叫做德，最高层的叫做道。道、德、功、力也是中国人管理的四个层次。

所谓力就是专制独裁，顺我者昌，逆我者亡，不听话就叫你走路，这种企业文化完全讲究权威跟压力，几乎看不到道的影子。历史上以武力为主要诉求的最有成就的是秦始皇，在力的企业文化方面最有成就的也是秦始皇。秦始皇刻薄、残忍、暴虐，最后产生很多反对他的力量，秦朝二世而亡。

力的企业文化提升上来就到了功的层次。所谓功就是说老板很有魄力，论功行赏，功过分明，丝毫不讲感情。这方面，可以以雄才大略的汉武帝为例。汉武帝在位 54 年，宰相换了 10 个，这 10 个人里面有 6 个不是自杀就是被汉武帝所杀，这样的老板谁还敢跟他？其中有一个人叫做公孙弘，汉武帝去拜相的时候，他一边磕头一边流泪说“不要找我”，但是汉武帝很坚持，所以他辞不掉，只得对人讲“我完了”。皇帝请他当宰相应该是很高兴的事，可是他却说“我完了”，可见大家很害怕汉武帝。汉武帝的做法是，你稍有违法或者稍微有欺骗行为，不管你平常表现怎么样，杀无赦。有人劝汉武帝说，人才是费很大工夫才请到的，他还没有充分发挥才能，你就把他杀掉，天下人才是有限的，你通通杀光后到哪里找呢？想不到汉武帝说，人才到处都有，只要你有眼力，看得准，就可以找到。人才就是有用的工具，这个工具不发挥，或者发挥不恰当，不把他杀掉还有什么用呢？

我想这也是一种主张，但是听起来很害怕。今天一般人都喜欢讲功过分明，我们倒应该想想汉武帝的例子。功不是很好的企业文化。

功的企业文化再提升，就到了德的层次。德就是以德服人，恩威并济，使大家都愉快相处。你说他不怕你，他又怕你，你说他怕你，他也不太怕你，这是德的层次。历史上的代表人物应该是周文王，他本身品德高尚，也很有正义感，同时他有很远大的理想，可以吸引诸侯拥戴他，跟他共事。但是他还需要恩威并济，不能一味地宽容来感化下属，所以德也不是最高层次。

真正最高层次是道，就是一切秉公处理，非常公正。道并不反对力，必要时候用力，用积德来成功，而事事求其合乎道，这就是最高的企业文化。

第二章

合理计划促进企业发展

要作计划一定要针对未来进行判断，而未来是不确定的，任何计划都需要先见之明，将一切变数都考虑进去。

第一节 企业发展要依赖确实预测

我们常常感觉到，这个世界好像越来越小了，而且变得越来越快，如果不能够及时调整，就会落伍，甚至失败。

有人说，现在的时代是没有准备的时代，我们来不及准备。突然面临一些问题，我们该怎么办？我们现在动不动就讲信息，也一再说信息泛滥。那我们现在要不要找更多的信息？有很多人不断地找信息，从早上忙到晚上都在找信息，找来的有没有用也不知道。我们不仅要找更多的信息，而且要会过滤，去选择对我们有用的信息，这才是比较重要的。

这个时代的本质就是两个字——变化。这两个字对中国人来讲相当古老，因为我们的《易经》就是讲变化的，《易经》原叫《变经》，之所以改为《易经》，是因为怕中国人过分注重变，变来变去，会很危险。

今天，我们看到所有层面都在快速变化，实际上老祖宗已经在《易经》里面告诉我们，一切都在变，但是我们要在变当中，找到不变的东西，才能够“不变”得好，也才能变得好。变与不变都兼顾，就会做到持经达权。管理界为什么会关心未来？主要是因为未来是不可测的。不是不能测，而是测了以后会变。虽然测不准，但是我们一定要测。所以大家都很喜欢预测未来，我问过很多人，是否想知道未来的事情。答案都是肯定的，到今天为止没有例外，每个人都想知道自己未来的变化。企业当然更应该了解未来的变化，怎样预测呢？有两种方式，这两种方式哪个更好，人们各执一词，公说公有理，婆说婆有理。

第一种叫做周而复始派，说历史是周而复始的。换句话说，现在和以前没有太大变化。经济繁荣，经济衰退，经济繁荣，经济衰退……好像没有什么两样。所以根据这种周而复始的现象，我们经由统计分析，就可以很准确地掌握未来。有很多人买股票的时候会去研究 K 线图，从 K 线图的变化去预测哪天会涨，哪天会跌。这种人就属于周而复始派。

第二种叫做伟人创造派，说历史是由伟大的人物创造出来的，不是自然地周而复始的。未来的历史跟以前的历史一样，都是由一些伟大的人创造出来的，不是由那些不可控的社会力量或者经济力量支配的。

如果问我哪一种比较对，我觉得都是对的。因为这两种方式并不矛盾，也不是单独存在的。首先我们看看周而复始派，历史是循环的没有错，但历史不会复制。就好像我们买皮鞋，要么是尖头的，要么是平头的，要么是圆头的。你说圆头的皮鞋现在不时髦了，你把它留下来，留到以后流行圆头的时候再拿出来，那一定很时髦。结果你会很失望，因为新的圆头跟你的那个圆头是不太一样的，多多少少有点变化，这样商家才有生意可做。再说伟人创造派，是不是所有历史都由伟人创造？这也非常有疑问。假定长久以来没有伟人出现的话，那历史不就停滞了吗？所以历史是这两种方式的组合体，也就是中国人所讲的兼顾，这两种方式混合起来，历史才是我们所看到的样子。

有没有特定的事件？有。有没有伟大的人物？也有。不管是特定的事件还是伟大的人物，都是一种爆发，爆发一股强烈的扭转方向的力量。但是历史并不是每一次都由这种力量扭转的，它也常常有顺其自然的演变。所以有的是由伟大人物来改变，有的是周而复始地演变。历史会重演，但是每次都不一样，我们在做预测的时候，即使发现很像十年前的状况，也绝对不可以把十年前的模式整个套用，应该加以适当的修改，才能够切合未来发展的实际状况。

企业领导要有先见之明

相信有很多人都去算过命，算命先生讲你以前的事情都讲得很准，否则你掉头就走，不会再听他的。可是他能不能保证说将来也很准呢？答案是否定的。因为未来是会变化的，这是我们管理预测一个很难突破的难关，所以引起我们相当的不安。如果一切都能够预见，大家自然就心安理得。假定我们能够预见经济是繁荣的，我们就有准备，就算预见经济是萧条的，我们也可以有心理准备。问题是我们预测它是乐观的，结果是悲观，我们预测它是悲观的，结果是乐观，那就很遗憾了。事实上管理者所面对的情况几乎都是模糊不清、不确定，以及情报不齐全的。

有很多人问我，如果一切都是模棱两可的，岂不是很麻烦吗？将来我们能不能有一套办法使得管理比较模式化，比较简单明了，比较清楚精确？我的答案是，很不幸，这是不可能的，我们会越来越含糊，越来越不确定，越来越感觉到情报根本不齐全。我们可以这样看，技术进步带来一些新的东西，但是也破坏了一些东西。所以科学带给人类很多好处，同时也带来很多坏处。这些变化当中最使我们感觉到无奈，甚至有一点恐慌的，就是人的价值观和道德观发生了很大的改变。

未来我们会怎么样呢？我想有很多人会说，算了吧，看运气。看运气并不是迷信，人活着，先要吸一口气，吸进去以后，要好好去运，以促进你的新陈代谢。如果不好好运这口气，吸进来，又吐出去，对人体就没有任何作用。所以运气不运气是靠自己，运气好不好，完全靠自己的努力，看自己判断得正确与不正确。运气就好像一只看不见的手，可是如果真正追究起来，还是有根据的，这个根据就是人的经验所累积起来的判断力。

有一位老板问我："到底是运气重要，还是努力重要？"我说："运气比较重要。"他非常高兴，说："运气好的时候，钱根本挡不住，没有做什么事情，就财源滚滚。"我接着说："可是你没有努力，怎么知道运气好不好呢？所以还是努力重要。"他听了以后，问："你每次讲话都是这样，到底什么重要？"事实上两个都重要，但是我们现在站在管理的立场，重视努力，就是培养一种专业性的判断力。判断力还有专业性吗？举例子来证明。

> 新光的老板吴火狮先生以前经常到日本出差。有一次，他正跟下属在街上走，突然问一个下属："你看前面那个小姐漂不漂亮？"如果他的下属说"很漂亮"，这个下属大概就没有什么前途了。因为吴火狮先生问的不是前面的小姐长得漂不漂亮，他们是做成衣的，吴火狮先生是让下属去注意那个小姐所穿的衣服样式，赶快把它画下来，作为参考。为什么吴火狮先生不直截了当地问？试想一下，当你的老板直接问你那件衣服好不好看，好看的话就画下来，你会觉得非常被动，也许会一肚子不高兴，认为他自己可以休息，而你却要做这些额外的工作。所以吴火狮先生就很巧妙地问那个小姐漂不漂亮。下属就知道不能上当，所以就一本正经地说，她的衣服很好看，我画下来。实际上这也是吴火狮先生鼓励下属自动自发的一种方式。
>
> 吴火狮先生到处去看，回来以后再作研究，这样才会培养出哪种衣服有销路、哪种衣服没有销路的判断力。
>
> 有一次在日本，吴火狮先生问一个日本人："你们人寿保险的比例大概是多少？"那个日本人告诉他："大概已经到了120%。"吴火狮先生问："怎么可能超过100%？"日本人回答："有的人在两家企业投保，所以我们的人寿保险已经超过了120%。"吴火狮先生一听，问自己的下属："那我们台湾呢？"下属说："台湾大概只有20%。"吴火狮先生说："可见台湾的保险市场很大。"所以回来以后，吴火狮先生就设立了新光人寿公司。新光人寿是台湾大型人寿企业成立最晚的一家，却是成长最快的一家。这个决定也不是靠猜的，而是吴火狮先生到处调研得来的结果。

新光集团的成功是不是吴火狮先生的运气好？我想应该是运气好，但是运气好的背后是吴火狮先生有正确的判断力，而且是专业性的。这种判断力是天生的吗？如果是天生的，就叫做“天眼通”。我们不可能要求每个管理者都有“天眼通”。因此我们就要好好地培养判断力，使我们每一次都能作出正确的判断，来掌握未来的趋向。因为只有好好判断，才有办法创新。

现在有很多主管喜欢老板把要做的事情都规定好，自己保证不折不扣地完成。如果一个人完全按照规则行事，他就是一个不动脑筋的人。这种人绝对没有办法身居要职。担任主管的人，如果一心一意只照规定去做，对新的事物不敢尝试，就会很消极，缺乏创意。这样的主管对企业的发展是有害无利的。企业应该把重大的工作交给那种有判断力、敢创新、敢负责的人，而不是只想按照规定办理的人。可是创新绝不是随意改变，它有一个基础，就是正确的判断。如果没有正确判断就胡乱地变更，比按照规定去做更有害。我们每一次都要做得比上一次更好，这叫做改善意识，改善其实也是一种创新。

我们不可以说改就改，没有经过考虑就改，那就是乱变，乱变是非常可怕的。我们也不可以拘泥，我有偏见，我非这样不可，那也没有办法获得创新。我们要记住一句话：对于不确定的事情，我们必须正确地判断，才不会使我们失掉时机或者做出危害企业的事情。

我们常常喜欢说某人有先见之明，实际上先见之明是每个管理者都应必备的能力。管理最基本的要求是，善于计划（Plan），彻底执行（Do），勇于检讨（See）。我们常常叫做 PDS。没有计划就没有办法执行，执行以后又要彻底检讨。管理就是对一切的事物有计划地加以执行，并且检讨执行的成果。要作计划一定要针对未来进行判断，而未来是不确定的，任何计划都需要先见之明，将一切变数都考虑进去。看事物看得很透彻的人，不是靠猜，而是心里有数。看不清楚的人往往说全是猜的，他运气好，正好被他猜中。有人说，下象棋下得好的人，要能够算到 70 步，甚至全盘最后哪个子被他吃掉，都算得出来。同时还要在招数里面随机应变，我出什么子，你有多少种回应方法，我又有如何回应。这些如果都了如指掌，就不是运气。管理要吸收前人的经验，要培养自己创造性的能力，就需要提升自己的先见之明。

企业的“企”字是企图的意思，我企图达成某些目标，为了达成这些目标，我要加以管理，管理就要靠判断。如果我们把企业管理当做一种行业的话，这个行业就叫做判断业。企业是个组织，管理者的主要任务其实就是判断，这个产品能不能生产，生产多少，什么时候推出，定价多少，去哪里卖，让谁去卖，卖给谁，什么时候收钱……都靠我们判断。大家对管理者的期望，其实就是他有正确的判断力，使整个企业能够蓬勃发展。如果一个企业的老板说：“没关系，你们尽量去做，我保证什么事情都有正确的判断。判断由我来做，执行由你们去做。”我想大家一定很乐意，而且一定很放心。所以经理级别以上的人，可以说是专门从事判断行业的人，他的职业栏应该写判断业，而不是什么服务业、制造业。缺乏判断力就没有办法胜任领导阶层的任务，这个观点非常重要。

在汉语中，与判断有关的词还有果断、武断、独断、妄断，我们现在要把这几个名词稍微区分一下。

判断是从好几个解决问题的方法当中选出一个，而把其他方法屏蔽掉。如二选一、三选一、四选一、五选一……反正你有很多答案，而我毫不犹豫地从里面找出一个来，就叫判断。判断决定是非对错，决定得失利弊，决定吉凶祸福。我们在进行判断的时候，资料不充实，数据不正确，时间已经到了，必须作决定，这就有点勉强，这种行为，说好听的叫果断，说难听的就是武断。结果正确的叫果断，结果不正确的就叫做武断。高层主管的果断力是很重要的，因为未来是变化的，而且越来越快，就算数据不准确，信息不齐全，但是时间已经到了，你非下一个判断不可，这个时候就需要果断。没有经过缜密的思考，或者根据以前的偏见，或者根据某人的话就作决定，叫做独断。独断十分严重的时候，好像无头苍蝇横冲直撞，根本没有经过大脑，随随便便，就叫妄断。

除了判断、果断、武断、独断、妄断以外，我们还要了解什么是预言。所谓预言，是把没有发生的事情当做已经发生的事情来说，说得好像是事实一样。把没有发生的事情当做很确切的事情来下断语，即先见之明。这种先见之明如果太离谱了，就叫做胡言乱语。可见预言也是要有些根据的，不能随随便便说。

有些人很客气，不说自己判断正确，只说自己碰上好运气，这是他谦虚，我们不要当真。我们已经讲过，运气是靠自己运，那“运”是什么？运可以解释为运转，好像车轮一样，车轮可以向前转动，也可以向后转动。我们的运，有时候是转祸为福，转危为安；有时候会转福为祸，转安为危。运要靠人自己去转，转得好叫运气好，转得不好叫运气不好。怎样才能转得好？这是我们所关心的。要靠自己累积的经验去判断，要采取正确的对策，使将来能够大致的控制。

我们可以武断地说，运气不好的人只能怪自己懒惰、松懈、不小心，不要老是怪运气不好，这样运气才会好转起来。你如果天天说运气不好，那就是暗示自己，结果老天爷就照你的意思，让你的运气更不好。运气好坏不是偶然的，而是当事人的努力来决定的，我们努力运气会好，不努力运气自然差。

设法加强预测力的培训

加强判断力、预测力，有几种方法。

1. 要养成经常反省的习惯。一个人做了一件事情，如果不去检讨，那他始终没有经验。做过的事情，经常检讨，就会累积一大堆经验。我们每天都很忙，忙的时候碰到问题自然会解决，解决完以后有没有想过“我这样做对不对，还有没有更好的处理方法”，或者“我下次如果碰到这样的情况，会不会有更好的方法处理”？如果有这种习惯，那这种人一定会累积很丰富的经验。

2. 要加强对身边事物的观察，用关心来提高感受力。判断就是看到别人没有看到的地方，换句话说，大家都看到大的，你能够看到小的，大家都看到粗的，你能够看到细的。对任何事情都要真心地投入，仔细地了解，别人认为微不足道的小事情，也不草率，那么你的判断力一定比别人强。

现在我们的生活越来越紧张，我们一定要提醒自己，人的生活如果过于紧张，就会麻痹掉，对什么事情都没有敏锐的感觉。所以我们要小心，最好的方法是放松一下，回来以后会发现自己的敏锐力强一点。

3. 要活用情报，培养对未来情势的透视力。我们经常看报，不晓得你看报从哪里看起。如果从第一版看，那你的判断力很差，因为第一版的内容都不是新闻，凡是登在第一版的，多半其他的媒体也会登。看报要由下往上看，看人家不想看的地方，即小道消息。小道消息不一定是真的，但是它一定有些根据。你看出它的根据，并把假的信息去掉，这就是对未来线索的最好掌握。

4. 加强危机培训。也就是有什么危险你能够预先知道，这种培训在于提高预防的判断力。中国人很喜欢讲“人无远虑，必有近忧”，如果你觉得以后的事情都安排好了，就要考虑到，一些突发的事情、偶发的事情还是要加以注意的。很多事情最好不要在问题发生以后才来解决，而是在问题还没有发生或者刚刚要发生的时候就解决比较保险。西方人的习惯是，一切要有资料，弄清楚了才会采取行动。如果我们也这样做，是非常危险的。在等资料的时候，时机就错过了。我们不管有没有资料，看到了就处理，这样在争取时效方面比西方人强，做不到这一点，我们就会落后。我们常常讲先下手为强，如果要等资料，不敢下手，根本没办法做事。当然对突发或偶发事件，我们不应该轻视，哪怕一句话，都要小心，以免产生不好的后果。举个例子，假设一个顾客去一家商店买东西，而顾客要买的东西店里没有，店员应该如何应对。说没有，那顾客的感觉是，这个店太差了，什么东西都没有，还好意思开在这里。所以店员不能说“没有”，而要说“昨天刚刚卖完”，或者说“今天上午才把最后一个卖出去了”。这就是一种很机警的反应。

5. 要善用时差，靠时差来赚钱。我每天早上起来要看新闻，看今天华尔街股票到底是涨还是跌，就可以想到国内的情况怎么样，这叫做时序的比较法。24 小时当中，总有人不睡觉，在我们睡觉的时候，清醒的人做了什么事情，我们清醒的时候参考一下，就可以掌握到未来的情势。

6. 养成客观的态度，以第三者的立场来考虑。人不可能完全客观，假定有一个人说“我这个人没有别的长处，就是非常客观”，那我们听了以后，心里一定认为这个人主观到认为自己很客观，那根本是非常主观。所以我们只能尽量客观。所谓客观，就是拿第三者的立场来考虑，不要一相情愿。中国人常常讲当局者迷，旁观者清。一个人经常看不清楚自己的处境，弄不清楚自己的困难，这个时候如果能够离开自己，以第三者的立场看，他很快就会了解。

7. 由企业内部寻找未来的市场。有很多人总觉得市场要到外面去找，实际上企业内部就隐藏着很多未来的市场。有很多从业人员不会设计，可是他们看到我们的产品以后有很多意见，如果我们说他们不懂，就错失机会。如果听听他们的看法，会发现很多有价值的建议，再通过专业的设计人才，说不定可以开发出很好的产品。与其到外面去找——当然这是必要的——不如在里面也稍微找一下。因为这些在现场的人，对我们的产品已经相当熟悉，熟能生巧，自然能想出新点子来。

8. 养成大小兼顾的态度。有人只看到大的没有看到小的，有人只看到小的没有看到大的，那都不太好。我们中国人讲一叶知秋，就是要能够从最初发生的微小状况来判断，你就可以知道整个大局是怎样演变的。我们看电影，老觉得谍报人员很活跃，到处跑来跑去。那是假的，真正的谍报人员一定要隐藏自己，怎么敢让你看出他们是谍报人员？他们会暗中分析报纸杂志、电视广播的一些资料，看里面的微妙变化，从蛛丝马迹里面找到大的趋势。

9. 要注意微小的变化来培养高度的警觉。任何大事发生之前，都会有细微的征兆，比如地震之前，动物都会有特殊的反应。详细观察动物有无特殊的反应，可以作为判断地震的依据。

10. 不断地自我培训。人要自我培训，如果碰到一件事情没有什么把握，想来想去不了解，那么就会作预测，预测完要把成果写下来，事后要追踪，以后就知道当时预测的偏差在哪里，怎样把它扭转过来，这样就可以累积判断的经验。

我们都很喜欢了解未来，一般人凭直觉了解未来，直觉是经验的累积，预测力和计划力互为表里。一个人有很好的计划力，预测力一定很强。我们要预测什么呢？

预测趋势。今后事态怎么演变，有什么趋势，如果能够掌握的话，对我们非常有利。

预测循环。预测事情将来发生的几率有多大。

预测影响。某件事情有没有可能发生，发生以后可能牵连什么事情，有哪些影响?

预测竞争力。掌握了趋势以后，要看看它的循环期有多长，影响力有多大，再预测一下对我们的竞争到底有多大的帮助，我们就可以立于不败之地。

第二节 预测之后要变成具体计划

根据实际情况制订计划

中国人很喜欢说一句话——"到时候再讲"。粗听起来好像我们不重视作计划，反正什么事情都是"到时候再讲"，一切随意而为，高兴怎么样就怎么样。其实不是这样的，因为我们还有另外一句话叫做"谋定而后动"。"谋定而后动"是说中国人很重视计划；"到时候再讲"是说，虽然有计划，只不过外界的环境在变，我们内在的心思也在变，到时候会变成什么样子谁也不知道。有计划，执行的时候会随机应变，这才是我们中国人的特性。

我们都知道任何工作虽然看起来千变万化，好像每种工作都不一样，你做的工作跟我做的工作不一样，我以前做的工作跟现在做的工作不一样，但是实际上所有工作都有一些共同的基本原则。它一定包括主题，如生产、销售、会计、总务、企划、仓储、文书等。任何一种主题都有主要目的，比如我现在要生产一种零件，这是我的主题。每天要生产1000个零件，这是我所期待的一个目标。有了目标以后，我还要决定先后的次序，任何事情都有一定的程序。有了次序以后，要好好考虑工作的内容。做完了以后，把结果记载下来，到底生产了多少，品质好不好。最后进行评估，把我所做的结果跟我预期的目标作比较，算出我的目标的达成率。这个过程，所有工作都是一样的。

再简易的工作也要有计划。一个善于工作的人一定善于作计划，同时还要善于执行。会执行但不会作计划，还是有欠缺的。只会作计划，不会执行，等于空口说白话。《礼记》上说，“凡事预则立，不预则废”。就是说，任何事情预先有计划就会成功，没有计划就会失败。

计划就是行动之前，好好研究一下，对未来我们要采取什么行动，作一个全盘性的决定。计划的好坏取决于什么？如果光是讲成功率的话不太可靠。成功率固然很重要，但还要看我们适合目标的程度。换句话说，有能力达到目标，不一定好。比如让能力很强的人做很容易做的工作，虽然百分之百成功，这个计划也不见得是好的。中国人说“尽人事，听天命”，“尽人事”是说你有多大的力量就要达到多大的目标，而“听天命”是说你付出全力以后，到底成功到什么地步就要顺其自然了。

目标好像一只船的目的地，它是固定的，所以目标不会变动。可计划就好像航线一样，再平静的水面也不能笔直地走，因为也许有暗礁，我们不能因为暗礁就把船掉头，既不能停止不前，也不能拿炸药把暗礁炸掉，这时绕行一下就好了。所以计划是有弹性的，只要你抓住目标了，执行的时候，出了偏差就要不断调整，直至最后实现目标。

我们到底要为哪些事情作计划？有些人说任何工作都要作计划，这个答案不对。严格地讲，我们要替三方面作计划：

1. 要替自己作计划，替自己的人生目标作计划。有的人可以信赖，我们就要信赖他。有些人不能信赖，我们就提高警觉。我们要能够选取我们需要的意见，然后培养我们的判断力、创造力，要达到这些目标，我们就要作些计划，想想我们怎样来培训自己的判断力，怎样发现哪些人是可以信赖的，怎样搜集对我们有利的意见。

2. 我们要为主管交代给我们的事情作计划，这个计划是大家常做的。我们接到主管的一个指令，就要开始想怎样才能做得好，这时候我们要作计划。作计划的时候要理解企业的方针，要明白主管的原则，还要清楚自己的职责，这样才有办法把计划做好。

3. 要为自己的能力作计划。比如说你要培养一些能力，就要决定先做什么，后做什么。有的人把重要的做了，次要的漏掉一点，目标实现率还是很高的。有的人把不重要的做了，留下重要的没有做，那目标实现率自然就低了。一天的时间一晃就过去了，我们还要会分配时间。我常常问年轻人，某件事情做得怎么样。对方经常回答“我没有时间”。这个人就不懂得分配时间。一个人不是没有时间，而是不会把时间合理分配。

经常从这几方面作计划，就会得到不断的成长。

对企业来讲，计划有很多种，我们有目标计划，决定我们整个企业的目标，决定每一个部门的目标；有政策计划，怎样实现企业目标或部门目标；有业务计划，根据目标，根据政策来决定怎样实施业务；有程序计划，把要实施的步骤，处理的手续，经过的程序，通通列举出来；有时间计划，要把时间准确分配；有组织计划，找哪些人，做哪些事，什么时候开始，在什么地方进行，等等。有了这些计划，就可以把一件事情有条不紊地实施。

根据时间的长短，计划可以分成长期计划、中期计划、短期计划，建议一切先从短期计划做起。

短期计划一般以一周或者以一个月为单位，当然要看工作的性质。我们要认清自己的工作范围才有办法作计划，要利用手边的资料，不要好高骛远去找那些找不到的资料。有人忽略了手边的资料，其实手边的资料拿来先用，也没有什么不好。我们要听取同事们的意见，别人跟我们做相同的事情也好，不同的事情也好，总有一些宝贵的看法值得我们参考。

当主管指派我们工作时，我们要列举必要的工作，排定适当的次序，这样就不会把不重要的做了，却把重要的留在后面。要分配妥当的时间，然后想一想用什么样的方法来进行，这样一来就可以有一个短期计划。做完了不要忘记检查一下这个计划适用不适用，有没有什么遗漏或缺失，再修正一下。有了短期的计划，再照这个计划去做，做了以后再检讨，就会越来越熟练，越来越提高自己的效率。

假定主管没有指派工作，我们可以自己设定目标，既然有时间，为什么不自己设定目标做一些工作呢？养成这样的习惯，就可以增加工作经验。我们随时可以作计划，而且可以做得很好。什么事情，脑筋一闪就是一个腹案，这样的人做什么事情，都很有信心，别人也觉得这个人很可靠。

计划有几个原则：第一，目标要清楚，不能模模糊糊的。目标是我们要走的方向，方向不能模糊。计划可以变动，目标必须明确。

第二，要简单明了，计划书中如果写了很多专业术语，人们看不懂，执行时就没有办法配合。尽量采用标准的格式，不要自己去创造不同的格式，否则会增加麻烦，而且会造成浪费。

第三，计划要有些弹性才能够应对未来的变化，同时要保持分工的平衡，换句话说，我做多少，你做多少，大家同步进行，将来配合起来比较方便。计划要注意经济性，任何事情都要考虑到成本，不能过分地浪费。

第四，计划书要简洁。根据上个原则，我们推论说，计划如果作得太多也是浪费。我常常建议很多主管，告诉下属，写计划书不要超过两千个字，或者不要超过两页纸，不然的话，他写了几十页，你很认真地看，看完之后才知道都是一派胡言，完全是浪费时间。

第五，计划要根据预测，如果不预测，而是根据现状来做，最后一定不符合未来的变化，因此也行不通。预测有一个优先的原则，在进行组织、领导、控制等管理活动以前，计划是摆在第一位的，所谓“谋定而后动”。

第六，计划要有效率，否则计划怎么执行？作完计划以后就要评估它的正确性、可行性，换句话说看它可能产生多大的效益。

作任何计划的时候，首先要想到一个问题，你怎样才能跑得掉。想好这个问题，才可以作计划，不要把自己与计划捆绑在一起。一般人听到这种话，会觉得这个人好像不负责任，其实不是这样。有些人不作计划则已，一作计划就把自己套牢，而且套得死死的，动弹不得，这是很尴尬的事情。计划到底有多大的可行性，可能产生什么样的后遗症，可能遭遇到哪些困难，能否解决，这些都要事先去想，想清楚以后你就不会逃不掉。要想逃得掉不是怕自己难堪，而是怕对不起职责，人家给我们机会，结果作了半天计划，只是把自己套牢，根本行不通，而且把时间都耽误掉了，不是很可笑吗？

中国人的情况经常是，作计划的是一批人，具体执行的是另一批人，计划的时候没有想到行不行得通，完全是理想化，我写的你就要去做，我管你能不能行得通。而执行的人一看计划，这里也不对，那里也不对，我怎么执行？马马虎虎算了。这样就没有任何效果。如果换一种做法，今天让你来作这个计划，等计划通过以后，就让你自己去执行。执行不好，你也无法推卸责任，只能怪你自己。如果作计划的人明白，计划写完，不是套牢别人，是套牢自己的，那他就会小心。这种做法会促使每个作计划的人提高警觉，不要一味理想化，要想想实际的状况到底怎么样，这样作出来的计划比较可行。

作计划有六个步骤，我们要认真按步骤进行，否则猛然间想到一个计划，就把它写得很清楚、很完整，万一大家不同意就是浪费。

第一步，设定目的。整个企业或者企业内各个部门要达到什么样的目的，这是我们作计划的依据。比如，业务部门的销售额要达到多少，我们根据这个目的来作计划。

第二步，决定前提。我们要充分了解企业内外的环境，把可能动用的条件，或者勉强可以动用的条件，或者根本不能动用的条件，都找出来，这样才能够有一个比较正确的预测。预测如果能够根据我们自己了解的状况，而且能把各个方面数据化，那就比较正确。

第三步，根据我们的推理与思考，来拟订一些可行的备案。不要一开始就认准一个固定的答案，我们不妨多想一下各种可能性，多做几个备案。这些备案有一定的可行性，彼此可以互相代替，用哪个都可以实现目标。我们要注意一点，有些情况是我们没有想到的，别人提出来以后，我们就要虚心地请教，也许我们没有想到的才是最好的。

第四步，有了可行的备案之后，要逐个评价。评价尽量用科学的方法，没有科学的方法，也可以根据经验来逐一加以分析和比较。经过这样的分析、比较以后，大概心里有数了，我们就选定一个方案，中国人把它叫做定案。

第五步，定案以后大家再从头看一看有没有什么需要补充，需要更改的。

第六步，如果没有补充的，就把它作成一个详细计划，需要哪些人，利用多少时间，利用多少材料，需要多少经费，通通列好，将来实施的时候，就有了依据。

可见计划并不简单，不是说计划就计划的。特别是中国人比较现实，我们所作的计划往往会迁就老板的想法。我发现，很多人作计划的时候，不是想什么是最好的，而是想怎样做老板才开心。这是中国人比较现实的表现，但是也有好处，我们比较踏实，我们作出来的计划往往可行性比较高。

有人跟我讲，他有一套决策系统，很科学，可是他的主管根本不采纳，就问我他们两个到底谁做得对。我的答案是两个人都对。作计划的人应该根据一些科学的方法，好好去运用决策系统，但是我们也要谅解高层管理者也有不同的想法，他的经验也是很宝贵的。决策时要人脑加电脑，越是基层管理者越应重视电脑的部分；中层管理者要加上一些经验，但是他的经验不丰富，不见得可靠，因此他只是在经验跟电脑之间稍微作调整；高层管理者多半是用直觉来判断电脑的缺失，最后他能果断地决定。

制订计划遵循三大模式

中国人的计划如果用模式来区分的话，大致可以分三种：一种叫做唐式，就是唐朝时所用的方法；一种叫做宋式，就是宋朝时所用的方法；还有一种是明式，就是明朝时所用的方法。我们现在怎么办？我想大概是这三种方法轮着用，或者有人偏爱唐式，有人偏爱宋式，有人偏爱明式。

所谓唐式，其特征是知人善任。我们相信某人，就把他派到国外去考察。让他提出计划，我们认为可行，就敲定了，让他去执行。这种方式偏重于人。

很多老板都是指派亲信，到日本，到欧洲，到美国去看看，有什么可以借鉴的，有的话带回来，要是可行，就做了。

所谓宋式，就是拼七巧板的方法。老板如果有一些构想，自然有一些专家根据这些构想去搜集资料，制订计划，老板一看，很好，符合我的构想，就决定了。这就是拼七巧板的方法，就看你拼出来的东西跟他预想的是不是一样，如果一样就决定了，这叫做宋式。中国人的计划常常是，老板说我要一个人，大家就用七巧板拼成一个人，老板说我要一头象，大家就用七巧板弄成一头象。中国人喜爱梅花，日本人喜爱樱花，为什么？樱花都是向下开的，梅花都是向上开。所以日本式的管理是主管照顾下属，老板照顾所有员工。而中国式的管理是员工两只眼睛看着老板，揣摩老板是什么想法，投其所好。我常常提醒很多主管要小心，不要让下属蒙蔽。下属用讨好的方法蒙蔽主管，是很可怕的。

所谓明式，即事必躬亲。老板只相信自己，自己出国去考察，自己去选择他需要的东西，自己决定计划，然后告诉下属计划已经做好了，让下属执行。由此可见，中国真正专制的时代是明朝。

不管我们是用唐朝、宋朝或者明朝的计划模式，都有一个共同的缺点，事先没有办法集思广益。我常常感觉中国人很难面对面来谈一些问题，我们开会、沟通实际上都是一种形式，很少有实质的内容。这就是因为我们很少有这种大家面对面沟通商量事情，你包容我、我包容你的习惯，要么是听你的，要么是听我的。今后我们要重视大家一起来商量的习惯。

作计划要看时间的紧或松，如果有时间，我们不如用平常的方式，如果时间很紧凑，也不妨用非常式的方法。所以我并没有认为一定要采取唐式的或者宋式的或者明式的。王永庆先生有一度很偏向于明式的计划，因为他本身很精明能干，所以他在国外一看，这个机器自己厂里正需要，他就问多少钱，觉得价钱合适，就买下来。这样效率很高，不见得就不好。所以老板如果很强，时间很紧凑，才用明式的。假定时间宽裕，我们要培训人才，不妨派一些人，让他们去看一看，让他们有参与感，再加上他们的一些创造性的东西，就可能做得更好。

因此我们把计划分成三种方式，一种是平常式，两种是非常式。非常式又分成非常 A 式和非常 B 式。

先来看看平常式。如果有时间，我们又可以从这个计划当中培训一些人才，就尽量采用平常式。首先，当问题构成的时候，即问题点提出来以后，我们先让有关的人员发表意见，搜集相关的资料，来看一看这个问题点要怎样突破。其次，成立一个计划小组，把有关的人集合起来，让他们定期开会，交换意见，同时也把资料传阅一下，大家研究研究，看看有什么好的看法。计划小组经过充分沟通以后，就可以提出一些方案。我们要指定比较内行的人来评估分析这些方案，并把分析的结果公布出来，让更多的人参与讨论，看看大家有什么意见，再把意见纳入整个研究。经过这个过程，大概可以得到一个定案。定案出来以后，再指定人员根据这个定案去作计划，计划作完以后，让执行的人来看看有什么困难，交换一下意见，把计划修改到大家都能接受的程度，最后交给主管核定。这样就能兼顾主管和参与人员的意见，而且将来执行、追踪、考核起来也比较顺利。

再来看非常 A 式。我们把问题点提出来以后，指定专人搜集资料，又指定专人去分析比较。让这些我们认为比较可靠的人提出参考方案，交由主管审核。主管提出修改意见后，这些人根据主管的原则，再协调有关部门的意见，然后指定一个人或者几个人来拟订计划。计划作完以后再来看看它的可行性、实验结果如何，同时召集有关部门会商，把计划决定下来。最后，再让主管核定，如果可以用，马上执行。当然还要追踪和评估。

非常 A 式比平常式节省时间，如果时间再紧凑，还可以采取非常 B 式。问题点提出来以后，主管指定专人搜集资料，进行分析，同时把分析结果交给主管比较，主管自行裁定。裁定以后，甚至由主管自己拟订计划，然后交代下面执行，主管负责指挥监督，这样做是最快的。

相比之下，非常 B 式更适合企业在创业期使用，而且老板要很内行，而且精力充沛才行。如果碰到非常紧急的情况，为了争取时间，用非常 B 式可以发挥老板的魄力，同时又可以完全保密。不过，我们希望非常 B 式不要常用，否则容易变成一人专制，使得很多人认为，“我反正得听你的话，那我根本不必动脑筋”，所以很泄气。

总之，到底采取哪种方式作计划，要看时间紧急与否，看事情的机密程度，以及老板的个性。

作计划还要遵循基本的原则：希望高层主管尽量掌握方向，而计划的拟订、控制、调整等，尽量不要亲力亲为，应该交给中层干部去做。而中层干部作计划的时候，也要尽量征求基层人员的意见，这样三个阶层可以串联起来。高层主管提出方向，中层干部自动去搜集资料，征求基层意见，作成初步计划，再交给高层主管来决定，这样就构成一个比较完整的程序。假如高层主管看了计划以后有不同的看法，可以提出一些质疑，但是不要给出答案，否则中层干部以后就不会卖力。高层主管提出问题，让中层干部做进一步的研究，自己调整，调整完以后再交给高层主管审核，这样是交流也是培训。中层干部按照高层主管所提的方向，主动跟基层人员联系，鼓励基层人员积极参与，这样一来双方面也达到沟通的作用。中层干部要表示“我没有意见，我只是综合大家意见而已”，基层就会很乐意把自已的想法没有保留地讲出来。

最后我们还建议每一个阶层都要把计划的功劳推给下一阶层，高层主管说计划都是中层干部努力完成的，中层干部说全靠基层人员提供的宝贵意见，这样一来，每个人都会有满足感。以后你再作计划时，大家都会尽量地没有保留地参与。这样一来，计划的可行性一定会大大提高。

我们还要特别注意一点，作计划要配合天时、地利、人和。因为计划和实际的情况经常有出入，我们计划了半天，结果发现事实不是这样的。我们要承认这是正常的，比如我早上起来听广播，说下午天气很好，结果出去被淋了一身雨，那我怪谁呢？以平常心说，虽然预报不会下雨，但下雨也是正常现象，这样想就不会怨天尤人了。

计划，用另一个角度来看，就是把各种条件巧妙地组合起来。你组合得越巧妙，这个计划就越生动。如果同样的素材组合得不好，这个计划可能就没有什么功效。为了把各种条件巧妙组合，我们要注意到天时、地利、人和。

我们的总目标之外最好再设定一个中间目标，比如，在三个月之内要达到某个目标，不妨把三个月分成三段，每个月都有一个中间目标。很多计划执行期很长，可能是一年、两年甚至十年。要是刚执行不久，就发现这个计划是错的，根本没有办法实现，必须重作，那原计划就都浪费了。要是计划都执行完了，发现结果有偏差，再追究责任，就好比算总账。中国人谁都不喜欢算总账，父母骂小孩时，说“你这件事情做错了”，小孩多半会接受。但是说“你看你一向都是这样”，然后把他以前的旧账都翻出来，小孩就会想，我以前做错了，你已经骂过了，你只能骂我一次。所以我们不要以算总账的心情来看一个计划。三个月的计划分成三段，加上两个中间目标，换句话说，一个月之后我们开始检查计划跟实际的出入大不大，是不是很快可以调整过来。每个月都调整，最后的结果一定是比较理想的。如果我们不管这些，到了三个月一看，只完成一半，就来不及补救了。

时间变动的时候条件也会变动，我们如果插入一些中间目标，就增加了很多检查站，每一站都检查，就可以及时加以修正。当然修正的时候也要考虑天时、地利、人和各方面的配合。

总的来说，中国人作计划跟外国人差不了多少，只不过我们更强调：第一，要预测未来，自己不能预测就找别人占卦。第二，目标一定要光明正大，否则老天爷都不会帮你忙。除此之外，其他的方面跟西方人没有什么不同。

中国人作计划有一些特性，了解这些特性，有助于我们更好地作计划。其一，我们是很重视计划的人。中国人很喜欢盘算，很喜欢计谋，如果对事情没有把握，就不太愿意去做。其二，我们不拘泥形式。中国人不一定要求计划书很漂亮，甚至觉得花时间写漂亮的计划书，花钱装饰，是一种浪费。而西方人的计划书一般都做得很漂亮，用来吸引别人注意。我们更重视实质的，不太拘泥形式，甚至不形成具体的形式。有很多计划，只存在于我们的脑海里面，脑筋一闪，整个计划都出来了，而且说变就变，还去写什么呢？其三，我们主张天人合一。“尽人事，听天命”一点也不消极。换句话说，计划的时候要很认真，很实在，执行的时候要诚心诚意，至于成败反正是天老爷做主。我们最要紧的是自动自发，每个人都自动自发的话，那我们的计划一定可以执行得很好。

第三节 计划扩大成决策即为企划

企划和计划都是我们常常听到的名词，至于这两个词的区别，有些人认为企划比较新，而计划比较旧，所以喜欢讲企划，而不喜欢讲计划。其实企划和计划是两个概念，而不是新旧的问题。

企划的目的是建立行动方案

企划到底是什么？我们不妨把企业想象成一个剧团，你要演戏之前，一定要挑选剧本，用心排练，准备各种道具，然后才能够登台演出。从挑选剧本到登台演出的整个过程就是企划。比如说，企业成立20周年，要搞一个纪念活动，我们就要作一个企划：先要想到这个活动要邀请哪些来宾，谁负责招待，谁负责主持，活动在哪儿举行，活动包括哪些内容，需要多少经费，还要预估一下结果如何，能产生多少效益。如果把这些都想清楚以后，企划就相当完整。

企划最要紧的就是见人说人话，见鬼说鬼话，因为人们要看到实际表现，你企划的内容和人们的接受水准不一致，和人们的兴趣不同，人们就不会看了。正如话剧有话剧的观众，电影有电影的观众，没有好坏之分，大家各取所需。我们抓住了看的人、读的人、听的人的立场，演一些简单、吸引人的内容，不但把人吸引过来，还把场面弄得很热闹，达到预期的目标，这就是企划。

换句话说，企划就是把我们的创意，用某种形式表现出来。人的思想是各式各样的，张三有张三的思想，李四有李四的思想。思考方式也不一样，表达方式也不一样，所以才能作出不同的企划。

企划与计划可以分开，企划不一定包括计划，计划也不一定包括企划。怎么分呢？有不同的说法。

第一种说法，企划是一种概念，计划是一种组织。为了实现企划的一些概念，我们就要组织起来，于是产生了计划。这种说法好像是先有企划后有计划。

第二种说法，企划能充实计划的内容。企划是在计划里添加一些东西，运用一些概念，使得计划能够更顺利地执行。这种说法好像是先有计划后有企划。

那到底是先有计划还是先有企划？我认为，先有计划也可以，先有企划也可以，没必要一定分先后。

计划是把企业活动加以组织后产生的行动，而企划的主要目的是提高这些行动的品质。同样一件事情，按照计划去做，品质到底好不好就不清楚了，如果品质好，就成了企划。在计划的基础上加上一些品质方面的要求，把计划行动的品质提高到最高限度，就叫企划。在日常的企业管理中，有了计划以后，要使它的品质和效果有保证，通常要做一些企划活动。

再讲清楚一点，企划与计划不同，企划是在计划中加上一些戏法。戏法人人会变，巧妙各不相同，就代表每个人的企划力不一样。同样一个计划，张三作成的企划跟李四作成的企划就不相同。企划的“企”字含有企图的意思，而且是强烈的企图。凡是有强烈的企图心的人来作企划，多半效果会比较好。

那在什么情况下，我们需要把计划变成企划呢？

一个计划提出来以后，如果被否决了，胎死腹中，就成为废弃的计划。计划不管好坏，一旦被拒绝，就跟废物一样。如果被接受了，就是好主意。被当成好主意，就表示这个计划已经成功了一半。所以我们作计划，想得到大家的赞美，就要加一点花样，让老板看了很高兴，让同事看了很支持，这些花样就是戏法。

在计划中加一些戏法，能使计划打动人心，计划成了企划，企划更容易引起人的共鸣。

计划想变成决策，就需要企划。计划是决定今后所要做的事，通常计划不止一个，怎样在有限的资源内集中精力，把其中一个计划作好，这需要我们作出抉择。有太多的选择，不晓得做什么，又不能同时做几件事情，只能选择其中的一个，为此我们常常很伤脑筋。选择出来以后我们就把它叫做决策，要想在决策的过程中使自已提的计划能够顺利通过，事先就要动一点脑筋，加上一点花样，添上一点概念，这就是企划。

在企业里，不管哪项活动，如果只是平白地提出计划，常常会浪费我们的时间。虽然我们很用心，但是计划不起眼，就会被淘汰掉，很可惜。为了使我们的计划能够被选中，能够变成企业的决策，使我们的心血没有白费，就要作一些企划。

有很多人问我，我们中国人是如何决策的。我想起一本书——《大学》，中国人一致认为“大学之道”就是为人处世的道理，没有人想到这是管理的道理。中国人自古以来把做人的道理和做事的道理混为一谈。而《大学》兼顾两边，一方面是做事的道理，另一方面是做人的道理。可是以前的人希望把做事的机会交给某些特定的人，就不希望大家都了解做事的道理，所以我们才把“大学之道”理解偏了，认定它是做人的道理，而埋没了做事的道理。

其实真正的决策过程在《大学》里面讲得很清楚，“止、定、静、安、虑、得”六个字就是中国人决策的整个过程。这个排列与西方的决策过程不谋而合。

当问题出现的时候，西方人是根据目标提出假设，然后选定备案，根据资料信息进行分析，再根据经验进行判断，最后选定一个决策。而我们中国人也是如此。所谓止，即要选定一个目标，站在合理的立场。“止于至善”，很多人解释为追求完美，这个说法不知害死多少中国人。完美根本不可能，一定要追求完美，不如干脆放弃。“止于至善”应该是站在合理的立场，让大家都可以接受。所谓定，即把方向定下来。既然我的立场是合理的，就不要再犹豫，要确定方向。在西方决策的过程里面就叫假设。所谓静，就是心不妄动，一个人心不妄动自然会静。环境吵不吵，就看你的心静不静。心静，外面怎么吵你都听不到。心不静，一有风吹草动，你就觉得很吵。心不妄动，就会很安静地选取一些备案。西方人选备案的时候，也要平静、客观地多想几个备案。所谓安，就是全心去研究怎样才能使我们安宁的一些因素。相对应的是，西方人要去找资料，要多方搜集有关的信息。所谓虑，就是无微不至地思考，多方面去了解、去设想，这就相当于西方的分析、经验、判断。所谓得，就是说一个人思虑得无微不至，照顾得很周到，自然有所得，得到的就是一个决策。

决策的时候一定要注意几点：

第一，先弄清楚问题在哪里。我发现有很多人的方案最后不能用，是因为他们把问题搞错了。比如企业说，“我们要进军国际市场”，结果很多人做的方案都是进军美国市场。如果把问题弄错了，或者不是针对主要的问题而作决策，后果是非常可怕的。

第二，我们要找出解决问题的主要资料，换句话说，把相关的人、事、地、物等资料搜集得越正确，越齐全，对我们的决策越有帮助。

第三，我们要确定到底应该达到什么样的标准，比如进军美国市场，要求在一年内完成，假定你的方案是三年、五年甚至十年才能完成，那方案再好也没有用。

第四，我们要寻求各种不同的方案，不要抱着这个不可能、那个不可能的态度，把各种方案都写下来试试看，换句话说，不要有偏见，不要有成见，才能够找到最好的答案。

第五，把各种方案都试试，能够量化最好，不能量化的也尽量预测一下结果如何。根据结果，再加上以前的经验，就可以选定一个定案。选定以后就要确认目标评估，同时要把决策的经验累积下来作为今后的参考。

决策后要去执行，如果到执行的时候，执行的人看了一眼就扔在一边，毫不起劲，那也很糟糕，所以这个时候还是要企划。企划的目的是建立具体的行动方案，一方面把握有利的因素，另一方面防止可能发生的弊端，使得原定的计划能够有效地实现目标。

作企划的人此时应注意，不要认为自己的方案十全十美。最好提醒自己，这一切都是根据假设来的，万一假设错了怎么办？这样一来，我们就不会说，保证没有问题了，而是去想怎样加一些点子，让企划更有效。

能产生效益的才是好的企划

企划一定要顺应时代，顺应情况，一步一步去展开，这是企划与计划不同的地方。计划可以按照固定的要素去制订，而企划需要添加计划没有想到的东西，突然间出现的状况都可以纳入企划。比如企业要开大会，怎样布置会场，要邀请哪些人，准备哪些东西，这是计划。忽然有人要求在讲台上临时加点东西，这就是企划的范围。一切照计划来做，不太好。

企划的方式也有变化。以前作企划的时候，都是一个人在那里绞尽脑汁。现在一般会成立企划小组，大家用头脑风暴的方法。也可以去找信息，参考别人的企划案，分析它的得失，挖掘新的想法。我们还可以用另外一种方式，叫做策略的构想。就是说我们列举企业、商品、服务或者市场的优缺点，把我们的优点扩大，把我们的缺点缩小，根据这些优点来做一些发展的策略。

评估企划的时候要注意几点：

第一，时效性强。我们常常要求一个企划案最慢三天提出来，超过三天就没有用了。

第二，简单明了。最好在一千字以内，太长的企划案是不好的。

第三，有吸引力。听起来就很动听，如果听起来很乏味肯定不是好企划。

第四，理解性强。内容大众化，大家很容易了解。

第五，机密性高。企划案绝对不可以让别人知道，否则别人一模仿你，或者人家先用，你就完了。

第六，有可行性。企划如果不切实际，就是空话。

第七，可推动性。企划要值得推动，而且大家都很热心地支持。

第八，社会性。所谓社会性，就是说符合现在这个时代社会的需求。

第九，附加值。又叫做价值性。经过增加创意，合理地赚取利润。

简单地说，企划就是有效的点子。点子，就是创意。有效的创意、有效的点子才构成企划。就企业来说，企划应该是大家愿意拿钱购买的点子。你出的点子大家都很欣赏，但是没有人掏腰包来买，就没有任何意义。能够产生效益的点子对企业才是有效的。

企划的目的是制造商品，也就是想出别人愿意拿钱出来买的点子，而且商品还得能生产出来才行。有很多人会设计，设计的东西很理想，但是无法量产，这就不是企划。

有一样东西，如果推出市场，一定有很多人买，而且大家拿回去一定很喜欢用，这只是构想。我们还要去实际了解，有没有这样的材料，成本高不高。如果成本太高的话，这个点子就没用。能够卖出去，能够收到效益的点子才是企划所需要的点子。

好的企划需要好的企划人员

不管当老板也好，当主管也好，我们应该了解什么样的企划人员才是好的。好的企划人员应该具备四个条件：

1. 相当的文字写作能力。企划案是要用文字来表达的。同样的文字，有人用起来很活泼，有人用起来很呆板。企划人员一定要能够用特殊的文字组合，流畅地表达自己的意见，而且让人看起来很有创意。

2. 相当的数字敏感能力。除了对文字要敏感外，还要对数字敏感。一个企划人员，除了会计算以外，还要对数字有客观的判断，比如哪些数字比较容易引人注目，用什么样的数字可以使人家感到好奇，或者能够接受。

3. 相当快速的画图能力。一个企划人员要能够快速地画出关系图、概念图、流程图等，这样才能顺利地把心里所想的东西描述出来，让对方也容易了解。

4. 真正的辨识能力。能画也要能识，识就是会看图。其实看图的能力比画图的能力更重要，我们今后很多事情都是图表化的，一个人越来越需要看图的能力。

一个良好的企划人员除了要具有这些能力，还要有一些正确的观念，才能做出有效的企划案。

应该明确企划有两种，一种是对外的，一种是对内的。对外的企划应该是给客户看的，应该站在客户的立场，从客户的需求出发，来写企划案。对内的企划案是写给老板及企业有关的人看的。同时还要了解企划案不是每个人都能够看的，你给不相关的人看就大错特错了，不给相关的人看也错了。

我们要判断企划案做得好不好，通常会从基本结构出发。一个企划人员，不但要认识企划案的基本结构，而且每一次都能够按照基本结构来表现，这样给人家的第一印象比较好，这个企划案就比较有效。

企划案的基本结构

1. 封面。为企划案加上一个封面，不但使企划案显得很完整，而且让人看出你是很用心地在做。封面不要求特别精美，如果专门在封面上下工夫，而内文乱七八糟，反而给人不好的印象。封面用纸应该比内文用纸稍微厚一点，注明企划的形式、企划的主题、制作单位、制作日期，甚至加上一个编号，就可以了。

2. 序文。序文就是把企划案的内容作一个简单的介绍，最好不要超过300字，序文的作用就是让大家了解一下企划案的内容，以便决定要不要继续看下去。

3. 目录。目录是需要好好下工夫的部分。试想，你的封面很吸引人，你的序文又使人觉得值得看下去，但是翻到目录感觉不对劲，就会前功尽弃。所以，目录一定要有条有理，使人看完以后有一个比较完整的看法。

4. 说明。主要阐释企划的由来，希望达到什么样的目标，经过是怎样的。说明最好让别人了解企划的必要性，了解企划符合社会目前的需求，有很大的可行性，以便提高别人看企划案的兴趣。

5. 内容。这是企划案的主体部分。当然，企划的种类不同，内容的侧重点也不同，但都应该让人一目了然。一目了然并不是说事无巨细，有时候把话讲得太清楚，对方反而会恼羞成怒，因为他会觉得你连这些都要告诉他，是在嘲笑他什么都不懂。所以企划案写到别人了解了就可以了，不要杂七杂八地写一大堆东西。

6. 预算。一般人们看完内容以后，会立刻想到底需要多少钱，所以紧接着应该提出预算。作预算时，要把每个项目都列得很清楚，使人感觉到我们不是估计的，而是经过认真的计算，我们的估价也是合情合理的。

7. 进度。看完预算以后，人们觉得可以接受，就会关心到底什么时候可以完成，所以进度表就是必不可少的。把整个企划的各个步骤都配上时间，什么时候做什么，做到什么程度，都写清楚，这样人们就会清楚你能掌控全局，就会很放心。

8. 人员分配。有哪些人参与，分别负责哪些事务，都要写清楚。

这些虽然都是很细小的事情，但是一旦疏忽了，就会有缺漏，甚至不完整，那就不是很好的企划。

企划人员还要多了解容易导致企划失败的原因，了解得越多，就越能避免失败。

企划失败的第一个原因就是没有一个强大的推动力量，认为企划案接受不接受，也无所谓。这种人本身企图心不强，提出来的企划可能本身也不够强。一个人要作企划的时候，必须有很强烈的企图心，非达目的不可，这样的企划通常都会成功。所以“狂热”这两个字有时候也是很必要的，不能样样狂热，但是也不能样样不狂热。我们既然要把企划提出来，而且很有把握成功，那为什么不一而再，再而三地从各方面想一些点子，让人家接受？

企划失败的第二个原因是往往不切合社会的需要，或者用了欺骗的方式。比如，我们现在看到很多企划案都是盗用别人的创意，这种盗用是犯法的，虽然一时没有受到处罚，但终究是跑不掉的。有些人说，他有办法，让成本只有几十块钱的东西，卖到几千块，甚至几万块，这也是用欺骗来推动企划的一种方式。这种暴利不是附加值。比如有一些药品，明明没有那么大的效力，却吹得天花乱坠，顾客信以为真，卖得再贵，也愿意花钱。化妆品也是一样，化妆品卖得便宜反而没人要，卖得贵一定好，这就是利用人的心理赚取暴利。作这种企划的人一般是没有什么社会责任的人。一个有社会责任的人一定要对得起自己的良心，而且要经得起考验。所以企划切合不切合社会的需要，就是看他有没有担负起社会责任。

一个企划人员还要了解企划有可能在实施以前就失败了，就是说它被接受，但是行不通。行不通的原因很多，比如，当你的企划得到老板的支持以后，他就感觉到很神奇，到处去吹嘘这个企划将来会给企业带来多大的好处，其他人一想，我们执行得好，只能证明功劳是你的，我们又没有功劳，为什么要做呢？干脆不做，大家都没有功劳，同归于尽。所以很多企划就是因为这样的原因，反而影响了实施的成果。这一点希望作企划的人注意。

最后，在企划方面，能够掌握到问题的核心，就不会浪费时间。发现问题的能力比解决问题的能力更重要。企业常常重视谁解决了问题，其实，提出问题的人，贡献更大。每个人都把问题提出来，别人根据这些问题去企划，大家都有功劳，大家都很热衷，那么这个企业可行的企划案就会源源不断地被挖掘出来。

第三章
组织架构决定企业实力

企业组织不是要塑造一种形式，也不是要定一大堆的规则，而是把人员有效地组织起来，以便达到企业的目的。只有把人员组织起来，使他们全身心投入，才能发挥应有的效果。

第一节 组织是企业生存发展的力量

根据我们观察的结果，凡是关心社会的企业，都能够快速成长。这些企业对社会上所发生的种种事情，不但很留意，而且会仔细分析，掌握社会的需求。一个企业掌握了社会的实际需求，又能够推出良好的计划，加上一些有效的点子，就能变成很有活力的企划。如果再配合自身相当好的组织架构，那么执行起来就会事半功倍。计划和企划虽然很重要，组织也不能忽视，因为再好的企划也要由组织来推动。

如果说企划是智慧，计划是知识，那么组织就是力量。企业组织不是要塑造一种形式，也不是要定一大堆的规则，而是把人员有效地组织起来，以便达到企业的目的。只有把人员组织起来，使他们全身心投入，才能发挥应有的效果。

把大家集合在一起算不算组织呢？一种是组织，一种是非组织。

非组织就是我们平常所讲的乌合之众，比如发生一起交通事故，有很多人围观，这就不算是组织。如果一群人在一起，有一个目标，能够分工合作，这就是组织。

企业要生存发展，必须制定一些策略，组织就是为了贯彻这些策略而存在的一种工具。有了策略，还要有企划：推出什么样的新产品或者旧产品如何创新，提供什么样的劳务，怎样开拓公共关系……组织为了配合企划而努力，企划所需要的不是静态的组织，也不是保守的组织，而应该是一种动态的、有效率的组织。

组织使平凡人做不平凡事

我们先来谈谈组织的意义到底是什么，可以从以下几方面来认识：

1. 组织最好能够使平凡的人做出不平凡的事情。我们每个人都是平凡的人，若两个平凡的人可以做出三个人的事情那就是不平凡了。十个平凡的人可以做出一百个人的事情，那就更不平凡了。

一个人有没有组织精神，有没有组织能力，可以从两点看出来：第一点，老板能不能聘用比自己能力更高的人。假定老板所用的人都比自己能力低，这个人大概没有什么组织力。如果他能够聘用比自己更有能力的人，那这个人就很有组织力。历史上成功的人大半都能够聘用比自己能力更强的人。刘邦当时会成功，就是他敢用萧何、张良、韩信等比他强的人。刘备也是一样，他敢用诸葛亮、关羽、张飞、赵子龙，每个人都比他强，他能够把这些能人用得好好的，所以他有组织力。

第二点，一个人能不能器重别人，而不挑别人的短处。如果一个人到处挑剔别人，那么这个人会无人可用，因为每个人都有缺点。所以我常常劝很多当主管的人，要把别人的长处放在眼睛里，把别人的短处放在肚子里。现在很多人刚好相反，把别人的优点放在肚子里，而眼睛专盯着别人的缺点。你不挑剔别人的短处，而是器重他的能力，他就会奋发努力，把他的优点发挥出来。组织只要能够用人所长，平凡的人凑在一起，就可以做出不平凡的事情。

2. 组织可以看成是在共同目标下协同努力的一种形态。组织一定包括两个重要的条件，一是要有共同的目标，假定没有共同目标，大家的力量就会分散掉。二是要分工，一件事情如果由一个人去做就谈不上什么管理，必须由多数人做就表示一个人做不完。有共同的目标，彼此分工合作，这样才需要组织。中国人很会分工，但是不太会合作，这点我们一定要小心。如果分工到最后，目标没有达成，这就是有组织而没有组织力。

3. 组织是为合作而分工，这一点对中国人特别重要。中国人一定有组织，几个人在一起也会推出一个老大，若是谁也不服谁，就没有组织力。

分工是不得已的事情，因为分了工以后每个人所做的事情很琐碎，很无趣，所以能不分工最好不要分工。一个人从头做到尾，会有成就感。以前做皮鞋的人会唱歌，现在做皮鞋的人唱不出歌来。以前做皮鞋，客人来了以后，先量量客人的脚，再画图纸，再做鞋帮、鞋底、鞋带……最后做成完整的鞋，客人穿上后很舒服，做鞋的人就很有成就感。现在每一个人只做一部分，做鞋帮的只负责鞋帮，做鞋带的只负责鞋带，哪会有成就感。可见分工是不合乎人性的，是不得已的。如果分工后不能达成合作，那根本毫无价值。

人类在原始时期就知道分工合作。实际上人跟动物比，既没有尖锐的牙齿，也没有锋利的爪子，更没有充沛的体力，我们凭什么在动物世界里面生存得更好呢？就是因为我们懂得合作，懂得互助。我们能够把力量组合起来，可以共同对付更凶猛的动物，同理，我们也可以做更艰巨的工作。

不过我倒是很担心，因为以前的人的合作是针对凶猛的野兽的。现在凶猛的野兽离我们越来越远，我们是跟其他的人在一起，如果我们把其他的人当做凶猛的野兽，那就非常不利。我们一定要提醒自己，我们现在是跟人在一起，不是跟野兽在一起，不要拿对野兽的态度跟别人合作。

好的组织必须具有组织力

组织有四个非常重要的基本概念：

1. 互助。当一个人没有足够的能力，没有足够的时间，也没有足够的力量来完成一件事情的时候，他必须找别人来合作，共同发挥整体的力量。譬如说一块大石头，一个人去搬，怎么搬也搬不动，这时候我们要找别人一起来搬。这就是互助。

2. 目标。能够做到互助了，有没有效怎么知道？假定没有目标，这块大石头要搬到哪里都不知道，搬了半天团团转，说不定越搬越远。所以我们要找人一起来搬大石头的时候，一定要设定一个目标，并要让所有人都知道，这块大石头要搬到哪儿去，这样大家通力合作，达成目标以后就会很愉快。

3. 分工。一般组织里面有更小的组织，如企业里面有生产部门、销售部门、财务部门等，这些部门各有分工，但是如果不能整体朝目标努力的话，力量会彼此抵消掉。搬大石头的时候，有的人用绳子在前面拉，有的人在后面推，有的人用撬棍帮忙，我来配合你，你来配合我，这才是分工的主要目的。

4. 协调。我们好好去讲道理，让对方了解、接受，并且用行动支援我们，这就叫做协调。中国人几乎样样都要协调。协调的主要目的是互补，我做不到的你帮我做，你做不到的我帮你做，才使得工作能够持续不断，而且不会产生停顿的状态或者三不管的地带。分工如果不能协调，就会把力量分散掉，同时会产生不好的后果。一家企业能不能协调，是决定其能否发展的最要紧的因素。

我每次去别的企业，一进门，就会注意前台，因为前台可以反映这家企业的管理水平。很多人忽略了前台，这是不对的。从前台就可以看出这家企业的人员，除了解决自己的问题以外，是不是还有互助精神。假定前台的人只会忙于自己的事情，不去关心别人的工作，剩下的时间彼此开玩笑，那这家企业一定很缺乏协调精神。

有了这四个基本概念之后，组织似乎是很容易建立的，只要把人找来，把工作分好，告诉他们目标，希望大家去互助协调，就可以了。可实际上并不是那么简单，因为人聚在一起，也知道目标了，但是力量会分散。所以如果要产生组织力的话，一定要注意下面四个条件：

1. 方针要明确。我们有一定的方针，大家共同努力的时候，就知道该怎么做而不会浪费时间。如果别人做完了，我们说这样不对，那样不对，就表示方针是不明确的。我们事先要有充分的沟通，让大家都知道这样做能达到什么样的标准就可以了。我经常听到很多员工抱怨，说他们的老板只会告诉他们尽量把事情做好，可是他们根本不知道达到什么样的标准才叫做好。假如我们让下属知道应该什么时候完成、做到什么样的标准、做多少才符合需要，那他们很快就会做好。这就是方针明确和不明确的差别。

2. 计划要周密。有计划，工作才会有依据，同时也才能够很快地检查工作情况符不符合我们预期的要求。

3. 组织要健全。最主要的就是人员的分配合不合适，你给他的工作是不是他能做的，千万不要大材小用，也不要小材大用。如果一个人，十件工作里面有三件做不好，这是他不好。如果有六件做不好，就表示我们工作分配不合理，要加以调整。用这种理念来使用人才，才是最好的组织。

4. 调整要灵活。我们要应对时空的变迁，机动地调整组织，同时用轮调的方式来培育人才。讲到轮调，有很多人向我反映说调不动，你调他，他就是不去，这也是事实。有三点建议，第一，如果做得好的人也调，做得坏的人也调，大家就不会抗拒轮调。现在一般是你做得很好就不调你，你做得不好就调你，那就形成“凡是被调的都是做不好的”的印象，你调他，他马上想到是自己做得不好，觉得丢脸，所以才抗拒。第二，轮调不要定期，我很反对定期轮调。定期轮调，形成制度的话，就会产生流弊。比如说三年一调，员工知道三年之内不会调走他，因此在前两年马马虎虎地做事，反正领导也不会查他，等到最后他知道要调走了，才努力弥补一下。所以不要定期的轮调。第三，我们要让他知道轮调的部门越多，越有可能成为通才，升迁几率越高。做到这三点，轮调应该是不困难的。

一个组织要产生组织力还要注意两点：第一点是力量要集中。大家都出力，但是力量分散了就没有效果。大家出的力量很集中，力量就很强大。第二点是持续不断。假定力量使出来又断掉，就没有什么作用。所以我们不但要集合大家的力量，而且要做持续不断的努力，这样我们才能够产生有效而可靠的组织力。我们怕大家各自为政，四分五裂；我们也怕一时冲动，爆发很大的力量，力量转瞬即逝，这都是没有用的。

讲到组织，我们一定要区分出什么叫做正式组织，什么叫做非正式组织。因为企业如果有正式组织，一定有非正式组织。非正式组织是不可能完全消除掉的。你发现某个人是地下领袖，很讨厌他，把他赶跑，不久又会产生一个新的地下领袖。所以，对于非正式组织不但不要害怕，还要加以好好的运用，来弥补正式组织的不足。

凡是组织结构图上显示的就叫做正式组织。比如科、组、班，这都是组织结构图上有的，是正式组织。实际上，没有一个组织会完全按照组织结构图的方式来作业，人们一定会根据自己的需要而进行相应的改变。所以说归说，做归做。组织结构图上说明某人做每件事情都要向你请示，他答应得很好，实际上他偏不跟你请示，而是问另一个主管，你一点办法都没有。这就是人性，当然有很多人认为组织不需要顾虑到人性，这是不错的，只不过这种组织很快就会被人改变，否则它就行不通。

只有正式组织是不够的，它会造成员工的挫折感。因为正式组织虽然顾虑得很周到，但一定会有某些方面是没有办法顾虑的。没有办法顾虑的时候就需要非正式组织来补充。

我们协调的对象是活动还是人？我们常常说，“我为了某一个活动来跟你协调”，实际上到最后协调的都是人，因为任何活动都是人在做。所以组织是为人而设，组织的运作也靠人来进行。人会去改变组织，人会改变规定，但他不会说出来，表面上他一切都照制度进行，实际上他老早就已经改了，只是我们不知道而已。比如说，工厂里有两个工人，老板说：“你们两个人分别把事情做好，不要去管别人。”他们答应得很痛快，可是实际上他们边做边谈话，而且说“我们一起出去看一看外面发生什么事情”，对此你无能为力。甚至他们一起抱怨主管，一起骂企业，一起说这个工作不愉快，那你也没有办法改变。这就是非正式组织的行为。

组织流程图只是规定了一些活动，但是在组织流程图所规定的以外还有更多复杂的活动是通过非正式组织在运作。我们建议如果了解到非正式组织以后，一方面不要排斥它，另一方面也不要害怕它。不排斥就是说你永远取消不了非正式组织，它永远会存在。不要害怕是说它是很正常的，不一定完全起负面作用，我们也可以把它运用到对我们有帮助的方面来。譬如说我们现在要升某人当主管，不妨先放出风，让这个非正式组织去传，如果反映很好，那当然我们就正式公布出来。如果传了以后反映非常不好，因为还没有正式的人事命令，还可以改。这就是善用非正式组织的一个很好的例子。

选择适合企业的组织形态

有一位日本人叫上野一郎，他把组织分成几种不同的形态，一种叫做枪型的，一种叫做火箭型的，一种叫做神风型的。枪型、火箭型我们都容易接受，神风型似乎日本味道太浓厚，所以我们把它改一下，把组织分成枪型组织、火箭型组织、树状组织。

枪型组织。如果一个组织完全像军队一样，一个口令一个动作，让一个人把枪举起来他就举起来，让他装子弹他就装子弹，让他扣扳机他就扣扳机，没有太复杂的东西，这种组织就是枪型组织。这种组织形式适合小规模经营，一个老板带几个伙计，你叫他东就东，叫他西就西，没有太复杂的事情，也不需要分成很多部门。枪型组织的一个特色就是方便独裁，一个人照顾得了，那你就全面负责任。当企业的规模还小的时候，它是相当有效的，只要老板的判断很准确，这个企业就会做得很好。但是企业慢慢成功，规模变大后，这种形式就会变成企业的致命伤。可见组织到了某一个程度，就要适当地改变。如果企业的规模慢慢大了以后，老板还是样样独裁，就会造成判断的错误，使得企业蒙受很大的损失。

火箭型组织。打枪时扣一下扳机，一个子弹就出去了，如果瞄不准，这个子弹就浪费了。而火箭只要把目标设定以后，就会自动去追踪这个目标。这就是火箭型组织和枪型组织的区别。所以时代进步，教育程度提高以后，大家越来越讨厌什么事情都规定得死死的，什么事情都要按照固定的方法去做，因此我们就想到要发挥员工的创造力。既然要发挥创造力，就要像火箭那样，设定一个目标，让员工自动去修正，自动朝目标去努力。只要决定最后的期限，把目标明确化，同时把自由决定的幅度稍微扩大一点，使大家不受约束，充分发挥自己的主动性和创造性，一方面自己管好自己，另一方面又能够命中目标，这叫做目标管理。目标管理配合火箭型的组织刚刚好，如果一方面要实施目标管理，而另一方面又用枪型的组织，那就矛盾了。火箭型的组织比较符合人性的需求，同时也比较适合大规模的企业，适合现在比较民主的社会风气。

但是我们也一再认为，我们中国人最了不起的就是组织像树一样，我们把它叫做树状的组织。一棵树，树根埋在地下，树干就是一个总目标，树根支持树干，树干支持枝叶发展。中国人最喜欢听的一句话是，“你放心去做，我大力支持你”。如果说“你按照我的方式去做”，他听着就懒洋洋的。“我给你一个范围，你只能在这个范围里，不能超过这个范围”，他也是爱听不听的。可见我们的民族性还是喜欢自由发展，我们给他水分，给他养分，有一个很好的环境，让他自己去发展比较好。

枪型组织是有一个目标，你装子弹然后去瞄准，打得准打不准谁也不知道。而火箭型组织是自动去追踪目标，但是它不能自动决定目标。而我们的树状组织不但要制定目标，而且要创造实现目标所需要的方法，这些都能让员工自动自发。

这种组织常常要调整。如果你问一家企业有没有组织结构图，对方一定说有，只不过当他把组织结构图拿给你看的时候，一定加上一句话：“这个是旧的，新的正在印。”这就表示企业会时常调整。

神通电脑企业的董事长苗丰强说，一般人常常认为一个大型的企业只要分层负责，使其运作流程化、组织制度化，就是很好的管理，但是其实不是这样。管理不是一成不变的，因为组织不断在变，没有办法用一种模式来套用。苗董事长这番话就体现了中国式管理的变动精神。电脑企业的产品生命周期已经大大缩短，生产变动的产品，其组织非变动不可，不调整就没有办法应对环境的变化。

当初和正大企业的创办人陈永泰先生一起创业的张创维先生，对组织方面有一些特别的看法，值得我们思考。他说，现代化的企业，组织章程应该像磁铁放在铁板上一样，表面上看它是粘得牢牢的，实际上它是可以变动的。所以常常变动不应该反映在企业的章程上面。张创维先生说，为了适应局势的变动，企业的组织应该弹性化，不要使原定的编制系统成为局势变动以后所产生的新系统的限制。你把它固定下来，但是内外环境已经变了，若还坚持用原来的编制，那就是自我限制。同时他还主张，景气的时候要采取守式，不景气的时候要采取攻式。这句话我跟很多人探讨，大家都有同感。当不景气的时候，我们知道下一拨景气快要来了，这时候好好地用人，好好地培训，好好地把实力培养起来，等到形势好起来的时候就赶上去。相反景气的时候，知道景气的形势快要完了，因此要守一守，才不会形成盲目的扩充。

企业不要有硬性的组织，应该针对业务的需要来机动地调整，这个观念非常重要。声宝企业的创办人陈茂榜先生对组织有很独到的看法。他认为现代化的组织是一个有机体，各级主管一定要协调自己的下属努力去达成整体的目标。他说，如果在项羽和刘邦两个人里面选一个当管理者，他宁愿选刘邦而不选项羽。因为项羽很有主张，刚愎自用，所有人只会听他的话而发挥不了自己的力量。相反的，刘邦会广泛征求别人的意见，而且他很会指导，很会教育，使得手下每个人都可以发挥聪明才智，他的团结力反而比项羽强。陈茂榜一直主张朝令夕改，这与一般人的想法相反，我们通常认为朝令夕改是错误的。但陈茂榜说，既然组织是动态的，就不能墨守成规，既然要随时修正，为什么早上讲的下午不能改呢？所以一个组织要使成员能够协同一致，能够互助合作，不但在组织结构方面要有弹性，命令也要随时视实际的需要更改，才不会死守那个失去时效的命令。

> 味丹企业是一家人情味比较浓厚的企业。我们常说，中国因为人情味太重，所以没有办法精简人力，人力的包袱就会越来越重。味丹既然讲人情味，历史又久，所以它在精简人力方面一定是吃亏的。可是，精简人力，是不是要把老人通通去掉呢？味丹企业的做法是这样的：一方面感谢这些老功臣，另一方面借助他们丰富的经验，把这些老功臣编组，一天 24 小时

分三班，让他们轮流去巡视全厂。他们没有固定的职责，只是轮到的时候，就到厂里面走走看看，任何事情都可以记下来向总经理报告，但他们不可以去指挥现场，不可以去干预现场，不可以去批评现场，以免造成不必要的困扰。他们走到哪里，看到不对劲的地方，不讲话，记下来，马上向总经理反映，总经理很快来处理。这样的话，现场的人不会恼羞成怒，而总经理又可以很快了解现场状况，这是非常好的做法。

味丹企业是一个很有成就的家族企业，它很真诚地照顾员工，而又能够重视这些老干部，所以经营绩效一直都很好。

归根到底，无论采用哪一种形态，组织都是少数人愚弄多数人的工具。组织虽然在概念上涵盖了全部的人，所有组织的成员都是组织的一分子，彼此是平等的。但这句话只是讲得好听而已，而实际上组织是一群具有不同角色功能的人，为了实现目标而结合，任何一个组织的成功至少有一部分是因为某些少数的人，甚至单独一个人的能力和风格造成的。组织是由少数人带动的。如果一个人强有力，他一个人就可以把整个企业的风格改变过来了。所以我们要重视少数人的力量。组织有排他性，我们把是组织的人招进来，把不是组织的人赶出去。比如企业里面有一个游泳池，有几个人动脑筋，设一个早泳会，他们一来，就把场地霸占，不允许别人进来。其实这是企业的游泳池，可是组织一个小团体后，就把其他人排斥出去了。所以，组织是一方面保护自己人，另一方面排斥外人。

一个组织如果不能让多数人来接受少数人的支配，就产生不出组织力。少数人如果用强制的方法，说“你不听我的，我就要如何如何”，那就是专制。如果少数人用互动的方式，“我说我的意见，你很乐意听就照我说的做，你不乐意听也没有办法”，这是自由民主。自由民主到最后也是少数人去带动多数人。

我们要注意，多数人一定要交付一些自由让这些少数人去支配，这样才会产生组织力。换句话说，我如果始终不听主管的话，那主管怎么去领导？既然我认定你是我的主管，我就把我的自由交付给你一点，你支配我就接受，这样才能产生组织力。

最后提出三点建议：第一，组织过分庞大的结果是很容易变成形式化，形式化到最后就是官僚化，同时也没有人情味，这样就不合人性。待组织越来越庞大的时候，我们相反的要注意人性化。所谓人性化就是要有一点人情味，不然组织到最后一定僵化掉。我们一定要明白，员工完全依赖企业这种情况已经不复存在了，现在企业和员工是互相依赖的，企业需要员工，员工也需要企业。所以我建议组织尽量地把部门变小，部门小大家才会认识，常常有一些互动，你了解我，我了解你，这样才会有人情味。

第二，现在的企业文化已经不像过去那么单纯，现在的员工除了争取自己的权益以外，还有很大的兴趣参与很多企业的事务，尤其中国人什么事情都要参与，不参与就好像被冷落。现在的人碰到不如意的事情，不像以前的人沉默不语，已经忘记了“先说先死”的道理，可能会忍耐不住，就会有话直说。这样的人到底是很勇敢还是很愚蠢，我分不清楚。我们有太多勇敢的人，有话就要说，所以企业现在用权用组织来统治他，恐怕没有太大效率，而且会引起很强烈的报复。我们越来越主张一切好商量，不管什么组织，维持一切好商量的气氛比较好。

第三，参与是发展组织最有效的动力，员工参与的程度就是企业成长的晴雨表，大家越参与，企业成长越快。但是参与不可以采用硬性的规定，硬性规定不参与就要重罚，这是没有用的。

做到参与、团结、合作、协调，企业一定强大。

第二节 组织没必要害怕因人设事

一般企业在组织方面所遭遇的问题，大概都是下面这几种：

1. 企业里面各部门的业务内容不明确。到底我这个部门该做些什么，我自己都说不清楚。

2. 各部门之间责任范围不明确。到底我应该做到什么地步，你应该做到什么地步，我们彼此之间责任怎么划分，大家都不是很清楚。

3. 对于其他部门的业务内容我们也了解得不明确。你说营销部门在做些什么我不清楚，财务部门管到什么地步我也不清楚。

4. 自己到底有多大的权限也不明确。到底哪些事情我可以决定，我决定以后有没有人怪我，我也没有把握。

5. 各种事务手续不明确。我要领一个东西，到底要经过哪些人，出个货要经过什么样的手续，好像手续随时会变。

6. 当前最重要的问题是什么不明确。我们企业目前最重要的问题到底是什么，好像每个人的说法都不太一样。

7. 主管的想法如何不明确。你问他，他说没有意见，但是他又好像有意见，但不清楚地说出自己的想法。

8. 这件事情到底该谁负责不明确。我现在要做一件事情到底找谁，甲说是乙，乙让我找别人。

9. 最后的期限是什么时候不明确。因为中国人往往会把最后的期限提前或延后。比如最初说三天，最后变五天，甚至七天也无所谓，最后的期限到底是什么，不明确。

10. 做到什么标准才合适也不明确。

这十个问题有一个共同的特征，就是不明确。没有一样东西是明确的，这是中国人最了不起的地方。

这几个问题还有另外一个特征，就是通通跟人有关，离不开人，又不明确，我们该怎么办？我们有没有办法使它明确？好像也没办法。这就牵扯到组织跟人力的关系，一个组织是确定下来的，人也找来了，能不能发出我们所预期的力量呢？我想这是不一定的，有的可以，有的不行，程度不一。

形式上组织是为了协调每一个成员的活动，协调成员的职务关系。实际上担当职务的是人，组织一切活动都需要人来体现。所以组织一定要重视人力的调配。把人力调配好，组织才能够发挥力量。为了达到组织目标，一定要规定每一个人担当的职务，如果他们的权责明晰，组织的效能自然就会提高。

组织除了达到组织目标以外，还要根据一定的权限和责任的分配，来决定彼此之间的关系。所有成员能够协调合作、互相依赖的话，就能产生高度的组织力。

组织的基本结构及层级划分

我们先来看看组织的基本结构。我们可以把组织想象成编织品，编织品有横丝，也有纵丝，横的丝就是横断分割，而纵的丝叫做纵断分割。横断分割与纵断分割重叠起来就变成组织的结构。

横断分割叫做阶层结构原理，企业里面有董事长、经理、主管、普通员工等，我们用横线把董事长、经理、主管、普通员工一个一个分开，就形成不同的阶层。一个单位主管能够直接有效地指挥、监督的下属数量有一定的限度，组织里面各部门都有范围，你一个人没有办法管太多的人，你找别人来管又多了一个阶层。所以企业里面有多少个阶层完全视你的需要而定，一个人管得完的就是一个阶层，一个人管不完，再找两个人来管，就变成两个阶层。

组织是根据需要而产生的，主管派给我一个工作，我如果一个人做得完，就不敢开口说要设另外一个人，因为我跟主管说“这个工作我做不完”，他就会换别的人来做，那我就会很难堪。我一定要等，等到我的工作量实在是太大了，才会试探性地向主管建议，能不能分成两个人来做。分成两个人的话，就找两个人做我的下属，一个人做一半，我来监督，这样就成为一个部门。以此类推，阶层就会越来越多。阶层越多，联系就越困难，协调就越复杂，所以不要有太多的阶层。

横断的分割使我们的组织有很多阶层，而纵断的分割使我们有很多部门。纵断分割是根据专业化的原理，因为我们的组织成员尽可能担任一种比较单纯的、比较专一的业务，搞财务的就在财务部门，负责生产的就在生产部门，这是纵断分割的结果。纵断有部门，横断有阶层，这样交叉起来就变成一个完整的组织体系。所以组织结构有横断，有纵断，是根据权力与责任的原理。垂直的是一个权力关系，水平的也是一个权力关系。垂直的是监督指挥命令的关系，而水平的是互相协调、彼此互补的关系。如果上下左右都分得很清楚，大家也都很了解，结构就很分明。

划分阶层，就是根据需要设置，尽量减少阶层应该是一个不变的原则，我们把它叫做扁平式的组织，尽可能把阶层压扁，联系比较方便。

纵向应该分成几个部门？最好是按照工作来划分，一般有四种不同的原则。

1. 目的取向：先把工作的目的明确化，按照明确的目的来划分，比如说财务部是为了把财务管理做好，生产部是把生产管理做好。按照工作目的，是组织划分的主要原理，按照不同的目的划分不同的部门。

2. 技术取向：依照所需要的特殊技术来划分，这样的话可以发挥高度的行动效率，这种叫做主题方式。譬如炼油的企业，炼油需要不同的技术，所以可以划分不同的部门。

3. 单位取向：一个企业有很多分部，分散在不同地区，就可以设成华南营业部、华北营业部……或者按照工作形式划分，比如直销有直销的部门，代理有代理的部门。

4. 过程取向：按照工作的流程加以划分，这样比较专门化、单纯化。但是按照这种方式划分要注意，员工要有一些人性化的劳动，因为你完全按照过程来划分的话，势必造成员工所做的工作单调乏味，使员工产生倦怠情绪。

因人设事并不违反管理原则

工作划分的目的是使每个人都可以很有效地完成任务。我们一直说，工作的内容要符合员工的个性，但是我们能不能做到呢？答案是非常困难。每个人的个性不同，到底有没有哪种工作最适合哪种人，到今天还是疑问。事实上，我们不必拘泥于此。如果员工乐意做，他就会觉得这个工作很适合；如果员工不乐意做，你分配给他什么样的工作，他都觉得不适合。所以我们应该向员工灌输这样的理念：做一个人要勇敢地向工作挑战，而不是光坐在那里等待合适的工作，只要你有挑战工作的决心，你就可以胜任任何指派给你的工作。

很多人都反对因人设事，实际上因人设事有很多好处。

> 太平洋崇光百货公司在成立不到一年的时间，其组织体系已经更改了三四次，主要是为了充分发挥每一个人最大的效能。崇光百货公司采用因人设事的组织方式来增加组织的弹性。由于这家公司的经营权是由日本的SOGO集团负责的，它从SOGO调来11位高级主管，并且按照他们过去的经

验和能力来划分彼此的工作。因为他们有丰富的经验，而能力各异，根据他们实际的状况来分配工作，当然每个人都能够胜任。崇光百货公司因为人的能力、人的经验而调整组织的系统，这种做法使得每一个高级主管都能够产生良好的管理效能，这就是最好的因人设事的实例。

不过因人设事绝对不是因为人情而设事，如果因为某人是我的亲戚，他一定要当主管，所以我就设一个部门让他去负责，这是不对的。为了卖人情，把不合适的人招进企业，这不叫因人设事。因人设事是说一个人有本事，我按照他的本事给他一个比较明确的工作责任。一个企业当然不会一开始就把整个体系都安排人，否则就会使很多人感到根本没有升迁的机会。所以企业刚成立的时候要衡量一下，条件有限，要请的人不一定愿意来，愿意来的人将来不一定能担负更重大的责任。只不过目前企业一定要运营下去，虽然这个人不是理想的人选，但是我们只好将就。可是将就不代表以后永远不调整，所以我们就现有的人作最适当的调配，将来我们有需要时再引进更好的人，这样也能使现有的人快速成长。随时因人设事就可以随时得到最大的效能。

因此我们现在来看看组织需要什么样的人才。

第一，能够约束自己的人。

第二，不会因为小小的挫折就丧失了信心的人，换句话说，是一个意志很坚定的人。

第三，能够经常提出创新意见的人。我们要不断地进步，每个人要发挥创造性，所以常常有些新点子，常常有些新意见，这种人是组织最需要的人。

第四，面面俱到，小心谨慎。这种人也是大家所欢迎的，因为一件事情会牵扯到很多人，会牵扯到各种不同的部门，如果能够面面俱到，就能够顺利推行我们所要做的事情。

第五，要有服务和贡献理念。一个人如果没有服务的观念，就很难发挥能力。什么叫做服务？就是你能够让别人占点小便宜，总比你常常存心占别人便宜要好。你能够让别人占便宜就表示你的成就比别人高，宁可让别人占便宜，显得你有本事，也不能处处不让别人占你便宜，显得你很没有办法。

有力量不用等于没有力量，所以把力量贡献出来服务他人，对自己好，对企业也好。

第六，不会利用工作来满足野心的人。有很多人假公济私，表面上替企业做事情，实际上完全是满足自己的野心，这种人我们是不需要的。我们需要的是那种拿工作来满足团体目标，而不是满足自己野心的人。

第七，不会错过机会、思想很敏捷的人。因为机会稍纵即逝，如果不马上抓住，就是很大的损失。

第八，有勇气同时有决断力的人。一个人能够向环境挑战，向工作挑战，同时还很果断。

第九，保持自己特性的人。每个人有不同的个性，不应该把自己的个性通通抹杀掉，勉强去学别人。每个人要有自己的独立特性，但是又要顾全大局。

第十，不会因为工作卑微而感到痛苦的人。人格是平等的，我们虽然扮演不同的角色，做不同的工作，但工作本无所谓卑微不卑微。

组织不需要下面的人，因为有这种人在组织里面会形成害群之马。

第一，光说不练的人。嘴巴讲得很好听，但实际上什么事都没有做。

第二，自尊心太强的人。这样的人不容易跟别人协调，不容易跟别人融洽相处。这样的人虽然有很强大的能力，可是跟别人格格不入，也发挥不了什么作用。

第三，大小事情都想插一手的人。参与是很好，只不过我们既然把工作分门别类，每个人就应该想想自己该不该参与，是不是让别人去参与可能会更好一点。换句话说，什么事情你都想参与，最后只能是什么事情都做不好。

第四，对事情分不清楚轻重缓急的人。不重要的事情他偏偏做，重要的事情却不做，急的慢慢做，不急的提前做，所有主管都对这样的人很头痛。

第五，神经过敏，喜欢夸大，喜欢妄想的人。

第六，目光短浅的人。只看到眼前，不会想得长远一点，不会顾全大局，这种人只会增加困扰。

第七，做事情粗心大意的人。什么事情到他手里，都会搞得乱七八糟，这种人是越帮越忙。

第八，工作的时候不能跟同事配合的人。他只会做自己的事情，没有想到别人需要他配合，大家步调要一致，他不是太前就是太后。

第九，不以工作认真为荣的人。认为工作马马虎虎就可以了，做得好怎么样，做得不好又怎么样？

第十，缺乏责任感的人。没有责任感的人是组织不需要的。

分清组织需要的人和不需要的人，尽量减少不需要的人，并合理安排组织需要的人才，这样的组织力才会强。

组织应随环境的变迁而调整

我们一直认为中国人不太重视组织，这个观念要修正一下，中国人很重视管理组织，但是始终没有把管理组织的技能当做企业管理的重要环节，而是希望创办的人能够控制整个组织。因此整个组织完全是按照个人的意思来构建的，而不是按照整个体系的需要。几乎每一个中国人，心里有一套组织体系，而眼睛里是另一套组织体系。换句话说，企业怎么设置，把我安排在哪个层级不重要，我在老板心目当中的位置有多高，我有多大的权力，才是重要的。

西方人一直在研究中国人的组织，认为我们的组织是集权的，老板把所有的权一把抓。但是实际上并非如此。老板要能够放心的话，他也可以把权力分给若干的人，可见集权与分权在中国的组织里面是共存的。如果一个人努力奋斗，经得起考验，老板自然会把权力分给他。如果真的叫一个人负完全责任或者让他自己做主，他愿不愿意？很多人不愿意。有的老板说，他对干部提出一个构想，干部说用另外的方式可能会更好。老板就说“好，照你的方法去做好了”，结果那个干部马上说“算了，算了，还是照你的方法做比较好”。

可见，说中国的老板喜欢一把抓，或者说中国的干部喜欢自作主张，都是只见树木，不见森林。在探讨这些问题的时候，比较实际的做法是从两方面来互相补足，来发现真实的一面。

有人根据“宁为鸡首，不为牛后”推论中国人很喜欢当老板，但我不这么认为。我问过很多年轻的老板：“你这么年轻就要当老板，是不是你很喜欢当老板?”对方想了一下说：“好像不是。我并不是真的想当老板。因为我始终没有找到好老板，所以不得已自己出来当老板。”这才是中国人的心声。因此领导好不好非常重要，领导者如果没有恢弘的气度，大家就说“宁为鸡首，不为牛后”，是不想受气。

如今时代发展的步调越来越快，我们的组织也要能够适应快速的变迁。中国人表面上有一套组织体系，心里还有一套组织体系。换句话说，中国人很善于自己修改组织蓝图，因为我们要适应。

人如果缺少弹性，把组织改来改去是没有多大意义的。人如果有弹性，我们就很容易利用这种弹性，随时适应环境的变迁来调整组织。因此我们在快速变迁的时代，最好不要采取机械式的组织，而是尽量改变成有机式的组织。机械式的组织跟有机式的组织在很多结构面方面都是不同的，我们现在大致上比较一下。

在部门划分方面，机械式的组织是追求效率的，而有机式的部门划分不完全是追求效率的，做得快没有用，不能解决问题，不能适应环境变化，做得再快也没有用。所以有机式的部门划分已经慢慢变成追求弹性，追求创新。这才是我们今后部门划分所应该考虑的主要原则。

在专业化程度方面，机械式的组织因为生产的是同样的东西，所以专业化程度比较高。有机式组织因为随时要变，工作内容要变，技术也要变，所以专业化程度不高。

在职权的控制方面，机械式组织因为比较呆板，一切都是按部就班的，都有规范可循，所以比较方便集权。一个命令下来，大家一起去做，统一步调。可是有机式组织，因为工作内容不一样，人员组合也随时在变动，比较适合分权。当然我们已经一再说明集权与分权不是两个极端，换句话说，在机械式的组织里可能是集权的成分大于分权，而有机式的组织里可能是分权大于集权。

在冲突的解决方面，机械式的组织通常都是主管来加以解决，可是在有机式的组织中，主管无法做这些事情，所以有赖于彼此好好商量，大家共同互助来解决我们的冲突。

在沟通方面，机械式组织比较重视指示，比较重视命令，而有机式组织在沟通方面采取劝告式，“我给你一些忠告”，“我跟你商量商量”，“有一个协议，大家看看怎么做比较好”。

在责任方面，机械式组织要求成员对组织负责，而在有机式组织里，成员既然是从各部门抽调出来的，就要为当前的工作或计划以及这个群体负责。

在机械式组织里，一个人的声望地位是以职位做基础，比如，经理比主管大，董事长比经理大。但是在有机式组织里，召集人不一定比其他人更具权威性，大家是要彼此合作的，所以以本事做基础，谁有本事，大家自然会服从谁。因此机械式组织的职权划分比较清楚，而有机式组织反而越来越不清楚。

在控制幅度方面，机械式组织里，因为样样要指挥，样样要命令，样样要监督，所以控制的幅度反而小。而有机式组织里，因为每个人都有相当大的弹性，都能够相当自主，控制的幅度反而加大。

家族企业如何善待专业人才

今后的组织将是由不同的人，因为不同的工作需要，而随时形成的组合。组织规模不会太大，大家用和谐的方式来沟通，用彼此尊重的方式来协调。所以希望企业管理者：第一，今后越来越重视专业人才，因为家族企业的致命伤就是不能够让专业人才发挥能力，假定家族企业能够让专业人才好好发挥的话，家族企业还是有很大的发展空间的。但是专业人才常常因为具有某种专业技术，就认为自己比谁都懂。专业人才要明白，自己在本专业的范围内也许比别人懂，但是在专业范围以外可能不如别人，所以也要尊重别人。比如，一个人精通物理，就算能得到诺贝尔物理学奖，也不要认为自己一切都懂，如果他对哲学问题夸夸其谈，只会给别人留下可笑的印象。只有认清自己的优势和劣势，才会尊重别人，也才能赢得别人的尊重，这样才有办法跟别人沟通。

第二，在跟专业人才相处时，也要有一个心理准备，他在某一领域既然很精通，说明他把绝大部分精力都集中在该领域里，使得他没有办法关注其他的事。比如，他讲话比较冲，没有礼貌，比较固执，管理者要给予谅解。这样双方才可以合作，否则，专业人才看不起管理者，管理者看不起专业人才，就没有办法合作。

同时还要说明一点，组织今天所种的因，以后会产生一个果。比如一个主管，很凶狠，很霸道，短时间内他的业绩可能会增长，老板因他业绩好，就让他升职。可是他的高压政策已经使下属不愉快，一时大家没有表现出来，等到他高升以后，接任的人就承受了这个恶果，所有人把情绪发泄出来，造成业绩下降。老板反而认为新来的主管不如以前的，这就是一般人常有的误解。所以看一个人到底管理得好不好，不是看他现在的表现，而要看他将来离开了以后，那个部门是不是还继续有良好的发展。

但是值得担心的是，专业人才不去追求技术的提升，反而去追求权力和地位。有一家企业好不容易从美国请回来一位非常专业的技术人才，负责技术开发。为了表示尊重，给了他一个副总经理的职位。没有想到的是，那个技术人才当上副总经理以后，技术方面通通不管了，去致力于管理，他想："我是副总经理了，怎么还能钻研技术呢？"这样一来，就把原来请他回来的美意抵消了。这家企业的老板问我怎么办，我说："很简单，你在企业里多设几个副总经理，在副总经理前面加上一个名称，比如那个人就叫做技术副总经理，此外还有财务副总经理、生产副总经理等，这样就没事了。"

这就告诉我们，一个人如果有技术，他往技术方面发展，也是一条发展途径，不一定非要走行政发展的路线。可是实际上刚好相反，有些专业技术人员刚开始非常讨厌组织里面琐碎的规定，但是慢慢地他越来越重视这些琐碎的规定，反而比其他人更加官僚化。这也是非常普遍的现象。专业人才是企业发展最重要的资源，如果专业人才不能在专业领域得到很好的发展的话，企业就会越来越危险。

第三节 集权和分权只是程度的差异

集权和分权视企业情况而定

一般人都认为西方人是实行法治的，中国是实行人治的。这话乍听起来蛮有道理，可实际上，全世界没有绝对的法治，也没有绝对的人治，怎么可能说用法治理一切或用人治理一切呢？我们应该说，西方的国家法治大于人治，中国是人治大于法治。

在台塑，创始人王永庆先生认为，企业家族化是企业必经的历程，因为中国人的家族观念非常浓厚。这种家族观念也是企业开始发展的最好的力量，因为你如果连自己人都不敢相信，又怎么敢相信外面的人？在创立企业前，往往没有多少本钱，要筹集资金，动亲戚的脑筋是最快的。把亲戚的钱汇集起来，把亲戚里面的人才汇集起来，就能够开创一个企业，是必然的现象。但是王永庆先生主张，在用人方面，要制度化，及早建立制度，才能够由人治进步到法治，这是台塑一直努力的方向。

可是，台塑的人治色彩相当浓厚。既然台塑不断地制定很多严密的管理制度，甚至实现网络化管理，但是大家公认，王永庆先生的英雄色彩是非常浓厚的。王永庆先生精力充沛，胆识过人，对工作相当狂热。他一个星期工作超过100小时，而且不会累。他通过午餐汇报的形式，把自己做事的观念和方法，传达给每个干部，而且严格地要求大家遵照执行，统一观念，更希望他的干部进一步把这些观念和方法推广到每一个员工。所以很多人都说，如果有王永庆先生在，台塑就很好，如果他不在，台塑就有一点乱了。这句话可以说明，台塑是人治大于法治的。我们不敢说它完全没有法治，事实上它的制度是很严谨的，但是人治占很大的比例。

可以说，集权与分权没法分开，说哪一个企业是集权的，哪一个企业是分权的，都不切实际。因为集权跟分权是程度上的差异，而不是绝对的区分。

什么叫分权？分权就是把企业所有的决策权不完全集中在最高管理层，而是把权限适当地交给下面的管理阶层。把上一阶层的一些权力分给下一阶层，就叫做分权。分权使得每一个部门主管对于企业的计划、管理具有某种限度的自主权，不一定完全听上级的命令。什么叫做集权？集权就是把企业所有的决策权通通集中在最高管理阶层，只有最上面那个阶层有权决定，其他人都应该听从命令。分权不可能做到最高阶层完全没有权力，可见分权后，还是有一部分权力是集中在最高阶层的。集权也不可能做到下面的管理阶层一点权限都没有，可见集权也多少会分一点权力下去。分权与集权是程度上的差异，有些企业比较倾向于分权，有些企业比较倾向于集权。

集权也有好处，特别是企业规模小的时候，企业老板对企业内部各种业务都很熟悉，而且很内行。他本身的知识、能力、经验、时间、精力充足，能够很有把握地、快速地、正确地处理企业的各种事务，这时集权管理比分权要有效，特别是某些变化不大、难度不高的行业更是如此。员工的心态也是一个重要的关键，如果组织里面每个人只想照规定办事，没有什么意见，也不想发挥创造性，用集权的话，也很有效。所以只要组织的成员都喜欢被管，集权就可以让领导发挥很大的力量，这叫做时势造英雄。当然也可能是英雄造时势，这个人实在太强，大家都很佩服他，就造成集权的环境。大家都听话，我进来以后若不听话，势必孤单，所以干脆我也听话，就顺应这个时势，也造成了集权。

> 台塑就是相当集权的企业，王永庆先生为了贯彻台塑的压力管理，采取中央集权式的管理制度。他设立总管理处，下面设营业、生产、财务、人事等八个组，分别负责台塑企业各种管理制度的拟定、审核、解释、考核、追踪和改善。并且对每一个关系企业或者各个部门的经营计划，一方面协助拟定，另一方面要审核，同时作可行性分析。各事业部，大到投资计划的评估，小到放假的宣布，都要先经过总管理处，然后交给上面来裁决，最后下达命令。这种方式是彻底的中央集权，尤其总管理处人非常多，牵扯的面很广，因此可以收到全面控制、全面掌握的功效。

集权有没有缺失呢？也有。当经营到了某一个程度以后，企业就会有形成制度化的需求，这种趋势是挡不住的。当规模大到最高管理者没有办法正确而迅速地掌握企业的具体情况时，一方面，可能会延误决策的时机，另一方面，命令下达后很难迅速准确地执行。因为命令层层传下去，也许有扭曲，接到命令的人也许有意见但没有机会表达，所以就不会迅速而准确地执行。这么一来，最高管理者与执行阶层的距离慢慢拉长，就没有办法沟通。这当中也有很多意见被压抑久了自然会反弹。同时各个部门主管因为长期没有决策自主权，会直接或间接地影响到中下层管理者，甚至一般员工的工作热情。这种情形的最终结果，就是一切责任向上推，反正每个人都说“我没有办法，是上面的意思”，就给最高管理者造成了很大的压力。如果他做得很好，大家认为是应该的，因为他本来就这么强。一旦他有什么错误，大家觉得他又要一把抓，有些事情又顾虑不到，就会反感。

集权有好处也有坏处，一般规模小的时候用集权可以收到快速的功效，但是如果不在规模小的时候慢慢培养分权的习惯，等到规模一大或者大家有分权的需要时，突然间要改变，反而不利。

分权的好处如下：

第一，各部门有一些决策权，就有自觉自主性。一个人有自觉自主性以后，就不得不发挥创造力。我们交给部门主管一些权力，让他们去发挥，也是一种培训，也是对他们的一种要求。部门主管感觉到自己去想有效果，他们就会想；感觉到他们创新别人会承认，他们自然会放心地去创新。

第二，决策者与执行者的距离缩短，沟通很方便。如果是集权的话，命令要由最高阶层一路传下来，传到最后可能时间被耽误了，也可能整个内容被扭曲了，同时执行者感觉不到责任，能做就做，不能做也无所谓，有意见也没法沟通，就产生很多不愉快。现在决策者跟执行者很近，有什么话可以当面沟通，沟通完大家心里很愉快，执行也会顺畅。

第三，有一些比较繁杂、比较琐碎的决策，没必要最高管理者亲自作决定，在时效上比较有利。最高管理者样样要自己作决策，会把自己累死，诸葛亮就是个例子。诸葛亮 54 岁就死了，就是因为他什么事情都要自己作决定。就算他愿意这样做，在时效上也会耽误。有些很琐碎的事情，部门主管自己能决定的话，很快就会处理好。若是推到上面去，一方面上级的事太多，处理不了，另一方面一层一层传上来，再一层一层传下去，一定耽误时间。

第四，就高层主管来说，不必再为这些琐碎的问题伤精费神，可以有更多的时间和精力考虑长期计划。

第五，各级主管有部分的决策权，可以提高他们的工作积极性，同时有决策权的主管更有发展空间。比如一个人在担任主管时，就不断地去作决策，积累很丰富的经验，将来我们把他升为经理，他就能轻松胜任。如果他当主管时从来没有自己作过决策，一旦升到经理可能会慌张。这样一层一层上来，永远不敢负责，永远不敢作决策，那企业有一天就会大叹没有人可用。

分权是非常重要的，因为它可以适应企业多元化经营。一个企业不多元化则已，一多元化势必有很多专业人士来作不同的决策，所以不需要把所有的决策权通通揽在自己身上，分出去比较有利。企业决策要合理化，就不仅需要有很多专家的参与，更需要尊重每一个部门自己的主张。同时我们如果能够分层负责的话，那体制就会明确化。让每个层级都有自主性，也就是让他们充分负起责任来，他就不会一有责任就往上面推了。不要总觉得是主管不负责任，实际上是上级不让他们负责任。如果上级真的把责任赋予他们，他们想逃也逃不掉。

敢于授权才能提升工作绩效

讲到分权，我们马上会想到另外一个名词——授权。有些人说中国人即使明白授权的好处，也不敢授权。其实，中国人并不承认自己不敢授权，只不过对授权有一些很特别的理解。第一，我们会觉得权是有限的，所以我们说“权限”。“权”既然有限，怎么能授呢？一授权，权就没有了，所以我们都很舍不得把权授出去。第二，权并不是说谁有谁没有，虽然我们在职务上多多少少会有一些权限，但是我们能不能使用这个权限，这不是制度所能规定的。同样一个总经理助理，他可能很有权，也可能一点权也没有。如果总经理相信他，他的权就很大；如果总经理不相信他，他就一点权也没有。在制度上虽然规定得很清楚，但是在实质上有很大的差别。换句话说，中国人的观念是，权不是别人给你的，而是你自己奋斗得来的。我当总经理助理，我的表现非常积极，使总经理很放心，我的权力一定很大。假如我一天到晚想着总经理要给我多大权，总经理一定觉得很奇怪：“你要权干什么，是不是想为非作歹呢？”所以总经理很快又把权收回去。可见，我们奋斗就有权，不奋斗，上面随时会把权收回去。

中国人认为，有责任就好了，何必一定要权呢？这个观念也是根深蒂固的，上级有权，下级有责任。所以感觉到中国人很坏，一有责任就推给下级，一有权就往自己身上揽，这种行为跟权责的观念是密切相关的。我们认为，上级把权抓住，把责任推给下级是很正常的。理由是，下级绝对不能缺乏的并不是权力，有的人一辈子没有权力，但是做了很多事情。下级绝对不能缺乏的是责任。如果真正能够用心负起责任，有没有权根本是无所谓的。

如果从理论上讲，我们可以把权分成三部分：决定权、监督权、实行权。上级把决定权和监督权留下来，授给下级实行权，让下级去做，做就是下级的权力。这也是说得过去的。

所以我常常建议很多中层干部，要彻底改变观念，不要希望你的主管把权授给你。相反你只要尽到责任，就跟有权是一样的。我们认为，上级的权不可以轻易地授下去，因为授权以后，你就很快什么都管不着。而且上级授权以后，下级有了权，很可能就会弄权，结果反而害了下级。所以这样衡量起来，上级的权大可不必授下去，只要给下级相当的责任即可。因此下级也不需要计较自己有多少权力，能够确认上级希望自己尽到什么样的责任就行，这会比授权更好。当然中国人也知道授权是很重要的，因为授了权，上级才能够专心处理一些重要的事情，把无关紧要的权授下去，才能够集中精力来处理重要事项。这个就是我们平常所说的委任，中国人常常讲这个事情委任你，你把它当做把责任赋予给你也可以，当做授权给你也可以，一样的。

授权可以提高下级的能力，我们常常讲授权就是培训，你把权授给他，让他好好去做，他就能够磨炼自己，对于他有好处，对于企业也有好处。授权也可以提高士气，因为被授权者感到上级很相信他，他就会努力去做，因此士气就很高昂。

可是我们感觉到授权也有困难的地方：第一，权很难明确化，到底什么叫做权？如果说权就是“你替我决定好了”，那你要决定到什么程度？两个人看法不可能完全一致。被授权的人认为：“你既然把权授给我，你就要尊重我的意思。”可是授权的人认为：“你要按照我的方法去做才是授权，如果按照你的方法去做，那我算什么上级？”我们常常去请示上级某事要怎么办，上级说“你自己看着办好了”。这算不算授权？严格地说，也是授权。可是下级做错了，上级就要骂他：“你怎么这样做呢？”下级说：“我请示过，你叫我自己看着办的。”上级会说：“我虽然授权给你，但是你没有好好尽责任。”这就是因为权力很难明确化造成的。什么叫授权？授到什么地步？是不是真的授了？

彼此会有认知的差距，很难取得一致。

第二，上级是有监督权的，你把它当成监督的责任也可以。我们如果跟上级说："没有关系，这事你交给我，我去办，放心好了。"他心里一定好笑："交给你办我放心？要是办砸了，到最后还不是我倒霉？"所以，上级很难把所有的责任都放心交给下级，上级越有责任感越不敢授权。但是，只要我们能够让上级相信，这个问题就比较容易解决。

第三，下级到底有多大的能力，上级不容易了解。就算上级真的了解你有多大能力，但是他不能担保你是不是愿意把能力都发挥出来。比如，你了解一个下级可以担当某个任务，交给他去办，你也放心。可是结果他没有尽心去做，那还不是你倒霉？所以，上级没有办法掌握下级的能力，就很难放心地授权。同时，下级如果没有足够的自动自发性，即使授权给他，也没有用。如果下级根本不珍惜，不认为上级授权对他来说有什么了不起，照样马马虎虎，那么授权就收不到实质的效果。

当然有些上级口口声声要授权，可是授权后，他不断地去干预，什么事都要发表意见，最后还是要按照他的意思去做，这就是形式上的授权，而非实质上的授权。

总的来说，中国人为什么不敢授权，原因大概有五个：

1. 无法信任下属。我们不能片面地强调"用人不疑，疑人不用"。这种话说起来容易，做起来难。因为中国人太喜欢变，又喜欢自作主张，就使得很多高层领导不敢授权，因为一授权就失去掌握，失去掌握后果就很难预料。总经理如果对财务主管说："从明天开始，5 万元以下的支出你做主，5 万元以上的才给我看。"这是很明确的授权。可是过了一个月以后，总经理就感觉很奇怪，企业怎么那么节俭，5 万元以上的支出这么少？结果把账目调出来才知道，10 万元的支出变成 2 个 5 万元，50 万元变成 10 个 5 万元。这样一来，总经理就非常害怕："如果这样下去，不论大事小事，财务主管都直接做主了，我怎么掌握呢？"所以他很快又把权收回来。

2. 害怕下属会越权。越权跟失职比起来，哪个更严重？失职是应该做的结果没有做，越权就是不应该做的结果做了。我想越是高层，越会感到越权可怕。高层会说，越权的害处比失职更严重，有时候越权会危害到整个企业，所以不得不防。既然要防止下属越权，最根本的方法就是不给下属权力，没有权就无从越起，这是最安全的做法。

3. 中国人的自我观念都很强，一切唯我独尊，认为我比任何人更清楚，更能干，那我要授权给谁呢？还是我亲自作决定比较保险，授权给别人，万一他做错了怎么办？

4. 上级不敢负责。授权，只是把权授下去，责任是不能授的，所以一旦出事，上级还是有责任的，最起码有监督不周的责任，或者分配工作不适当的责任。尤其中国人特别讲究连带责任，一个材料用错了，各级主管都要受到处罚。既然有连带责任，上级怎么敢放心授权呢？所以他宁愿把责任承担起来，也不愿意授权，以免担当不必要的责任。

5. 上级不敢尝试授权的滋味。凡是说自己不知道怎样授权的，基本上是在找理由，实际上是不敢轻易地去尝试，因为尝试的后果是没有把握的。

所以，中国人比较适合分权，把权分给你，但是责任也是你来负。这样，被分权的人责任重大。分权以后，上级最起码可以得到四个好处：

第一，可以赢得下属的尊敬。我们既然敢分权给下属，就表示我们对他的能力有信心，同时也是对他的一种激励。他就会感到很愉快，全心全意去做，同时也会尊敬把权分给他的人。

第二，分权可以引发下属自动自发地发挥潜力。我们让他自主，他就不好意思不自动自发。我们给他一些权，他就会感到有知遇之感，就会加倍努力。

第三，分权可以留住人才。因为老板大权独揽，下面的人唯唯诺诺，那些有能力的人才看了就会逃之夭夭。企业如果想留住人才，就要把他当做工作的伙伴，相信他，尊重他，分给他一些合适的权，而不是把他当做替我们做事的人。

第四，分权后，我们自己才有时间研究发展，有更多的精力用来应对意外。

分权有几个原则：

原则一，判断要做的事情的重要性如何。重大事件不应该分权。如果决策会影响到整个企业的话，若是分给各部门去做主，万一出错，谁也受不了，所以重大问题的决定权不宜分授。

原则二，有统一的方针和原则的事，也不可以分权。比如企业的整体战略、经营方针应该只有一个原则，这方面的事就不应该再分授给各部门去决定，应该由企业统一来处理。

原则三，要看经营规模的大小。如果规模大，尽量分权。如果规模不大，集权可能好处更多一些。

原则四，要看工作的性质。如果流动性大，变化快，分权才能因时制宜。

原则五，要看企业的历史。如果一家企业是由好几个企业合并起来的，那么分权应该比较容易。

原则六，要看领导阶层。如果管理者人数不足，自然容易集权。如果管理者很多，每个人各领一块业务，就比较容易分权。

原则七，要看控制技术如何。如果控制的技术很好，那么分权没有关系。假如控制技术不够，集权可能比较放心。

原则八，要看外部的状况。企业外部环境，也就是社会风气会影响到企业内部，如果大家越来越分权，我们当然也跟着这个潮流比较好。

身为下级的要做到：首先，大家都不要越权，要明白权是奋斗得来的，上级随时可以收回，所以我们尽量让他放心，就能够保住我们的权，稍微越权就保不住了。其次，我们千万不要失职。因为权是虚的，责任才是实的，一失职就是没有尽到责任，一定没有权。上级不喜欢越权，也不能容忍失职。所以不越权、不失职是每个人应该去反省的。既不越权又不失职，你授权，我尽责任，你不授权，我还是尽责任，尽责任是最保险的。

只要自己肯努力，有把握，敢负责任，也愿意负起责任，上级自然会肯定我们有这种负责任的权，于是就会把权分给我们。自己负责任最要紧，上级肯放手支持我们，就叫做授权。

上级最好常常跟自己的下属说，中国人并不在乎授不授权，最要紧的是每个人能不能勇敢地把自己的责任负起来。下属也要谅解，我们越是跟上级争权，上级越会防备得严紧。我们倒不如说不要权，只是在尽责任。这样上级反而会把权分给我们。权是看我们的表现，我们表现得越好，所分的权一定越多。

第四章
圆通领导才能激发组织力

领导者既然要保证每个下属都能够把工作做好，就应该很圆通地领导。即能够推拖拉到合理的地步，使每件事情都做得很圆满。

第一节 圆通的领导才有团队精神

一般人喜欢说中国人不合作，中国人是一盘散沙。其实这句话相当有问题，真正的说法应该是，中国人不合作的时候是一盘散沙，合作的时候，则是万众一心。最厉害的是，中国人不像日本人那样，日本人团结得让全世界人都知道，所以对他们产生很大的排斥力。中国人团结得让全世界人都不知道，所以对我们一点警惕心都没有，这样中国人才有办法在全世界立足。表面上看起来我们到处受欺负，实际上，我们能够到处生根也是非常了不得的。

现在的中国人到底合不合作呢？说中国人合作，可以举出一大堆例子；说中国人不合作，又骂得好像中国人一文不值。其实，团结不团结，合作不合作，是结果不是原因。我们经常倒果为因，开口就说中国人不合作、不团结，这是很令人担心的，长此以往，就会变成反教义，使我们的新生代认为，我是中国人，中国人反正不合作，那我也不合作，才符合中国人的本性，这是不对的。领导得好，中国人就能够合作；领导得圆通，中国人就能够团结。所以领导得好不好才是因，合作不合作是果。

我们不要老是说中国人不团结，中国人没有团队精神。老板常说这种话，就是暗示你的员工，反正你们不团结，大家混成一团就算了，结果大家都倒霉。我们还是平心静气地研究一下，如何领导才能够促使中国人团结。

一般研究领导理论的人都会把领导行为看成连续的变化带。是以主管为中心慢慢转变为以下属为中心，还是以下属为中心慢慢转变为以主管为中心，这里有很多不同的形态。以主管为中心，即主管以自己为中心，喜欢运用权力来制定决策，监督大家执行，这就是我们平常所说的独断独行。当然，这种方式越来越不受欢迎。慢慢的，主管也知道这样不好，因此他就一点点修正，自己制定决策，然后来推销这个决策，跟底下人商量，不是商量这个决策好不好，而是问底下人怎样接受这个决策。虽然看起来有一点尊重下属的意思，但是下属心里明白，主管还是在强迫自己接受他，只不过态度上客气一点而已。

主管慢慢又感觉到这样行不通，又进行一些修正，比如他提出一些构想，欢迎大家讨论这个构想有哪些地方需要调整，这就给下属提供了一些空间，下属可能提出一些意见，这样形成的决策更有利于执行。主管慢慢觉得这样对他有利，就改变做法，只提出一些初步的构想，不作最后的决定，希望下属们也参与意见。这样一来，下属好像更自由一些，自主性更强。于是主管又再放宽一点，只提出问题，让下属们去找答案，然后一起来作决定，这就已经相当民主了。如果主管再退一步，给出一些限制的条件，要求大家去找答案，同时要求大家一起来作决策，这就是集思广益。到了这一步，主管的权力已经很小了，他非常尊重下属的自由裁决权。如果主管只划定一个范围，让下属在这个范围里爱怎么做就怎么做，这就是中国人所谓的持经达权。这样就充分发挥了下属的能力。这种领导行为也就变成以下属为中心，而不是以主管为中心了。

从这个连续的变化过程可以看出，领导行为有独裁型的，有主导型的，有不干涉型的，有民主型的，也有教育型的。真正受欢迎的领导者是教育型的。即凡是跟他在一起的人，都能够从他那里学到很多东西，而他又是用潜移默化的形式教育下属，而非说教的形式。所以，跟这样的领导在一起，能够感觉到他很尊重我们，我们能从他那里学到很多的东西，又不会感到很大的压力，这就叫如沐春风。如沐春风的教育型的主管当然最受欢迎。

其次是民主型的领导。事实上领导要民主，还不如扮演一个教育者的身份，当然你要有足够的条件，才能够成为教育型的主管，否则能够做到民主型已经很不简单了。所谓民主型，就是主管能够听取下属的意见，让下属有足够的参与机会，同时让下属感受到尊重。这种领导方式也是大家喜欢的。

再次是不干涉型的领导。中国人的特点是，你不干涉我，我反而不好意思不认真，你放手让我去做，我反而会尽力。所以不干涉型并不是主管不负责任，而是他有一套本领，才敢不干涉，才敢放心。这种不干涉型的领导者也比较受欢迎。

然后是主导型的领导。所谓主导型，就是主管站在前面带领下属去工作，也叫做以身作则。以身作则不是说在工作方面，不是指工作方法，也不是指工作本身，而是品德修养和工作态度方面。

最后是独裁型的领导。这是最不受群众欢迎的领导，因为主管样样要独断独行，其他人完全没有责任，反正叫我东我就东，叫我西我就西，这样会破坏整个组织气氛。

自发领导可以创造良好氛围

领导行为虽然多种多样，但一言以蔽之，领导行为有强制的，也有自发的。强制的领导也叫做外在领导，领导者以某种心理威力加在被领导者之上，让他们害怕，强迫他们接受我们的领导，按照我们的预期去执行。相反的就是自发的领导，即内在的领导。领导者使被领导者在一种没有危险、没有压力的状态下，自动自发地产生某种进行活动的意愿。

从心理学的角度讲，人对自己的决定是最乐意服从的，一个人的心在哪里，他的人也在哪里，所以人们都是喜欢自发性的领导。同时社会上的风气越来越趋向民主化，自发性的领导也是一种趋势。领导者最好是扮演协助者，“我是帮助你的，不是指导你的”；或者激励者，“我是鼓励你的，不是来监督你的”；或者困难的排除者，“你有困难我们一起来排除”：这样就能促使大家自动自发。

> 我每次到统一企业去，接待的人都会对我说：“你听到楼上的笑声了吗？那是我们高总经理的笑声。”高清愿的笑声可以从四楼传到一楼，可见他的笑声之大。他为什么要笑得这么大声呢？实际上他是在制造一种气氛，希望员工们很和谐，心情愉快。所以他在协调气氛方面是很用心的，为的是使每个员工都能够在统一企业做事的时候，感觉到自己是大家庭的一分子，而不是被雇用的，做苦力。让员工感觉到企业就是家，员工当然要承担家庭成员应承担的责任。
>
> 高清愿先生非常希望达到这种家庭的氛围，因此他要求各级主管以及普通员工要互相协助。他说，怎样划分工作只是一种形式，大家彼此互助才是最要紧的。所以统一除了一些像禁止赌博这样的规定外，基本上没有什么禁忌。高清愿先生要求各级主管要切实做到以身作则，比如要让员工不迟到早退，主管就不能迟到早退，要让员工诚实，主管就不能骗员工，等等。至于工作方面，应该尊重每一个专业人才，让他们去发挥能力。高清愿先生的这种要求，对于统一的士气提升有很大的帮助。良好的士气可以带动生产效率的提高，降低成本，使得一切的业务能够顺利开展，所以统一有良好的风气跟高清愿先生的笑声有相当密切的关系。

中国人对领导的说法，比较偏重艺术方面。主管与下属之间，如果把对方当朋友看待，你给我一份情，我给你一份情，这种私人的情谊将来会对领导产生很大的帮助。对于同事和下属，我们要有礼貌，有风度，有气量，该赞赏的时候就赞赏他，该鼓励的时候就鼓励他，保持适当的亲密。适当的亲密，就好比开车时的安全距离。我们不能完全跟下属打成一片，打成一片没有错，但要是看不出谁是主管谁是下属就过分了。所以我们跟下属打成一片时，最起码要做到，我们脸色不好看的时候，下属会警觉。

我们要常常跟下属交换意见，大家一起来谋求改善。在交换意见的过程中，了解他们的工作，确定他们的价值，使他们受到激励。这才是我们真正的领导行为。我们还要从现状的检讨当中不断地简化工作，下属有不安的地方要接受他们的申诉，他们有什么抱怨，要好好地去了解。这样就可以创造良好的工作气氛。一个企业如果工作气氛良好的话，就可以令人感到它的领导是非常有艺术的。

民主时代也需要强势的领导

民主时代到底需不需要强人？强人到底好不好？中国人始终是矛盾的，有强人的时候，感觉强人好像太强了一点，什么事他都管，万一管不好怎么办呢？可是一旦没有强人，我们却又希望有一个强一点的人，不然的话谁说话算数呢？实际上我们也不必这么担心，因为民主时代的领导者，也会有充分的能力，能够很好地发挥自己的智慧与力量，而且还会活用各种资源。同时他又有很远大的眼光来分析问题、解决问题，这种人当然是一个强势的领导。

在民主时代，一个领导者比专制时代所需要的能力还要多一点。下面六种能力是民主时代强势领导者必备的条件：

1. 预测力。对未来要掌握，因为一个领导者需要对未来负责，如果未来的变化他完全不了解，那谁会信服他呢？可是预测还是要借助专家。所以一个领导者要有眼光分辨谁是真的专家，并把真的专家请来，虚心地听取专家的意见，做到这一点，就有了足够的预测力。

2. 判断力。一方面要依据数据，另一方面要凭自己的直觉，一个好的领导者要重视数据，但是不完全被数据所控制，还要有很好的直觉，可以判断数据所不能表现的东西。

3. 果断力。果断力就是我们常说的有气魄，如果一个人对未来很了解，又能够判断，他就非常有信心，就非常果断。

4. 创造力。所谓创造力就是个人的才气，我们常说一个人很负责，很努力，但是好像才气不够。越是高阶层的领导者，越需要个人有才气。

5. 亲和力。如果一个人非常神气，神气到别人根本不接受他，这个人就缺乏亲和力。如果一个人很神气，而大家又能够接受他，这个人就有很大的亲和力。

6. 沟通力。所谓沟通力，一般人很喜欢讲说服力，我一再强调不要存心说服任何人。我们建立自己的声望，有了足够的威势，使大家有信心，我们讲话别人自然会听，这不是说服，是沟通。

虽然一个强势领导要有能力，但是也要注意：第一，要懂得深藏不露，即不应该露的时候就不要乱显露，不要时时刻刻都表现得有能力，那样别人是不服的。第二，要有威势，但要备而不用，不用处处显示出自己很有威势。第三，要有魄力，但是要胸有成竹，否则，将来一旦结果不好，你的魄力就破产了。

强势领导者一定要能够充分了解人的性格、人的行为，能够明察秋毫，并且拥有特殊的魅力。绝不能盲目发号施令，强迫别人听从，或者讲话的时候用很强有力的手势，用很果断的声音，这都是没有什么用处的。那样只会使你变成一个专制的魔王，不是强势的领导。专制魔王，在专制社会，也许别人会怕他；在民主社会，人家会感觉到他虚张声势，根本没有实力。

民主时代所需要的强有力的领导，要有很丰富的内涵。对于下属来说，主管强有力比较好，客气不是福气。跟着客气的主管，最后可能什么都没有学到，反而害了下属。对下属的任何行为都采取怀疑态度的主管，是过分重视人际关系，而忽略了工作绩效，也不会受欢迎。有些主管很奇怪，心想：“我对下属还不够关心吗？为什么他们对我的话好像不当一回事？”这是因为他们感觉到你不够强有力，你的实力不够。下属往往希望有一个强有力的主管，在自己有错误的时候能够得到纠正。问题是怎样纠正呢？人都希望有面子，你纠正到让他没有面子，他就反感。你纠正到他非常有面子，他心里面很佩服。能够把柔和刚融合在一起，是塑造强有力的领导必备的条件。

我们为什么害怕强人？因为强人多半会犯一些毛病，像专制、讨厌批评、不喜欢讨论。相反的他又喜欢别人逢迎他，一切照他的意思去做。时间一长，大家就会发现没有办法跟他沟通，有些事只好偷偷去做，做了以后又害怕他知道，因此就开始隐瞒，种种不好的行为就被迫形成了。所以强人如果能够民主，民主时代还是可以有强人，只要强人不厌恶批评，很喜欢跟人讨论一些问题，又可以接受别人的意见，能够检讨自己，这种强人我们不但不讨厌，还很喜欢。强人就是强得让大家有面子，而不是强得让大家没有面子。如果强到大家都服服帖帖，唯命是从，那整个组织气氛就会变成阴森森的。人们在强人表达意思之前，一定会研究怎样去讨好他，这样一来人们根本不会考虑企业的利益，只想满足强人自己的意见。

一个强人如果专制、霸道，就会使得很多原本很热情的人变得冷漠，原本很有能力的人变成袖手旁观，大家通通把精力用在研究内部人上，忽略外界的需求，这样一来整个企业迟早会崩溃。姜子牙曾指出，一个领导者要柔而静，恭而敬，强而弱，忍而刚。柔而静，是指你要和蔼，即使是强人，但是态度和蔼可亲，可以很冷静地判断是非。恭而敬，是指对别人要尊重，人家尊重你，因为你很强，可是你要了解，就是因为人家尊重你，你才会强，所以你也要给人家适当的尊重。强而弱，是指你权势很大，但是你的性格最好柔和一点。忍而刚，是指你要很谦和，忍耐性强，但是又很刚直，很勇敢。这个看起来是矛盾的，实际上是一种融合。

可是一般人更相信韩非子所讲的话，韩非子一直主张有权势的人不要把权势借给别人。你为什么会强？就是因为你有一些权势。如果权势不发挥出来，或者拿来借给别人，那你就没有权势，地位就会受到威胁。其实强势的人不表现强势，人家还是看得出来，所以不要急着表现你的强势，反而能够得到别人的认同。

强人要面子，跟强人沟通的时候，一定要顾虑强人的面子；下属也要有面子，所以强人跟下属沟通的时候也要尊重下属的面子。这样彼此都尊重对方，自然会顾虑到彼此的立场。这样的强人就会受欢迎。

强人专制有什么不好？第一，会使得你的手下完全听话，最后没有自发性，他只会在那里等，一切唯命是从，自己从来不发挥创造力，这样一来很多人才会被埋没。第二，人才外流，这也是前一点的最终结果。大家一看惹不起你，也没有耐心在这天天看你的脸色，天天跟你顶嘴，干脆离开算了。第三，组织没有活力。大家都不动脑筋，都坐在那里等命令，推一下动一下，这个组织没有任何活力可言，会逐渐腐化，使得企业逐渐衰退。

姜子牙已经指出，一般的人会失败，就是因为见善而怠，时至而疑，知非而处。见善而怠，即一个强人只顾自己面子，明知道下属提出的是好主意，但是因为下属的主意比自己的好，就感到没有面子，所以不支持下属，甚至有意刁难。时至而疑，即时机已经来到了，但是你心里面犹豫不定，怀疑有人作弊，怀疑会上下属的当，这样就不能让你的下属发挥能力，也会错失良机。知非而处，即明知道自己是不对的，但是还要坚持下去，一错到底。一个强人如果明知道是好主意而不大力支持，明知道时机很好，却犹豫不定，明知道是错的，还坚持错到底，就是权力腐化的证明。强人专制，最后会使得上下彼此钩心斗角，产生信任危机。下属会产生这样的心态：你有权，你不给我好处，我当然就埋怨你。你可以做得到的，你偏不做，可见你对我不好，所以我就感觉不公平。这样长久下去，组织就会分崩离析。

民主时代需要强人，强人一定要允许下属有力。怎样判断下属有没有力呢？看他有没有班底。很多领导者因为一个人没有班底而重用他。这基本上没有错，因为一个人太早有班底，你重用他以后，他会始终牢牢守着这个班底，变成一个小圈子，没有办法用更多的人。一个人如果没有班底，而他本身又有才干，是可造之材，就应该提升他。但是他当了干部以后还没有班底，就表示他在组织方面，在领导方面是有缺失的。作为一个强人，你要允许干部有班底，这样他就能把事情做好，这也是强人之所以强的基础。

因此我们扩展到中国式的创业方面。很多人觉得创业一定要离开原来的企业，到外面去另起炉灶，这才是中国式的创业，其实只说对一半。中国人在很多事情上都是兼顾的，你自己出去当老板是创业，你在原来的老板手下开一个分店，或者你创立一个部门，这也是创业。在旧社会，一个人从小拜师学艺，他的师父一手把他带大，他也很敬重师父。到了某一天，师父突然把他叫来说："你已经18岁了，在我这12年了，我现在在东街又给你开了家分店，从下个月开始你就去那边当老板。"这才是中国式的创业。所以你可以当老板，我就扶持你当老板，你不适合当老板，我就让你当干部。各人有各人的才华，有不同的表现场合，不要强求一致，这是非常有道理的。

在内部创业方面，我们先要允许一个人有班底，他的班底越大，他所负的责任越重，他的部门人员就越多，甚至他的预算也越大，这样他就等于开创了基业。只要老板能够允许重要的干部拥有强有力的班底，能够发展干部自己的构想，建立他自己的事业，我想他就已经创业了。宏碁实际上就是采取这种方法，只不过它是向下发展，而大多中国人是向上发展的。中国的老板一般是在最底部，老板支持干部，干部再支持他的班底，这样逐渐地向上开花结果。宏碁根据自己的情况，反其道而行之。方向稍微有一点不同，但是基本精神是一样的。

用脸色管理让下属自动自发

人们常说，管理是通过别人的手来完成工作。这句话基本上是对的，但是也害死很多人。很多人没听过这句话时，事必躬亲，做得很多。但是听了这句话以后，认为自己不能做，否则就不叫做管理，所以就变成什么事都不做。一个人由事必躬亲到什么事都不做，这是两个极端，都是错的。这句话我们要小心听。每个人多少自己做一点事情，同时也要通过别人来完成一些事，只是在比例上不同而已，完全自己做或者完全让别人来做都是错的。

这个比例是按照管理的三个阶层来设定的。比如基层，大部分时间是在做事，所以在做事的比例上，应该是整个企业里比例最大的。如果基层还要说通过别人来完成工作，真不晓得他要通过谁。比如一个技术工要装零件，当然得他自己去装，而不能再通过别人。所以基层做事的成分最大，管理的成分最小。但是基层除了做事以外，还要具备改善的意识。虽然天天在做事，但不要闷头去做，也要动脑筋想想，有没有办法做得更好。基层做到这点就差不多了。

中层干部，要动脑筋去想一些事情，也要真正动手去做一些事情，要费脑筋把人的问题解决，同时还要有本领让他的下属去做事。可见中层干部的情况复杂一点，一方面要动脑筋解决问题，另一方面要动手做自己应该做的事情，还要让别人去做事情。

高层主管，大部分都是在动脑筋、动嘴巴，很少动手。动脑筋想怎样安人，怎样找到人才，怎样让下属去解决问题，怎样把紧急的事情交办下去。高层主管所做的事情没有一样是具体的，没有实际的行动。

所以越是高层，经由他人之手完成的比例越大；越是基层，经由他人之手完成的比例就越小，甚至普通员工完全是自己动手来完成工作的。

各级领导者要按照这个比例来调整自己的工作。比如车间主任，要不要自己做事情，得看具体情形。如果工人们都很熟练，他们做的事情都很固定，车间主任不需要坐在那里监督，不如做一些诸如排除故障、保养维修之类的活计。假定车间的工作很繁杂，必须有一个人监督生产线，那车间主任就不需要做事情，只负责巡视生产线，解决临时发生的问题就好了。中层干部最好把自己做事的部分稍微减少，把经常性的事务都推给下属去做，自己只做一些偶发的事，同时动脑筋想一些解决方案。高层主管越少动手越好，多动脑，多去安人，因为安人的工作越来越重要了。

主管应该有权势，但是尽量不要运用，最好用脸色来管理，这是中国人最常用的方法。主管要培养下属学会观察自己的脸色，主管用脸色来管理，让下属自动自发，这才是艺术的表现。因此我们有三点具体的建议：第一，主管平常要和蔼一点，不要老是板着脸，你经常板脸，人家想看你的脸色也看不出来。第二，不要翻脸太快。翻脸比翻书还快，会让下属来不及调整，就显得奸诈阴险。第三，要考虑到下属响应的时间，给下属一点时间，他才能够看到你的脸色，然后自己去想办法调整，他调整过来后，你的脸色缓和下来，他就知道事情已经过去了。如果再给他一些鼓励的话，他就知道以后要自动自发才不会挨骂。所以觉得脸色管理不好的人，是他自己拿捏得不好，而不是脸色管理本身有什么问题。

太过重视口语上的沟通，实际上是行不通的。若发生什么事情都要讲出来对方才知道，但你一讲出来，对方又感觉到不愉快，怎么解决？比如一个司机开车很快，你坐他的车，直接批评他的话，就很危险。你要么不坐他的车，既然坐他的车，又嫌他这嫌他那，他开车时情绪就不会好，那最后谁倒霉？出了事你根本逃不掉的。那碰到类似的事要不要说出来？不能一概而论。人与人要长期在一起，你样样都说出来，你不说的时候他反而不知所措。不如让他养成主动看我们的脸色习惯自己调整得好，当然这并不意味着我们要给他脸色看，而是用脸色暗示他，这样做不对。他看到后自动去调整，然后我们把脸色改变过来，这有什么不好？

当然我们也不反对发号施令的领导方式，所以将领导方式分成正常式跟非常式。所谓正常式，就是说时间允许，就全力支持下属，让他从自动自发中去磨炼自己，这样一来，我们就可以把指挥、监督降到最少，而把协调发挥到最高。但是事情紧急的时候，我们也可以行使指挥权，也可以发号施令。这样一来就两边兼顾，一个人能柔而不能刚，或者能刚而不能柔，都是不对的。

有很多人认为中国人是好好先生，就不能发脾气，中国人讲究人和，就不能有异议，中国人重视人际关系就没有办法兼顾工作绩效，这些观念应该彻底改过来。我们重视人际关系的目的是要提高工作绩效；我们对人柔和的目的是希望能够很强硬地坚持我们的原则；我们做好好先生，是希望事情能够做好。如果做不到二者兼顾，那我们就很危险。我们一再被骂成“和稀泥”的民族，就是因为我们没有兼顾。所以正确的做法是，以圆满完成任务作为领导的基本目标，从这个角度来顾全大家的面子，一方面让大家愉快，另一方面又能实现目标，这就是刚柔并济。刚柔并济还不是最高的境界，如果让大家主动地来看你的脸色，主动地调整，你虽然刚，但是不用表现出来，用很柔和的方式就可以带动大家自动自发工作，这才是真正自动自发式的领导境界，也是中国人最喜欢的。

第二节 圆通领导就是合理推拖拉

企业刚成立的时候，谁也不会想到制度不制度的问题，但是企业发展到一定程度后，就会产生一些需求，希望有一些秩序，大家才不会乱糟糟的。这些需求最好确定下来，不要朝令夕改。如果企业里面有了这种需求，就是制度化的先兆。不管是方针、政策、流程或者计划，被制定以后，就叫做制度化。

制度化好不好，暂且不去分析，只是说制度化以后，就会发现，本来用来当做手段的制度，在不知不觉当中会变成目的。譬如说，规定你要在材料申请单上签字，目的是让你去检查一下所用的材料合不合适，但是后来你会认为签字就是目的，而不去看材料合不合适。如果一个企业把遵守制度当做最重要的事，那么这个企业已经官僚化了。制度化很容易走向官僚化，因为大家会把手段当做目的。

企业若是以遵守传统、习惯、规则、办法、制度为目的，必然会保守，必然不敢突破，一切照规定，不能适应环境的变化，久而久之企业就会衰退。从没有制度到有制度，从制度化到官僚化，从官僚化到僵化，从僵化到衰退，这是很危险的过程。任何企业稳固之后，它对外的竞争力当然加强了，可是它对内官僚化的情况也跟着严重起来。我们发现管理层级过多，每个人都想逃避责任，不是往上推就是往下推，或者往左右推。同时每个人又很想追求自己的权力，总希望权力再大一点，可以为所欲为。这时候大家全心全意利用组织的盲点来谋取个人的私利，把自己的所作所为都看做正当的，此时制度就变成了人们的挡箭牌：对我有利的，就说这是制度的规定，对我有害的，也推说是制度的规定，而不是我不去做。这样一来，制度就会变成一点弹性都没有的东西，把每一个人都绑得死死的。这就是制度的坏处。

制度化一定会产生一大堆的规则，制度化也要求大家按照这一大堆规则去做事，于是不管发生任何事情，大家都说“没有办法，制度是这样规定的，我不能违反规定”。如果找不到相应的制度呢？就说一向都是这样做的。要么推给规定，要么推给传统。如果我们再要求平安无事，那最好就是不违反规则。这个时候我们就把业绩看得比较轻，“业绩不好我也没有办法，我遵守规则，不违反规则最重要”，这就叫做官僚作风。官僚作风最大的目的是保护自己，用规则来回避责任，“这是规则的责任，不是我的责任，与我无关”。一切照规定，大家都很愉快，都很顺利，可是企业就会突然遭遇到致命的伤害。这也是一种“和稀泥”的表现。

中国人不可以盲目推拖拉

我们如果喜欢制度化，就要避免官僚化。我们常说，中国人自己保平安最要紧，怕负责任，怕吃亏，又喜欢占小便宜。要满足这些需求，我们很自然地发展出一套所谓的“推拖拉”的本事。一推一拖一拉，责任都推到别人身上去，好处都拉到我身上来，就能满足我这种又不想负责任，又占小便宜的心理。

很多人对推拖拉一直非常厌恶，反感这种碰到事情总是议而不决，决而不行，敷衍塞责，最后不了了之的行为。我最初听到这样的话，觉得中国人就是这个样子，懂得推拖拉以后，觉得有这种看法的人其实不了解中国人，他把自己看得很高，把别人看得低。这里的“别人”，只是不包括他自己的中国人，而不包括外国人。中国人一看到外国人总觉得外国人行，一看到中国人总觉得中国人不行，但是我除外。我们千万不要跟着这些不明事理的人来指责中国人的推拖拉。

试问，不推不拖不拉，到底能不能行得通？有一个主管曾经对我说：“我带了二十几个人，其中有一个人，凡是新的业务、新的工作他都抢着做，他不推不拖不拉。”我说：“别人都是跟我抱怨下属推拖拉，你现在很幸运，碰到一个不推不拖不拉的人，你苦恼什么呢？”他听了以后也愣了一下，说：“这个人什么工作都抢着做，但是没有一件事情做得好。”一个不推不拖不拉的人，把工作抢去做，又做不好，可见推拖拉也有好处。我常常问别人：“主管给你分配工作，你马上就接受对不对？”他想了半天，不敢说对，也不敢说不对。我再问：“如果主管交给你工作，你推拖拉，这样对不对？”他还是不敢回答。可见主管交给我们工作，我们推拖拉不对，不推不拖不拉也不对。

举个例子，有一个工作，主管打算让甲做，可是看到乙在旁边，而乙又比较资深，不尊重一下乙，实在说不过去，所以他就说：“乙先生，请你帮忙好不好？”乙如果不推不拖不拉，主管就觉得很奇怪：“你到底会不会做？我只是稍微尊重你一下，你就真的要去做，那你叫我日后怎么对待你呢？”我们常常骂人家推拖拉，但是我们有没有想到不推不拖不拉有时候也会闯祸。假如主管跟乙说：“这个事情拜托你，好不好？”乙说：“我能力不足，恐怕不行。”推拖拉一下，主管又说：“我看你也挺忙的，不如我们让甲做，你觉得怎么样？”乙当然赞成。那这件事还是交给了主管心目的人选去做，而乙又不伤面子，不是大家很愉快吗？有人会觉得，何必这么麻烦，直截了当给甲做，根本不要理乙，不是更好吗？这样当然容易，可是乙的心里一定很别扭：我比他资深，你连尊重我一下都没有，可见你心目当中根本没有我的存在，那我以后还给你做什么事情？

中国人不可以盲目地推拖拉，毫无道理地推拖拉，害己也害人。但是中国人不能不会推拖拉，如果连推拖拉都不会，你算什么中国人？这话不是开玩笑的，一个中国人连推拖拉都不会，连做中国人的基本资格都不够。讲这种话当然是冒险的，因为现在大家都在骂推拖拉，所以还要再进一步说明。

中国人喜欢圆通，圆通就是合理地推拖拉。中国人最讨厌圆滑，但很喜欢圆通。圆通跟圆滑到底有什么不同？从表面上看，圆滑就是推拖拉，圆通也是推拖拉，但实质上不一样：推拖拉到最后，没有解决问题，叫做圆滑；推拖拉到最后，把问题解决了，那就是圆通。推拖拉到不合理的地步叫做圆滑，推拖拉到合理的地步就叫做圆通。圆通就是圆满地分辨是非。中国人是很有是非观念的，但是中国人都表现得含含糊糊，没有什么是非观，就是因为我们希望分是非要分到彼此都有面子的地步，大家都很圆满，这叫做在圆满当中分是非。一个人如果能够做到这一点，那么他就很圆通。

推拖拉必须具备三大功能

推拖拉不但没有坏处，而且合理地推拖拉能发挥很大的功能。第一个功能，推拖拉是推给合适的人，一般人误认为推拖拉就是推给别人，或者把好处往自己身上拉，把坏处往别人身上推。其实推拖拉最主要的目的是推给合适的人，谁合适就推给谁。因为不合适的人来担当任务，最后一定做不好，还会把时机耽误掉。有很多人自告奋勇，最后做得一塌糊涂，这种人最可恨。因此我们在不晓得谁最合适之前，一定要推一推，拉一拉。推给合适的人，这是非常正确的做法，千万不要存心推给别人，或者留给自己，存了这个心思，就是虚伪的推拖拉。

第二个功能，用推拖拉来寻找解决问题的方法。中国人推拖拉，是争取时间来充分思考怎么做才最合理。

第三个功能，可以弱化竞争的气氛。大家都不推不拖不拉，就变成竞争。一件工作抢着做，抢不到的人一定很生气。用推的，推掉的人很高兴。这完全是心理作用，我要抢，抢不到一点面子没有，我要推，推掉了很愉快，不会没有面子。盲目地争未必会得到合理的结果，礼让的话，由于没有压力，反而比较容易找到合理的结果。所以推拖拉可以使得大家更和谐。

可见，我们以前的错误就是搞不清楚为什么推拖拉，总以为推拖拉就是把坏处推给别人，实际上谁都不傻，你要推给人家，人家也会推给你，永远推不掉。假定我该承担的，推了半天还得承担下来，就叫做当仁不让。有好处我当仁不让，有坏处我也当仁不让，会令大家都佩服。我们以前认为推拖拉只是一个虚伪的形式，意思意思就算了，不懂得争取时间充分思考，所以就失去了大好的机会，以后一定要把它改过来。中国人不是不懂得竞争，而是我们都知道竞争到最后会变成恶性竞争，所以用推拖拉减弱竞争气氛，也是很重要的。

合理推拖拉更具有影响力

推拖拉如果做得很合理，对我们就会有很大的帮助。千万不要因为厌恶推拖拉，就把所有推拖拉都看成是坏的。我们要善用推拖拉来发挥我们的影响力。如果我们一本正经地叫下属这样那样，他就会排斥。假如我们用推拖拉的方式，他不会感觉到压力，反而更容易接受我们的意见。因此用推拖拉来发挥我们的影响力，是一个相当好的方法。我们现在把它分成下对上的、上对下的、平行部门之间的，来说明一下。

为什么把下对上的推拖拉排在前面呢？因为我始终认为一个人如果跟上面都处不好，那他不可能是一个好主管。倒过来说，一个人要先做好下属，然后才有希望做好主管。怎样做好下属，是最重要的。

1. 交办的工作不要马上接收。就是说，主管交给我们去办的工作，不要马上答应下来。稍微推一下，看看主管是不是真的要交给我们办，这样比较保险。如果是假的，我们马上接受，主管就很难过，因为他根本不相信我们，只是客气一下。所以主管给我们工作，推说自己忙，或者能力不够，或者没有经验，主管马上收回，那我们就很庆幸，免得大家都难堪。如果他说："你不要客气了，你经验很丰富。"这样一两次下来，我们就知道他是真心让我们做，那就接受。

2. 有比较大的功劳马上推给主管。一个人能够把责任留给自己，把功劳推给主管，这个人很有前途。最怕的是跟主管抢功劳，我们根本抢不过他，因为他的权势比我们大。我们要是把责任推给他也推不掉，干脆把责任留给自己，把功劳推给他，这也是一种推拖拉。

3. 有过失向自己身上拉。除非刑事犯罪，我们没有办法替他顶罪，一般的过失由我们来承担，应该是相当明智的抉择。比如这件事情做错了，明明是主管的错，我们也要承认是自己的错，这样的话，主管就会说："这怎么是你的错？根本就是我的错。"他就很容易把责任承担起来。如果我们一开始说是主管下错了命令，那他一定说："我的命令哪里有错，分明是你看错了。"所以有过失我们拉到自己身上，主管往往会把我们拉开，不是他来分担一点，就是推给别人，对我们反而有利。

4. 主管奖励时我们要谦虚，要推迟，要常说"不敢当"、"惭愧"、"过奖"，这样的话主管还会不断地给我们奖励。如果主管给我们奖励，我们马上说"谢谢"，主管心里就会觉得好笑："我只是给你一点面子，你还当真了。"以后就不会给你奖励了。

5. 有意见要先试探一下，看看主管的反应，然后调整自己的说辞，甚至让比我们更合适的人去说。向主管提意见，我们要稍微推拖拉一下，看看有没有比我们更合适的人，如果有，为什么不让他去说？如果有更合适的时间，为什么要现在说？

6. 真正紧急的时候不妨挺身而出。所以紧急时有紧急时的要领，不要一味地用平常那套做法，否则就是没有权变。紧急的时候挺身而出，平常的话会推拖拉，这样的话主管会认为我们不是想出风头的人，反而会相信我们的工作态度是实实在在的。到底谁在作秀，谁是真正做事，完全看平常跟紧急时有没有分开来。什么事情都抢着做，这个人一定是在作秀。该推的推，该拉的拉，这个人就很实在。

下对上要推拖拉没有错，上对下同样要推拖拉。怎么推拖拉？有五点建议：

1. 有答案不要马上说出来。主管如果很快就给下属答案，下属就不会动脑筋去想。你给他越多的答案，就越害死他。所以主管不能没有答案，但是不要把答案直接说出来，要让下属去寻找，变成他的答案，对他更有利，而对你也更有帮助。当下属问主管某件事情该怎么办，主管说“你看着办”，好像是主管不负责任，专门推拖拉，其实是为下属好，让他找答案，他才会用心，才会动脑筋，才会获得完整的经验。如果样样都告诉他，他就养成等待的习惯，不会思考。从这个角度说，主管很有魄力，结果反而是害人的。

2. 主管不要直接推荐人才。如果你要给你的下属推荐一个人，他即使有一百个不愿意也不敢讲出来。要想推荐人才，可以通过别人，让下属自己去判断，同时他要负一切的后果。这样的话，你给他介绍好的人，他还是能知道是你介绍的，心里会觉得：这个主管很好，介绍这样的人给我。如果不好的话，他也会说“这个主管很好，他不敢介绍给我，是我没有看清楚”。

3. 不要直接提出诉求。主管把诉求放在肚子里面当做腹案，让下属主动把自己的诉求猜出来。我们常常讲中国人很多事情不讲清楚，让下属去猜。我想在一定的情况之下，这也是很好的做法。

4. 不要提示心中怀疑的地方。你心中有什么怀疑，如果马上问清楚，下属会受不了，他会认为你连这个都怀疑，是对他没有信心。主管有怀疑但不说出来，下属就会主动说明。说明以后主管就会明白事情原来就是这样，幸好没有问，否则他会很难堪的。相反的，主管常常去问自己怀疑的地方，下属为了掩饰事实，他就要扭曲，就要造谣，就要欺骗，反而养成很多坏习惯。

5. 紧急的时候一定不要推拖拉，这是不变的原则。上述的几点情况不适合紧急的情况。中国人常常讲这个人有两把刷子，所谓两把刷子，一把刷平时，一把刷紧急。平时你尽量合理地推拖拉，紧急时挺身而出，当仁不让，这样就兼顾了。

平行部门怎样推拖拉？我们有六个建议：

1. 把好处推给对方。中国人讲究彼此彼此，你把好处推给对方，对方自然推回来，这样一推一拉，两边就得到平衡了。有好处拼命往自己身上拉的话，对方也一定来抢，说不定还会整个拉过去，你一点都没有了。无论结果怎样，都会形成面红耳赤的局面。

2. 把责任留给自己。如果你真的有责任，反正跑不掉，你也不用怕。假定没有责任，对方反而不好意思，也承认自己有责任，这样比较容易协调。

3. 把任务推回原处，就是把不是自己的工作推到原部门。我们千万记住，分工是组织的一个重要原则。孔子说“不在其位，不谋其政”，说的就是这个道理。各人自扫门前雪，不管他人瓦上霜，严格讲起来是没错的。但是我扫完我的门前雪，可以帮助你来铲除你的瓦上霜。而不能自己门前有一大堆雪，偏偏帮助你去扫瓦上霜。一个人如果把自己的工作做好，还有能力去帮助别人，我们非常赞成。如果这个人专门做他不应该做的事情，应该做的事情反而没有做，这个人非常值得怀疑。懂得把任务推回原部门的人，比较尊重制度。但是他又会协助别人，就表示他没有官僚主义。尊重制度，而又不官僚的人，是我们最欣赏的。

4. 把机会推给比我们更能干的人。把自己可能得到的机会推给最合适的人，说明他胸襟广阔。一有机会就抓住不放，明知道自己做不好，还说要向工作挑战，这种人的私心大家都看得出来。

5. 把力量推给对方。把我的力量推给对方，变成他的助力，而不是形成他的抗力，这样的话他会安心地接纳。这样把大家的力量都推在一个地方，集中起来就能发挥更大的作用。

6. 必要的时候当仁不让，让到最合理的地步，这当然很难拿捏，所以要好好去磨炼。

总结起来，用推拖拉来影响上下左右，就能发挥影响力。充分发挥推拖拉的积极性和功能性，虽然方式比较柔和，但是力量是无穷的。用推拖拉来影响我们周遭的同人，使他合理地改变，就叫做圆通的领导。当然，必要时也需要独断独行，不能样样都推拖拉，但是独断独行有两个必备的条件：

其一，你要根据以往的方针。当机立断，要有根据，以往都是这样做的，你当然可以这样做。根据以往的方针，是指情势发生变化时我们应该随机应变，但是不管情势怎么变，我们要独断的时候都不可以违反既定的方针。方向不能变，行程可以变。目标不能变，过程可以变。根据以往的方针，衡量当时的情势，当断而断。也就是说，我们事后要有解释的能力，有充足的理由支持自己的行为。不然的话，我们就挡不住别人的指责，当别人说我们趁机搞自私自利的行为，我们能举出具体的理由反驳，就行了。

其二，马上报告。就算主管的命令有错，你可以马上改正，但要及时报告，以便让主管了解你当时是因为紧急才这样做的，而不是故意隐瞒，先斩后奏。马上向主管报告有什么好处？万一情势不许可我们按照原来的方针时怎么办？那我们还是要独断。可是我们马上向上级报告，就算事后有人指责我们，上级可以为我们作证。这样大家就安心了，我们做事情也比较顺利。

我们心里不要害怕推拖拉，因为推拖拉其实就像太极拳。会打太极拳的人都知道，打太极拳能强身健体。太极拳看起来很柔和，实际上力量是很大的，而且不用自己发力，完全利用对方的力气打对方。所以我们影响别人时，不要让他看出来我们在影响他，而让他感觉自己在改变，那就是推拖拉最大的功效。

但是很多人打了几年太极拳，身体也不见得好，那是因为他打错了，他没有带动全身的气。带动全身的气打太极拳效果完全不一样。同理，推拖拉本身的设计没有错，只不过后来的人没有掌握精髓，推拖拉了半天，也没有效果。希望大家能够了解推拖拉的真面目，切实负起推拖拉的责任。

一个领导者如果没有责任感，下属是不会敬重他的。人一定要有充分的责任感，领导者也一定要了解自己有责任保证下属把工作做好。领导者为了负责任而推拖拉是正确的，如果为了怕负责任而推拖拉，就大错特错了。以负责任的心态来推拖拉一定很合理，存心要把害处推给别人，把责任推给别人，最后一定是一塌糊涂。既负责任，又懂得推拖拉，就非常符合人性管理的需求。推拖拉的真正目的是引发每个人都为企业尽心尽力的意愿。用强迫的手段只会引起反感，用推拖拉的方式，人们没有任何压力，反而会自动自发，做任何事都可以做得很好。推拖拉到最后如果不能达到这个目的，就要检讨推拖拉出了什么毛病，有什么地方不合适。

同时领导者既然要保证每个下属都能够把工作做好，就应该很圆通地领导。即能够推拖拉到合理的地步，使每件事情都做得很圆满。举例说明，假定你有一个下属，他发现另外一位主管比你更受老板的器重，虽然你是他的直接主管，但是他不听你的话，反而听那个主管的话，你该怎么办？如果你不推不拖不拉，把他叫来骂，有用吗？你骂他，他会否认。你去找那个主管理论，那个主管也会说你疑神疑鬼。你向老板去报告，更难堪，表示你一点能力都没有，连自己的下属都管不了。可见不推不拖不拉，没有办法解决这个问题。若是采用推拖拉的方式，干脆把他找来，说："你在这个部门表现得非常好，我现在希望你多帮我一点忙，你觉得怎么样？"看他的反应如何，他一定说"好啊"。你问他："如果那位主管也给你同样的工作，你会怎么样？"他就会明白你已经发现了他的情况，他多半会自动改变过来。假定他还不改变，你不妨弄一些假情报，让他向那个主管报功，那个主管发现情报是假的，就会把他推回来。

什么事情你直截了当去说，我倒是不反对，最重要的是看效果如何。如果直截了当可以有很好的效果，当然可以用直截了当的方式。如果直截了当不能保证有很好的效果，那我们就合理地推拖拉。一推一拖一拉可以很省力地、快速地，而且大家都很愉快地解决问题，不是很好吗？

第五章
有效执行产生最佳效益

我们要改变心态，把失败的责任留给自己，把成功的功劳送给大家。如果每个人都能够做到这样的话，我相信我们在执行上会减少很多困扰。

第一节 合理计划更需要有效执行

企业的成功是把构想、企划和行动密切结合在一起的结果。如果只有构想，没有企划，也没有行动，那就变成空想。空想太多，不但浪费时间，而且会造成行动力越来越弱。不管你的构想多么美好，你的企划多么生动，如果行动力出了问题，你就不可能有成果。

有些企业始终做不好，因为存在三个毛病：

1. 计划无力，计划时马马虎虎，执行时，想照计划做根本做不了，不照计划做又不知道怎么做。这种完全没有力量的计划会导致一家企业很快倒闭。

2. 没有道德规范，专门从事一些偷偷摸摸的行为，这种见不得光的企业也不可能有多大的发展。

3. 采用陈旧、落伍的经营方式，糊里糊涂地经营。

如果一家企业符合上述三点，根本就不是一个像样的企业，必须有所改变：

第一，要站稳脚跟，作好长期奋斗的准备。

第二，要重视行动，坚持奋斗到底。

第三，要注意形象，遵守道德规范。

再好的计划也需要适时调整

我们中国人一定要了解，我们有计划，但是不可能完全照计划去做，这跟我们的民族性有密切的关系。

假定一个计划定下来以后就不能改了，万一不能够适应环境的变化，怎么办？计划是根据未来的方向去拟定的，但是未来是变化的，计划也得随之调整。改计划并不是坏事，但如果是没有目的地乱改，那就是错误的。如果是根据环境的变化，根据实际需求，把计划变得更好，那我们赞成。改与不改，首先要从两方面来调整：一方面，作计划的人要认真去做，千万不要认为，反正执行的时候会改，所以就马马虎虎。作计划时还是要认真，该怎么计划就怎么计划。

另一方面，执行的人不要存心改，不要觉得："我不改就表示你的计划很完善，就表示你能力很强，我偏要改，叫你没有面子。"

可以不改的尽量不改，因为大家有一个依据，对将来的结果比较有把握。假设非改不可，当然要改。计划与执行双方面来配合，才会事半功倍。

如果没有执行，那么一切都失去了意义。工作就是计划和执行的结合。如果只有计划而没有执行，那便成了吹牛。

企业作计划，是一种实践性的计划，不是为了享受计划的乐趣而作的幻想性的计划。人有时候可以作幻想性的计划，比如说我现在没有钱，幻想有钱的时候，要在哪里建一栋别墅。这种幻想没有关系，我们可以享受其中的乐趣。但企业作计划不是这样。

当一个企业没有资金，没有人才，没有技术，就去作计划，就叫做幻想性的计划。企业应该考虑到，自己有没有足够的资金，有没有筹措资金的途径；知不知道人才在哪里，怎样把人才找来，有多大的把握；技术方面能够提供到什么程度。把这些问题都了解一下，然后再来作计划，计划才比较可行。所以行动中有计划，计划中有行动，行动跟计划能够契合，才是实质的计划。

幻想性计划的共通点

1. 目的太多。你提出一个计划，目的却有一大堆。别人根本不知道你的目的究竟是什么，也不敢相信你真的能够完成，所以就不容易接受。这种接受力很低、目的太多的计划多半是幻想性的计划。

2. 目标过高。目标过高以后，具体执行的人看了以后会心灰意冷，根本达不到的目标，不如放弃。于是这个计划就变成了幻想性的计划。

3. 时间的分配不明确。很多计划要很长时间完成，其中每个阶段需要多长时间，分配不明确，执行的时候就会慢吞吞的，能拖就拖，最后拖成无限期，明明可以执行的计划也变成幻想性的计划。

4. 自以为是。作计划的时候没有根据实际的状况，而是一相情愿地认为一定行得通，也不管执行的人能不能做，反正也不是他自己来执行。

5. 缺乏资金。计划非常好，但是需要庞大的资金，有什么办法呢？钱不是唯一重要的因素，但是没有钱就执行不了，所以望钱兴叹，寸步难行。这就是很多人看到好计划，但心有余而力不足的一种感叹。

6. 缺乏人力。计划所需要的人力条件不明确，不知道需要什么样的专业人才。所以只能边干边停，因为到执行时才知道，这个人不是我们需要的，所以停下来再重新找人。

制订计划时要考虑顺利执行

在作计划的时候，要考虑怎样才能够使得计划顺利执行。

1. 有一个强有力的推动者。

中国人都是很喜欢看老板的脸色做事的，如果老板支持这个计划，大家就比较热心地推动。如果老板觉得无所谓，大家就觉得，我那么热心干什么？

所以有没有一个强有力的推动者，或者说老板支不支持，是计划能否顺利执行的关键。

计划的执行需要很多阶层的人员共同推动，就是说，整体计划有一个总负责人，而部门计划要有部门负责人。老板支持计划，最好找一个强有力的总负责人，由他来负责推动。总负责人最好再去找一个或几个部门的负责人，一起来推动，然后责成各个成员按照计划来执行。如果有什么困难，大家一起研究，同时尽量给予鼓励。需要变更的时候，负责人了解以后，也要督促大家去变更。

2. 要善用 ABC 分类法来执行计划。

所谓 ABC 分类法，就是把一个计划分成 ABC 三大部分。A 部分是非常重要的部分，B 部分是比较次要的，C 部分可能是无关紧要的。当我们要推动一个计划并按照 ABC 分类法来分类的时候，要把最重要的部分留给自己来处理，把次要的部分委任给次一级的主管处理，无关紧要的事情交给下属自行处理。下属也有自由裁决权，自己能做的就充分发挥自主性，重要一点的事就去请教主管。如果他的主管感到这个事情的重要性很高，那么他自然会跟推动者商量。这样一来，真正做到分层负责，每个人都掌握了各个阶段的重点，乐意齐心协力推动计划。

3. 要顺利地执行一个计划，通常要重视三个阶段，布局、造势和圆满。

布局是一个计划能不能顺利推行的关键，我们猛然间提出一个计划，大家如果觉得没有必要，你再怎样鼓吹，他们都会觉得无所谓。比如很多企业都要引进目标管理，老板再三强调，也请了很多人来说明目标管理的重要性以及应该怎么做，但是听的人总觉得，“既然你要我做目标我就做嘛，费这么大的劲干什么”，最后只有形式而没有实际的效果。当老板非常重视的时候，大家会提高警觉，表现得很热心。但是慢慢发现老板也泄气了，大家的气泄得更快，无形中就消失了。这就是没有好好布局造成的。所谓布局，就是并非由老板来推动，而是让大家来推动。如果老板有本领，把一个计划从企业的计划变成每一个人自己的计划，那这个局就已经布得相当好了。

我们常说不能急，不能急不是说不要急，二者的意思并不一样，谁不急？

要推动一个计划总是很急的嘛，急就是积极。但是老板表现出自己很急，那么大家就不急了，这是一个很奇妙的反应。所以有时候老板会说："有这么一个好东西，你们看着办，好不好？"大家自然会看老板的脸色，一看老板好像很重视，可是老板又不明说，大家自己就去猜，自己去表现，这个计划就变成了大家的计划。

布局的方式有很多，比如说老板自己不讲，而是通过各个部门主管去说。把所有部门主管都找来，要求他们在不同的地点，讲同样的话，这也是一种布局。比如老板要推行目标管理，先把第一级主管找来，沟通一下，问问他们的意见。大家自然会看老板的脸色，发表很多赞成的意见。老板说："既然你们都赞成，我们要不要做呢？一切都看你们的，因为是你们在做。"大家一定会说要做。老板接着说："好，既然大家觉得目标管理很重要，而且一定要做，那我们就拟好计划，等我们商量好了以后，在一个统一的时间，由不同的部门主管一起来宣讲。"我相信这样一来就会非常有效。

局布好了以后还要去造势。造势就是要使得每一个主管都支持，使得每一个同事都尽力，换句话说，就是激发成员的最大意愿。使企业计划变成每个成员自己的计划，只是布局，使成员有最大的意愿要执行这个计划，才是造势。管仲说得很好，"定谋虑，乘时势"。定谋虑就是一切要有计划，计划要尽量周全。但是再好的计划，如果不能因时乘势，还是不会成功。所谓因时就是看准时机，所谓乘势就是我们把有力的形势尽量创造出来。所以，造势之后要有办法乘势，乘势才有办法推动计划，使其顺利地完成。

各部门主管约定好在同一个时段一起来宣讲，如果讲完就算了，那只是有局而没有势。讲完以后，各部门主管再去召集自己的干部，让他们再去沟通，这样一层一层推下去，然后一层一层把意见反映上来，就可以把势造得很旺，使大家都有很大的意愿。这个时候我们告诉员工方法，员工自然会去做，做得好再给他们一些鼓励，这样计划就可以很顺利地执行。

最后一个阶段是圆满。我们布好局、造好势之后，计划执行得如何，还要靠各级主管去调整。比如说，目标管理实施得很好，如果再进行适当的奖励，自然士气更旺，将来会做得越来越好。如果有的部门做得好，有的部门做得不好，只奖励好的，打击不好的，那么做得不好的部门就容易破罐子破摔。这样一来，也会影响整体的目标。

圆满，就是使大家都有面子。奖惩不是单纯地奖功惩过，真正会奖惩的人能够使不好的人变好，使好的人变得更好，这样大家都好，才有面子。所以计划的执行力求圆满。因为这一次的圆满就使得下一次的计划能够顺利推行。

计划失败并非执行者不努力

我们每一次检讨的时候，都会觉得计划执行得不够彻底，效果不如预期的那么好，原因常常归结为两个：

第一个，我们都认为中国人敬业精神不够。

第二个，我们都认为中国人品质观念不够。

这是我们到处都可以听到的论调。实际上，了解一下实际状况，就会发现，上述的原因并不准确。中国人不认真吗？你随便去问一个中国人：“你认真不认真？”答案都是“我很认真”。比如我们去邮局，邮局的服务人员一边聊天，一边给我们办理业务。这样算是认真还是不认真？很多人会认为这是不认真的，服务人员既然替我们办事，就不应该聊天，而是规规矩矩地接待我们。那么，再问一个问题：“如果不让聊天，只能规规矩矩做事，拿这样的待遇去做那么繁重的工作，你愿意吗？”答案多半是“我不愿意”。如果真是这样，邮局的人恐怕都要辞职了。

可见我们有点矫枉过正了。我们完全站在自己的立场来看别人，就没有想到，如果他们的工作中没一点情趣，这个工作如何做得下去。何况，中国人从小就培训一心多用，不像美国人是一心一用的。美国人常说：“我只能做这件事情，你要跟我讲话，等我把事情做完再讲，否则我就不专心。”我不晓得中国人喜不喜欢这样的人：你跟他讲这个工作，他就只能听这个工作的，你有事情要走了，交代他下一个工作，他不能接受。这个人的能力体现在哪儿？弹性体现在哪儿？一心一用，此时此地很专心，这种认真好不好，值得我们去思考。

中国人一心多用的例子到处可见。比如小孩子一边做作业，一边听音乐，同时还在转笔。家长在客厅议论他，他还时不时辩解几句，可见他一心多用。你要是让他把音乐关掉，不要转笔，专心做作业，他反而静不下心来。一心多用也是一种很好的能力，不一定非要限制它。

中国人因为受《易经》的影响，深深知道，一个人一定要认真，但是不必认真到让别人发现他很认真。因为一个人如果不认真，是绝对没有前途的。但是，一个人如果认真到让别人发现他很认真，就会被当成打击的目标，这是非常不利的。所以我一直不主张把中国人不认真、不敬业当做借口，就是这个原因。

说中国人没有品质观念，我也不懂是为什么。我觉得中国人最有品质观念，不但重视品质，而且重视效果。重视效果方面，举个例子，一个人明明有意见，但他不讲出来，因为讲了没有效，不如不讲。有效，他当然会讲。

那品质呢？我一再说，有人抓住“宁为鸡首，不为牛后”这句话大做文章，说中国人喜欢当老板，这是断章取义。还有一句话是“树大好遮阴，天塌下来还有高个子顶”，我们为什么不从这句话来推断中国人不喜欢当老板呢？可见说中国人这样或那样，都是一相情愿，断章取义。中国人经常讲两句相反的话，比如“好心有好报”，“好心遭雷劈”，这两句话非常矛盾，但它们设定了上下限，“好心有好报”是下限，“好心遭雷劈”是上限。一个人要存好心，好到不被雷劈死的程度，这才是良好的品质。好心得过分，就会被雷劈死。所以，中国人讲话矛盾，其实在设定上下限，希望我们维持在这两个矛盾之间，做合理的调配。

有很多例子可以证明，中国人是很敬业的，对品质有很好的观念。如何把它发挥出来，才是执行最要紧的环节。

根据我的观察，导致执行失败最大的毛病是大家很喜欢把成功的功劳留给自己，把失败推给别人，成功是因为我执行得好，失败是因为你不敬业。比如发生空难时，第一个被指责的是维护人员，因为飞机没有得到很好的维护。维护人员是最倒霉的，他维护得好，大家认为是应该的。飞机飞得好的时候，是驾驶人员的功劳，没人去想维护的事。飞机一出事，就会骂维护人员，维护人员永远是没有功劳的。有个维护人员告诉我：“我们没有功劳，但是我们认了，因为我们有一个很积极的想法，飞机能顺利地飞上天，顺利地降落，就是我们最大的快乐。”如果每个人都有这样的心态，会减少很多相互指责的状况。我计划，你执行，执行得不好，我说“大概是我计划有问题”，你说“是我执行得不够彻底”，这样大家相安无事。相反，执行得好，我说“是我计划得好”；执行得差，我说“是你不敬业，不用心”。执行的人也是如此，最后只能打起来。

因此，我们要改变心态，把失败的责任留给自己，把成功的功劳送给大家。如果每个人都能够做到这样的话，我相信我们在执行上会减少很多困扰。

执行前后的沟通工作最要紧

但是，心态的改变并不能保证执行一定成功，因为我们在执行的时候，常常会遭遇到一些障碍：

第一，领导者的问题。一个计划执行得拖拖拉拉，甚至于效果非常恶劣，通常跟领导者的能力密切相关。如果他有足够的能力，能够使工作人员充满了热情，有很高的意愿要去执行，那计划已经成功了一半。

第二，执行人员对计划本身了解程度低。很多人对计划搞不清楚，这样的人怎么执行呢？

> 有一家企业制造一批商品，为了了解市场情况，决定先出一批试用装进行促销，看看大家的反应如何。促销的任务就交给了销售部门。销售主管并不了解这次促销的目的是按照正常的渠道去推销，看看销售的比例有多高，看看顾客的反应如何，结果销售主管就拿回去送给自己的亲戚朋友。一夜之间试用装全部“销售”一空，业绩很高，但最后失去了促销的目的。企业根本无法了解人们到底喜不喜欢，也不了解销售渠道正不正确。计划是很好，但是因为执行的人根本不了解计划的目的、用意何在，所以没有取得任何效果。

第三，执行过程遭遇意外困难。遇到计划的困难，这是常有的事。当然了，如果能用心解决，最好；如果解决不了，是不是要变更设计呢？换句话说，是不是所有的计划都要坚持到底，还是一有困难就可以变更，甚至做不好就算了？

第四，成员的意愿突然降低。刚开始大家一看这个计划，士气高昂，可是，慢慢感觉到上面好像注意力转移了，支持的力度也小了，再加上碰到很多事先没有想到的问题，就由热忱变得冷漠，最后拖拖拉拉。

第五，能力不足。这实际上是执行的主要障碍。

假如因为上面这五点导致执行不力，就不能归咎于中国人不敬业、品质不好，要具体情况具体分析，才有办法解决。

在上面的五点中，领导问题已经讲得很多，不重复了。第二点，大家对计划不了解怎么办，是不是要暂停下来，把作计划的人找来沟通一下？其实最好不要这样。我们应该在实施以前进行充分的沟通，沟通好了才开始执行。但是，执行时还是有不了解的地方，再请作计划的人来说明，这也是必要的措施。

第三点，执行过程中遭遇意外，大概有三种可能情况：

其一，作计划的时候有预测的成分，可到了执行的时候发现事实有偏差，不一定是预测的方法有问题，也有可能是有突发事件才产生大幅度的偏差。

其二，各种条件都发生重大的变化，使我们措手不及。

其三，在执行时发现了一些根本没有考虑在内的因素。

比如，生产计划作好了以后，原本找得到工人的，现在找不到了。很多人遇到这样的问题，我对他们说："假如你需要30个工人，现在只找到20个，那就让20个人去做吧，不要管20个人合不合理。找到30个，30个就合理，找到25个，25个就合理，找到20个，20个就合理，不然怎么办？"可见合理是变动的。

我们执行的时候难免遇到困难，有问题不要轻易调整计划，但也不能绝对不调整。要尽量克服，使它能够顺利，万一不行的话，只能暂停，也可能从此一直停下去。暂时性的停止，其实就是延后。如果无限期拖延下去，对大家都有坏处，这就需要壮士断腕，把这个计划放弃，也是一个选择。

第四点，成员的意愿降低该怎么办？就好像轮胎本来是很有气的，但是用的时间长了，会漏气，甚至破了个洞，气全跑了，这时候我们常用的办法就是打气。高层主管要常常关心执行的人，实际上就是去打气。气不要太足，太足会爆胎；也不能太少，太少行驶起来就会吃力。

第五点，能力不足的时候，就要培训。这是最直接有效的办法。

从执行的角度说，为了执行顺利，我们要做到以下几点：

1. 在执行之前，希望大家能够用心研究主管的个性。如果主管能够放手，我们就可以在一定范围内自作主张。如果主管事必躬亲，我们就样样向他汇报，才能得到他的支持。

2. 要了解同事的心理。看看士气怎么样，他们有什么需求，有什么问题，能解决的及时解决。

3. 把有关的人找来，把计划的主旨、内容都进行充分的沟通，同时我们要了解一下大家的能力到底够不够，如果不够怎样来提高。

4. 把工作流程仔细梳理出来，使大家都有所遵循；把时间好好分配一下，让大家有时间概念，自然到时候会加快步调去完成。

5. 在执行以后，要感谢所有有关的人。还要说明一下我们达成的比例如何，把执行过程所发生的事重点提出来检讨一下，让大家积累经验。有特殊的心得，讲出来让大家分享，有缺失也不要隐瞒。勉励大家以后能够更进步。相信执行前后都把工作做到位，一定会使执行越来越顺利。

第二节 有效执行要注意过程控制

控制就是发现问题解决问题

控制是一种比较严肃的说法，如果讲得轻松一点，就是影响。一般来说，人们对控制都相当反感，尤其是中国人，特别不喜欢控制，也不喜欢讲控制。因为把控制讲得太清楚，别人就会认为你是控制专家，对你敬而远之。所以，把控制讲得很清楚的人几乎都对自己不利。

一提到控制，就能联想到限制、强制、划分界线，还有指导、监督，甚至难听一点的操纵或禁止。这样一来，就好像我们有一股力量，叫别人非照我们的意思去做不可，别人当然会排斥。

我们也说，预防胜于校正，什么差错都能预防，就不必来校正。这话讲得很容易，实际上根本做不到。所以管理的控制有预防性的控制，也免不了有校正性的控制。

预防性的控制就是说我们制定一些规章、计划，让大家按照我们的规章，遵照我们的计划去做，以便达到我们预期的目标。但是，在做的过程中，可能会碰到一些阻碍，很难按照既定的目标去做，这时就需要校正了。我们要求员工不能迟到，但是由于交通状况不好，有人迟到了，我们也没有去批评他，久而久之，他就习惯于迟到了。我们的要求也就形同虚设。所以我们一方面规定不许迟到，另一方面安装一些装置，比如打卡机、摄像头等，以监督执行的情况。

再如销售人员，他的业绩如果达到某一个标准，就给他奖金，这样可以激励他的士气；如果低于标准，就扣钱。这都属于校正性的控制。

控制就是给自己的下属一些工作方向，同时还要按照这个方向去检查事情有没有偏差。有偏差，赶快修正。如果只发现有偏差，却没有办法有效地校正，那只能算无效控制。所以，我们通常的说法是，控制跟计划是一体两面，为了控制，必须有计划，为了计划的执行，也需要有控制。很多人在作计划的时候马马虎虎，没有标准，也没有实现途径，更没有预算，你怎么控制？你怎么知道他做得快做得慢？怎么知道他有没有达到我们的标准？又怎么知道他花的钱到底是多还是少？

计划如果做得好，有具体的标准，那么就很方便控制。如果计划本身就是含含糊糊、马马虎虎的，控制起来也只有纯主观性的，我认为这样就是这样，因此很难得到被控制的人的认同。

同时，控制就是例外管理的应用。除了正常的现象以外，难免会有一些例外，对例外的现象进行处理，就叫做例外管理。控制不是说对每件事情都监督，通常我们是把下属给我们的报告搜集起来，作一个差异性分析。如果下属是按照计划去做的，我们就不必监督。如果发现有差异，换句话说，产生例外，我们就赶快进行详细的分析，找出原因，必要时采取有效的措施，防止今后有类似的情况发生。

把一些差异消除掉，使偏离的目标回到轨道，就叫做控制。控制本身就是一种例外管理。一切的活动都在限制范围之内，就是原则。如果超越了限制的范围，就叫做例外。违反原则的、超出范围的例外，就必须及时地加以控制，使例外恢复到原定的范围。

当然了，我们也不能不承认，有些例外比原计划的还要好，那么我们就不一定要把它拉回来，这时候也有可能变更我们的原则和计划，使整个活动能够朝更好的方向发展。这也是一种控制，因为我们的目的是使它更好。可是不管怎么样，控制一定要注意时间，延迟的控制等于没有控制，等到所有的结果都显示出来了，再开始控制，已经失去时效，再想控制，就没有效果了。

所以，控制是要随时发现问题，随时解决问题。但中国人习惯了报喜不报忧，下属隐瞒的问题很多，真正愿意提出来的比较少，这也是很难改变的事实。中国人不太喜欢把问题提出来，因为提出问题，就等于承认自己没有能力。这个心理是错误的，但是对中国人影响很大。有些下属把问题提出来，主管还没听完就开始骂他了，他为什么还要提，这不是自找麻烦吗？中国人常常偷偷地问一些可靠的人，而不愿意公开把问题提出来，这一点我们要理解，同时想办法改变。换句话说，主管在下属提出问题的时候，要很仔细地去听，很有诚意地去听，不但不可以笑他，更不可以骂他。

发现问题才是控制的重要线索。不管任何计划，在执行的时候，多多少少会发现一些问题，这些问题如果被隐瞒，没有及时解决，那么它对结果一定有负面的影响。当然，也可能有正面的影响，那只是歪打正着，这种比例毕竟是比较小的。等到负面的影响出来以后，再想改变，恐怕要花费更多的时间，更多的人力，浪费更多的成本。困难不解决，就会永远存在，没有办法改变现状；不改变现状，我们希望的求新、求变就会产生很多问题。所以我们要尽量去发现问题。

主管就是发现问题的最佳人选，他要去提出问题，但是不要马上把答案写出来。这样做，虽然快速，很有绩效，但是成果好不好，很难预料。

能够找到答案的、能够解决问题的实际上是一线人员，他们最熟悉实际情况，所以主管提问题，下属找答案，是我们应该推广的一种模式。主管提出问题，最要紧的是要好好掌握时效性。因为问题发现得越早，问题就越小，就越容易解决。如果发现问题却不提出来，一再隐瞒，隐瞒到最后，就算是神仙也没有办法解决。所以我们要注意：发现问题的能力比解决问题的能力更重要。及时提出问题的能力，更是领导者需要磨炼的。当然，我们也不要轻视解决问题的能力。讲控制，当然是越早控制越好。要想早控制，就必须及早发现问题。中国人的个性是多疑的，多疑虽然是负面的，但是在控制上，是不是反而很好呢？善用怀疑的精神很好，但是要用心去调查，而不能武断地作决定。

如果主管发现事情有点不对劲，他应该马上把问题提出来，让下属去找答案，同时他自己也要用心调查，以便判断下属的答案是不是正确，能不能采用。调查之后，还要经过确认，即答案也许是我们问来的，也许是别人提出来的，我们综合起来看一看，哪一个答案更符合实际。

确认以后，我们就要把正确的答案形成文字，让别人都知道我们要怎么做，大家也就能明白怎样赶快把问题解决。可见，中国人的多疑实际上也可以用得很好，可以作为有效控制的出发点。

举个例子，我们要生产一种产品，控制的第一个目标就是使人力、物力和时间能够在最经济的状况下配合。第二个目标是不但要使产品的品质达到一定的水准，而且要在不增加成本的情况下尽量提高品质。这样一来，大家就可以知道如何去努力。所以，控制可以说是监视每个人有没有按照计划执行，也可以说是判断人们是不是按照预定的计划顺利进行。

但是最要紧的，控制一定要根据真实的情报，而且必须找到有效的方法和措施，二者缺一不可。没有情报，就不知道缺点在哪里；有了情报，没有有效的措施，还是控制不了。一般来说，西方人的控制比较重视情报和数据，但是我们喜欢直接控制整个组织活动。有时候我们的控制看起来好像不关心、不重视，实际上我们的控制反而是全面性的，反而是公私不分的。尤其是高阶层主管，我们不但控制到他的公务活动，连私人活动也要控制。我常常开玩笑说，如果一个高阶层主管突然戴了一块名贵手表，老板心里就怀疑，这块表是谁送的？他舍得买吗？这也反映了中国人疑心重。我觉得这个多疑没有坏处，但老板不要一下子就认为他的表是贪污舞弊得来的，要暗地里去了解，以增加我们对他的信心。从另一方面说，高层主管如果真的要开名车、戴名表，不妨先放出点空气，把他自己的名贵物品如何而来交代清楚，而且不要一次讲清楚，偶尔透露一点，让别人自己去整合，人们才会相信。

我们也常听到有人说用了电脑以后，控制就没有弊端了。台塑的电脑作业系统是很有名的，有异常，电脑会自动地发出报警的讯号，甚至把异常反应端很快输送出来。王永庆先生常说，使用电脑以后，每一笔的账目都是清清楚楚的，电脑不可能做两套账，否则可以砍他的头。王永庆先生常喜欢跟别人说“把我的头砍下来”，表示他有信心。但是宏碁的施振荣先生却说，用电脑做假账比人脑做得还快。我们到底应该相信谁？两个人都对。控制要是完全依赖电脑，就不太可靠了，还是得靠人。这个人如果很公正，那么他来做，应该比较好。所以西方人偏重于事物的控制，中国人重视人的控制，也是有根据的。西方人因为数据正确，信息充足，所以要用统计的方法来控制，可以做得很好。我们到今天为止，数据往往还是不正确的，一个人说一个样，信息也往往是不充实的，难道这种情况之下我们就不用控制吗？难道这种情况之下我们就真的可以依赖电脑来控制吗？我想这也是不可能的，所以还是离不开人的控制。

> 台塑的主管请客，花了一千多元，他实报实销。报销单送到王永庆先生那里，王永庆先生是很节俭的，一看花了这么多钱，就在发票上批了“大吃一餐”几个字。这几个字一批下来，主管就提高警惕了：老板在控制了，他嫌我们吃得太多了。于是主管就化整为零，一千元的分成两个五百元的，甚至多分几次。王永庆先生也不是傻瓜，一看餐饮费的报销频率这么高，于是就在发票上批了“天天吃”。到最后，主管就没有餐费报销了。没有报销到底是严格控制还是流弊更大呢？这也值得我们去探讨。一方面可能是达到了控制的目的，老板不让请客，主管们就不请了。另一方面，主管们不在企业报销，转而找到供应商，让他们来请，弊端更大。所以，控制到底是根据数据还是根据人，我想这也是一半一半的。

中国人不喜欢控制也难控制

中国人不喜欢被人管，也讨厌被控制。孔子说过，“从心所欲，不逾矩”。很多人只听到“从心所欲”，对“不逾矩”则充耳不闻，所以认为自己爱怎么样就怎么样，别人凭什么控制我？其实反过来说，一个人如果真能够“不逾矩”，他的确可以“从心所欲”。所以要有一个观念，你要控制就控制，只要我问心无愧，怕什么控制呢？如果每个人都有这种觉悟的话，就不会对控制有那么大的反感，就会比较理智地接受控制。所以我们更要重视“不逾矩”这三个字，不逾越规矩，一切照规定，凡事要有弹性，所以我们现在提出四点：

第一，各尽所能。对中国人来说就是不藏巧。我们常常说一个人很会藏拙，其实藏拙之外，中国人还会藏巧：我能干，但我假装不能干；我有专长，但我装迷糊；我会做的事情不做，然后推拖拉，说我不会做。能够各尽所能，就已经不容易了。

第二，互助合作。中国人可以互助，也可以合作，互助合作的结果就是不内斗。我们今天花在内斗上的精力太多了，中国人聪明能干，但是始终不能达到我们所预期的目标，就是因为我们花了太多的时间和精力，自己人斗自己人。假定我们不内斗，一致对外，我们就会有巨大的力量。

第三，不强求。就是各安其位，从事管理的好好管理，从事技术的好好钻研技术。你不要看不起我，我也不会看不起你。搞工程的看不起搞管理的，搞管理的看不起搞工程的，都是不正常的心态。我们甚至还有“技术性的修理”这一说法，更是心理不平衡的一种表现。所谓不强求，即我能得到就得到，我不能得到的也不抱怨。这听起来好像很消极，实际上不是消极，而是谅解。我们要谅解，因为机会是有限的，所以很难做到真正的公平。我们一再说，一个人如果能够接受不公平的事实，认为只要你不是刻意的不公平，我就谅解你。这样大家一定会很愉快，社会也会比较安宁。因为公平只是一个理想，实际上多多少少都是有一点不公平的。我们不要去强求，我能达到就达到，不能达到，我就检讨一下，下次达到就好了，这一点也不消极。我们尽力而为，但是不强求。

第四，不见异思迁。不见异思迁就是敬业乐群。敬业并不是说表面上很认真，而是看实质的。实际上很认真，即使开开玩笑，偶尔走动一下，不耽误工作的进行，都是无所谓的。只要把工作做好，当然可以忙里偷闲，轻松一下，并不影响整体，同时也才能够持久。要懂得劳逸结合，一天到晚绷得紧紧的，时间久了，就会吃不消。乐群就是说，我们在一起是有缘的，你的错误我包容一点，我的错误你包容一点，大家在一起很快乐，共同把事情做好，不要太计较。这样大家才愿意在一起，才会不思迁。

做到这四点，自然可以从心所欲。因为我们所控制的也不过这四方面而已。

中国人如何控制呢？因为我们常常数据不正确，信息不充实，所以会用些古里古怪的控制方式。最常见的有：

第一种，施压力。我们把标准定得高一点，天天施压，做不到100，也要做到90。久而久之，大家就会疲惫。很多的企业经常开会，开会的时候骂这个，骂那个，造成很大的压力，使得人心惶惶。这种做法短时间有效，但是时间一长，大家疲倦了以后，好的人才就会离开，只剩下一批会应付、会做表面文章的人。

第二种，很喜欢听小报告。有些主管用耳朵来代替眼睛，有什么事情不自己去看一看，专门听小报告。中国人一看主管喜欢听小报告，就会供应小报告，没有的话，也能造出一大堆小报告。我是不太赞同主管到处听小报告，我们应该用正当的方式来搜集情报。

第三种，布置很多眼线，构成情报网。这是最常见的方式。我们姑且不说小人，但总有一些心思比较复杂的人，常常向你打小报告，你如果接受的话，他就源源不断地提供。利用这种方式搜集情报，就会引起大家的不快。如果眼线被撕破了，给你一些假情报，你不是更倒霉吗？若是把亲戚朋友安置在不同部门，虽然你并没有叫他们搜集情报，可是大家心里自然就会想到，你是要把他们当做情报员来用，大家疑神疑鬼，也会影响士气。

第四种，采用日本式的，在大办公室里面，老板坐在最后，一目了然，全面地盯人。我们也常常看到，大家坐得四平八稳的，坐给老板看，暗地里传小纸条，做些小动作。这种做法也是形式主义，没有什么实际的效果。

第五种，关注下属的私生活。特别是对中高层主管，老板很关注他们的私生活，甚至会明察暗访，派很多人分别去了解这些主管家里头最近有没有什么改变，他们跟哪些人走得比较近，等等，指望起到预先控制的作用。也有的老板很喜欢定期地找一些基层员工谈话，打听一下他们的主管怎么样，以此来控制各级主管的言行。还有老板去访问顾客，希望从顾客或者经销商那里来了解自己下属的状况，这也是一种做法，当然要看技巧如何。如果做得让自己的下属感觉到，你宁可相信外面的人也不相信自己的下属，那结果可想而知。这些老板的所作所为只能说明他们太过主观，中国人往往凭一己之好恶来断定别人是好还是坏，常常冤枉很多人，同时也造成很多欺上瞒下的小人。

历史上不知道有多少好人无缘无故地被陷害，然后糊里糊涂地就死掉了，实在是浪费人才。当然，我们也常常劝告很多人，你光是一个好人没有用，要想办法让自己活下去。受到控制没有关系，关键是受到委屈也要学会适当的表白。

合理的预算有助于过程控制

随着时代的进步，我们也要慢慢学会通过数字来控制。数字虽不完全可靠，起码比没有数字要好。采用预算制度，根据预算来控制，应该比较客观一点。但是，实施预算控制，容易变成争预算。强势的主管，会靠他的关系和实力拼命去抢预算，不管有没有用，先抢一大堆，用不完的话，就拼命浪费。所以并不是说通过预算就能够收到控制的效果，还要看预算做得好不好。

第一，预算符合实际需求，而不是按照部门大小来分配。因为大部门也许不需要花那么多钱，就可以把事情做好；小部门虽然做的事情不多，但是需要花更多的钱才能够做得好。要实施预算制度之前，千万不要打草惊蛇，不要让人们有时间制造假资料。而是根据各部门最近一两年的实际开支去衡量，真实的部分就采信，假的部分就削减。以此为基础推行预算制度，大家就不好意思造假。

第二，根据实际执行的状况来看各个部门的预算可信度大小，再分配合理的预算。我们也不可以按统一的比例削减各部门的预算，因为甲部门主管比较实在，需要500万元就预算500万元；而乙部门主管心思比较复杂，他想要500万元，但怕削减一半，只给250万元，所以把他的预算灌水到1000万元。如果统统减半，老实人就不够用了，灌水的说不定还有剩，这显然不合理。所以预算要有效，一定要实事求是才行。

第三，预算不只是管理经费的工具，而要反映经营目标。我们的经营方针、经营目标都要数字化，列入预算，这个预算不是表明你能用多少钱，而是看你有没有达到预定的目标。我们不是为了花钱而花钱，花钱是为了达到某个目标。比如说，一个业务部门的预算是每个月100万元，那花了这100万元要达到什么目标呢？换句话说，它为了达到何种目标才花这100万元的？目标要明确，而且要变成控制的工具，要尽量数字化，这样大家就不容易起争执，因为数字一目了然，比较客观。除了这种量化控制以外，再加上平时的考察，就比较完整。有客观的依据，再加上主观的观察，就可以综合判断一个人好不好，这样的控制大家都比较能够接受。

我们如果要做预算的话，按照下面的步骤来进行比较有效。

首先要提出编制预算的方针。经营者有经营方针，经营方针就是我们的目标，根据它来编预算，预算才有效。各个部门按照目标去定预算，然后交给预算委员会磋商，最后定案。定案以后，就照预算去执行，同时按照预算去控制，这样的话大家就没有什么好争执。而且可以根据这个数字自己作检讨，有了问题尽早进行修正。

控制的十个原则

1. 预防性与校正性并重。控制最好是预防性的，在没有出问题前就控制住，但那毕竟太理想化了。实在预防不了，就要及时校正，二者并重。

2. 对事物的校正要快速。事物没有情绪化，发现不对，马上校正。然而事物的发生难免会牵涉到人，把事情校正了以后，再对有关的人去疏导，减少人的情绪，以免影响事物的发展。

3. 对人的校正要慢一点。对人的校正千万不可像对事物的校正那么快速，因为人有心理作用，有情绪的变化，你马上对他校正，他一时接受不了，有情绪的反应，就会增加很多不愉快，使我们无法解决。

4. 要按照计划，选择重点来控制。因为我们没有办法全面控制，要先选重点。重点控制好了，就算有些微不足道的差池，也可以勉强通过，当然最好是不要出现差池。

5. 要配合组织来控制。这样才能够权责一致，同时还负有连带责任。比如说主管虽然把责任交给下属，但他还是有监督的责任，所以两个人一起负连带责任，就不会推来推去，就会共同努力，及时控制。

6. 要注意控制的时效。太早或太晚都不行，“太晚”好理解，“太早”不是说发现得太早，而是发现以后，时机不对，你就去控制，反而容易坏事。

7. 要对决策有帮助。

8. 控制本身简单明了。复杂的控制，不但没有好处，而且容易造成错误，本来没有那么严重，反而火上浇油。

9. 控制要及时提出改进的行动。

10. 要考虑经济原则。如果你控制了半天，成本大大增加了，就很不值。所以控制要跟成本挂钩，我们应该控制有度。

优良的控制更合乎人性需求

优良的控制有四个条件：

第一，要合乎人性的要求。控制要容易了解，要让有关的人很快能做到，同时又感觉很有面子，而且权责一致，否则容易使人感觉到受虐待，受到不公平的待遇。按照人性的要求来控制，就是尊重对方，只不过这件事情是你做的，我现在给你提一个醒，你自己去解决，这样的话最好。

第二，合乎经济原则，就是选择重点，做有效的控制，同时不会增加成本。

第三，有效的控制，应该合乎安人的标准。控制事和物尽量科学化，控制人的话，尽量艺术化。同时兴利和防弊的比重要适当，不要完全为了怕他作弊，把他管得违反人性。安人安得好，控制才会有效，才是优良的控制。

第四，要合乎经权的法则。控制不可没有弹性，弹性的大小要看各种因素的配合。

我们的控制模式实际上跟西方是差不多的，不过用我们中国话来讲，控制分成五个步骤：

第一步，正名。就是决定标准，把标准设好，也就是把名分定好。

第二步，要查核事实。就是记录实况，现在进行到什么地步，要记清楚。

第三步，比较名实。我们常说的"名不副实"、"实至名归"一类的词，就是表明名实之间有差距。这一步就是比较标准跟实际情形有没有差距，如果实际情况符合标准，那就是名、实相副，如果实际情况不符合标准，那就表示名、实是有差距的。

第四步，名、实如果不副的话，就来分辨名实的差距有多大，看看实况的进行跟原定的标准相比有什么偏差，并用数字表现出来。

第五步，促使名实相副。我们要采取适当的校正措施，使差异减到最低，最好消失掉。控制做得好，就是名实相副。

从执行者的角度说，接到工作以后，首先要判断，是不是直接主管交办的。如果是，可以当面跟他商量，觉得没有问题即可照办。如果不是的话，就要想想要不要请示，如果不请示就要自己负责，要请示就跟顶头主管谈一谈。然后再考虑自己有没有潜力可言，要不要改变工作计划。如果原计划很好，就照原计划去做；如果要改变，就想想自己有没有能力改变；如果没有能力改变，就寻求帮助。这样一来，我们就可以决定应该怎么做了。

总之，不管别人如何控制我们，我们最好能够做到自我控制，因为我们既然不希望别人来控制我们，我们就要自我控制，把自己控制到符合企业的要求、符合团体的目标，我想别人再怎么控制，我们也都无所谓了。

第三节 时时控制不如实施目标管理

中国人喜欢自动，这种说法跟一般人认为中国人很被动的看法刚好相反。从实质上讲，中国人是自动自发的。老子说："故道大，天大，地大，人亦大。"每个中国人都喜欢做堂堂正正的大丈夫，威武不能屈，很显然也是不能被管的。

很多人都在抱怨主管管得太多："主管其实懂得不多，但是什么都喜欢管。"而有人也喜欢吹牛说："你看，我们老板根本就不管我。"老板不管，才是无上的光荣。我们大概很少听到有人说："唉，我们老板对我非常不放心，什么事情都盯得死死的，寸步不离。"这实在是很没有面子的事情。中国人喜欢自动，你一管他，他就变得被动。中国人一被动起来，心里就不愉快，做事情就不起劲儿。这就是我们不能强迫中国人做事情的原因。

孔子所说的"从心所欲，不逾矩"一直是我们中国人向往的最高境界。所以，要说控制，我想无形的控制对中国人来讲应该是最有用的。我们在一定的规范里面，使中国人能够自动、自主，就叫无为而无不为。这句话也是被很多人误解的，他们认为，无为，就是什么都不做，那还谈什么管理呢？实际上，无为如果能够无不为，则是真正的自动自发的管理。管理者不需要事必躬亲，而是分层负责，发挥整体的智慧和团队精神，让大家自我控制。管理者对下属不需要采取监督、管制的措施，而是依赖下属，让下属自动自发去发挥自己的能力，包括企划、执行，都纳入自我控制的范围，一切由下属自主，充分满足下属的需求，这种自动管理最能够满足我们自动自发的民族性。

无为并不是什么事都不做，而是说什么事情事先我们都要周详地考虑，要有妥当的安排，同时要有仔细的布置。经过这样充分的准备，我们就可以有很好的范围和标准，使下属能够自动自发，我们也能够放心了。

目标管理真正实现自动自发

中国人不能管，中国人喜欢自动，那有没有一套管理方法适合中国人的这种需求呢？目标管理就是最好的方法。

早在1954年，美国的管理大师彼得·德鲁克就提出了目标管理，但是当时能够接受的人并不多。几年后，美国的另一位管理大师道格拉斯·麦格雷戈提出企业的人性面理论，把人性和目标管理融合起来，注入了新的气息。我想，有了人性面以后，目标管理就会越来越符合中国人的个性。

我们的企业管理严格说起来是分两大派的：一派以工作为中心，动不动就问你的工作做好没有，把人不当一回事；另外一派以人为中心，比较注重人的尊严，重视人的存在。换句话说，一个偏重于好好做事，另一个偏重于好好做人。很多人陷入这种二选一的陷阱，或者认为如果以工作为中心，就没有办法顾虑到人际关系，因此就笑那些只重视人际关系的人，工作一塌糊涂；或者认为既然重视人，难免会比较柔和，就会因为和谐而把时间耽误了，因此业绩恐怕就没有工作导向那么有效。

现在我们先来把这两种观点的缺失作一个比较。

以工作为中心的管理方法，有两个很明显的缺陷：其一是很容易走向官僚化；其二是很容易使员工失去工作意愿。

工作越系统化，就越造成专业化，而工作步骤、手续、流程等如果加以严格的规定，员工只会遵照规定去做事，组织就会越来越僵化，越来越官僚化。这样就把手段完全变成目的，原本是使大家很乐意工作，变成了为了工作而工作，失去了乐趣。如果我们只是要求员工工作，而不重视其尊严，我们虽然也可以实施目标管理，设定目标，让员工照这样的目标去拼命，员工也能实现目标。但是，所有的员工都认为这是你的目标，不是他们的目标。他们遵照你规定的手续、规定的步骤去做，至于最后有没有实现目标，对他们来说无所谓。

过分地重视规定、步骤、程序，而使员工失去了乐趣，员工根本没有办法达成自己的意愿，越做就越不起劲儿。我想很多人的目标管理就是用这种方式来推行的，结果没有任何成效，变成形式化的目标管理。

另一种人很重视人际关系，他会听下属的诉苦，会帮助他们解决困难，但是对业绩的提升没有什么用处。

所以，过分强调人性管理，处处都摆出和事老的样子，什么事情都让大家决定，这种气氛当然很和乐，可是业绩会下降。这种方式也很难推行目标管理。

可见，以人为中心，以工作为中心，都很难达成真正的目标管理。很多人口口声声说自己在实施目标管理，最后却没有收到效果，原因就在于此。

我们必须让员工能够在工作当中找到乐趣，能够专心工作，从工作的完成中得到满足感和成就感，这样才能够真正做到所谓的目标管理。所以我们要兼顾做人、做事两方面。只会做人，到最后就会降低绩效，目标也完不成；只会做事，最后很多人变得僵化，丧失了工作意愿，要完成任务恐怕也很难。

如何兼顾呢？用中国人能够接受的话就是，我们先要把人做好，然后再把事做好。这样的话，就可以实现我们的目标管理。在企业管理中，不妨把做好人当成做好事的基础，好好做人的目的是为了好好做事。我们之所以创造和谐的气氛，不是让大家在这里混日子，而是让大家在和谐的气氛中把工作切实做好，实现目标。

但是，我们要具备两个条件：其一是真正想实施，而不是搞形式主义。其二，员工要达成共识，而不是只有各级主管有热情。如果一家企业，只有上级主管非常热情地搞目标管理，是没有效果的，最后会只有目标，没有绩效。一定要想办法让员工有共识，要掺入中国人的民族性，这样目标管理才会真正收到效果。

我们建议，每一家企业要按照实际的需要，按照适合自己的方式来推行目标管理。在西方，目标管理是强调能力本位的，我们稍微换两个字，把能力换成本事。中国人佩服有本事的人，却不见得佩服有能力的人。很多企业重视能力，这非常好，但是能力这种东西很难说清楚。你不让下属做事，当然看不出他的能力。你既不给他机会，又骂他没有能力，他就不服。但如果说这个人很有本事，大家就比较容易接受。

我们还建议，目标管理尽量由下而上推行。由下而上符合我们的民族性，我们让中层干部来承上启下，目标管理一定会成功。

目标管理说白了就是让员工自动自发的管理形式，而不是处处要监督、处处要指挥。目标管理要用诱导式的方法，既然要诱导，就不能过分地去管他。企业里如果一切都很顺利，什么事情都按照预定的计划去做，管理起来就很轻松。可是，不如意者常八九，在企业管理方面也是如此。员工会经常出一些小差错，如果我们不能够及时加以控制，最后累积起来就是大差错，想要补救也来不及。

因此，目标管理就是要善用无形的控制，把这些不如意的现象变成随心所欲的行为，这才叫无为无不为。要做到目标管理，首先，我们要打破“三不”主义，即不迟到，不早退，也不工作。你叫他 8 点半上班，他一定准时打卡，你叫他下午 5 点半下班，他也遵守。但是在这一天中，他都是用混日子的态度，不积极，不认真，当一天和尚撞一天钟，整个企业的效率都下降了。

其次，让员工真正地自动自发。但是，如果天天在那里盯着员工，就要增加很多监督成本。你派一个人去盯着，这个人也要领薪水，也要增加我们的管理成本。所以，唯一的办法就是想办法让员工真正自动自发起来。但是要注意：中国人很喜欢自动自发；中国人不敢自动自发。

为什么？主要是因为怕犯错。员工一犯错，你就要骂他，正所谓多做多错，不做不错。因此他会观望，有人做了，看清好坏再决定是否跟进。看起来好像很被动，实际上他并不喜欢被动，只是他不了解后果如何，所以他就不敢主动。

最后，企业要公开地鼓励大家自动自发：只要自动自发，能够符合企业的要求，企业绝对不会怪你；如果是无意的过失，我们也不会处罚你。只要作出这样的承诺，我想员工就比较放心，敢于自动自发。但是实际上刚开始的时候，也不是光说几句话就能够达到目的的，还需要各级主管动脑筋，去设计，让下属能够自动自发。

真正的目标管理，要让员工能够在工作当中找到乐趣，这样他们就能专心工作，从任务的完成中得到满足。如果只是为了赶业绩，员工很快就会疲劳，最后不是离开，就是业绩下降。

既要做出工作绩效，又要让员工有成就感，中国人在这方面是最有办法的。凡是有中国人在的地方，工作的气氛一定很轻松，一定很热闹。你要一个中国人全神贯注地坐在那里，跟机器人一样，他很难坚持，所以得制造一点热闹的气氛，制造一种轻松的感觉。

有些企业认为，员工只要努力完成目标就行，其他的事情都不重要。这就陷入以事为中心的目标管理，这种工作绩效至上的管理方法，会使得员工感觉到，老板一心一意只想赚钱，并不把员工当人。因此，心里头就会有抗拒。

我们也重视事，但我们可以用以人为中心来包装，让员工感到，在这里工作，自己愉快不愉快是公司非常关心的。我们让员工在自己的工作范围里，设定自己的目标，并对怎样实现目标作规划，之后再让他自己来评估、检讨。这样的话，就会激发起员工的责任感。

管理中国人少去谈什么权利义务，多谈责任才比较合适。如果说“这是我的义务”，那就会觉得自己很委屈；如果说“这是我的权利”，又会让人觉得自己太霸道；如果说“那是你的责任，这是我的责任，我们来配合一下”，这种话听起来就比较能够接受。

以事为中心，外面用以人为中心来包装，就会使得很多人感到，企业虽然很重视业绩，但是更加尊重和关心员工。以事为中心，最后就变成系统化、专业化、严格化，就使员工因为害怕犯错，特别重视自己怎样遵守规定。我们原来订立这些规定，是想让人们从事工作时能够轻松地实现目标，但是实施以后，我们就忘记了原来的目标，反而说“这是规定，我们最要紧的是不能违反规定”，这使得员工有很大的负担，只想把自己的工作做到符合规定，所以自然就会产生本位主义，本位主义越浓厚，团队合作的意愿就越低。长此以往，就会导致你骂我，我骂你的情况，甚至说“你上一次让我做得不好，我这次弄个小鞋让你穿，叫你也尝尝苦头”。这样的话，目标管理就变成严重的内斗。

员工如果只知道尊重步骤，只知道遵守规定，那么他们就没有进取心。他们怕犯错，怕被责备，把工作维持在最低的限度，这是我们感到最头痛的事情，那我们还会用目标管理让他们继续这样下去吗？我想答案是否定的。

我们如果把工作场所弄得充满人情味，使大家嘻嘻哈哈的，充满了欢乐的气氛，这样又能够提高工作绩效，何乐而不为呢？

我们常说“事在人为”，人都做不好，怎么能够把事情做好呢？事在人为，就表示一切的事情都是由人来做的，人就应该是中心。管理最怕大家闹纠纷，搞对立，这样一来，我们就变成“多一事不如少一事”。

目标管理培养员工重视成果

假定有个新的方式，让员工自己来设定目标，而不是企业给他们目标，又会如何呢？很多人说，让他们自己来设定目标的话，他们的目标一定是最低的，实际上不然。你真的让他们自己设目标的时候，他们反而觉得责任重大，会考虑定怎样的目标，才有面子，才不会到时候难堪。上面给定目标，他们会抗拒，因为他们不表示抗拒的话，上面一定认为这个目标太低了，会随时调高一点，最后还是他们倒霉。他们一叫，上面就知道，差不多了，不能再加。这是自我保护政策。让员工自己来设定目标，他们一定会去留意别人怎么设定。别人的目标都是一个月3000万，我为什么不定3000万？就算相差也是有限的。由上面定目标，就会变成“这是上面定的，我尽力而为，能做到什么地步就做到什么地步，反正问心无愧就好了”。这样的目标没有什么效果。同时，中国人又会告诉自己，不能太尽力，这个月太尽力，下个月的目标一定会提高，何必那么卖力？

我们现在尊重员工的工作意愿，让他本人有自己定目标的责任感，同时，既然是他定的目标，他就有务必达成的义务。我们把它叫期待感，只有自己参与设定目标，才会产生实现目标的原动力。至于一些步骤、手续，我们都不需要太多的规定，让员工自由进行。自己设定目标，自我控制，自己去实现目标，这才是真正的自动自发的目标管理。

设定目标之前，我们一定要先把目标和方针对下属说明白。就是说，跟大家讲清楚，我们企业一定要达到什么样的业绩，才能够维持。如果要达到这样的业绩，每个部门应该做到什么地步。如果大家有兴趣，可以根据部门目标设定自己的目标，这样他们就不会含糊，就不会问“那我怎么设呢”，告诉员工大目标是什么，中目标是什么，然后让他们根据这些设定小目标。

员工设定目标的时候，也要跟上级主管进行深度的讨论，这样可以促进彼此的了解。员工的目标提出来以后，如果主管能够接受，那当然最好，如果主管不能接受，也很简单，就问他：“为什么你的目标定得跟别人不太一样？你去看看别人定多少。”暗示他比别人低，他自然就会提高。目标定得太高，也提醒他说：“你这样的目标，真的做得到吗？你打算怎么做？”以免他完不成，会有挫折感。大家都完不成目标，目标就是空中楼阁，毫无意义。

主管要保留最后的决定权，必要的时候可以通过讨论和沟通，让下属改变目标，但是千万记住，尽量不要由我们来改变他，而是暗示他，让他自己来改，一切都是他自己决定的，他就会负起责任，就有期待感。目标确定了以后，我们就不要再去干涉他，不要老是不放心。要给他更广阔的空间，让他自己去想。但是，这也不代表可以放手不管了，我们还是得关注他在做的过程中有没有什么差错，也要适时提供指导。在下属垂头丧气的时候，问问他遭遇到什么样的困难，提供一些参考经验，使他更有把握实现目标。我们在考核下属实现目标的能力时，一方面要看其做出的成果，另一方面要看他有多大的创造性和积极性。这样一来，就能够一方面实现目标，另一方面不断地提升下属的能力。下属的能力提升以后，下一次他定的目标自然更高。这才是实质性的目标管理，而不是形式上的。

实质性的目标管理有以下好处：

第一，可以培养大家重视成果的观念。我们不是纠结于有没有尽力，而是尽力以后，会有何成果，成果的观念是非常重要的。

第二，可以加强主管的领导力和沟通力。主管不要老是想着压迫员工、监督员工、控制员工，而是要带领下属自动自发，带领下属建立责任感，带领下属树立非要实现目标不可的强烈的期待感。同时在整个过程中，主管会处处与下属沟通，随时给予指导。

第三，养成大家自我激励的态度。自己设定目标，自己管理目标实现的过程，自己评估结果，就会产生自我激励。每个人都自我激励，都把事情很快地完成，就达到自动自发的境界了。

第四，提升员工的工作意愿。只是被动地接受上级的指令，自然没有工作意愿，自己来设定目标，就不得不了解一下目标怎么设，怎么实现，这就是自动自发的起点，工作意愿也会随之提高。

第五，培养大家一切求合理的衡量标准。什么才算合理？要通过大家一起来商量，而不是片面地强调“这就是标准，你非照标准去做不可”。你有你的意见，我有我的意见，最后一起协商怎样才算合理。所以，真正的目标管理可以培养大家求合理的态度，使日常管理慢慢走向合理化。

第六，促使上下意见沟通，使得沟通渠道畅通，将来对各种问题的解决都有帮助。

第七，培养大家兼顾做人与做事的正确观念。

第八，培养大家不做表面，重视实际的风气。

第九，使员工的品德提高。因为目标管理一切要靠自己，因此修己的功夫自然就会提高了。

第十，养成大家不怨天、不尤人的心态，勇于负责，这才是企业最大的本钱。

目标管理一共有八个法则，按照这八大法则去执行，才可以起到实际的效果。

法则一，鼓励大家兼顾做人与做事，不要偏颇。只会做人，不会做事，或者只会做事，得罪人也不在乎，都是要不得的。

法则二，设定目标的人就是实现目标的人，让他有充分的参与感。设定目标的时候，同时要设定测量的标准，而且要让设定目标的人自己去设，那他更没有话讲。目标是你定的，标准是你定的，日期是你定的，最后你自己去评估，你还怪谁？这样可以让员工不怨天，不尤人，充分让他们负完全责任。我始终觉得，一个人如果愿意负完全责任的话，他就会自己发现问题，会自己解决困难，会自己突破难关，那么我们就放手让他自由，这才是提高目标完成率的有效途径。

法则三，目标实现的程度由负责工作的人自己来定，他就会仔细考虑，定什么样的标准才合理，同时他发现自己有更大的自由裁决权，就会感到自由自在。

法则四，把实现目标的程度作为彼此评估的标准，这样谁也没有话讲，会比较客观，不像以前用人的特性来评估，太过主观。

法则五，一定要重视实质，而不要拘泥于形式。我们只要实现目标，那些步骤、方法、手续、程序等细节，要留给员工较大的弹性，不一定非要严格规定。但这并不代表员工可以乱来。

法则六，所有的步骤、方法、手续一定要合理，这一点是在评估时考虑的。我们不需要一个人为了达到目的而不择手段，所以不强行规定，让他们有更大的弹性，但是一定要合理。

法则七，让员工先自我评估，然后由评估小组跟他对照，免得让员工感到很不公平。

法则八，个人的目标一定要配合整体的目标，这要通过沟通来彼此协调。

目标管理要把控制化于无形，当目标管理流于形式的时候，大家只注意外表的程序、方法、流程，忽略了实质的自动自发的精神。我们要全面控制，而且是有形的控制，就使得大家感到企业说让他们自动自发还时时处处盯着他们，就会很泄气。当目标成为体系，就是说个人的目标跟部门的目标结合在一起，部门目标又跟企业整体目标结合在一起的时候，大家就知道，不能因为自己做得不好就拖累整体，因此无论如何也要把自己的工作做好。这种自我激励、自我控制的力量虽然看不见，却是我们真正需要的。

目标管理，不应该把它看做一种技术，而应该是一种观念。观念的改变才是最重要的。我们要注意，塑造一种和谐的气氛，大家很积极地说："我不达目标，誓不甘休！"假定有这样一种亲情，根本用不着控制。

归纳起来，要实施目标管理，最要紧的就是要让员工有积极的态度，而不是员工听话就行了。如果员工没有积极的心态，目标管理就不可能真正收到实际的效果。我们的目的就是让员工有责任感，自己去控制。

第六章
适时培训帮助员工成长

一个人有长处，也有短处，培训就是训人所短，练人所长。我们把他的短处训一训，使他的短处尽量减少；把他的长处练一练，让他充分地发挥：这样就叫做训练。

第一节 用指导来代替监督和控制

要实施目标管理，需要及时给下属一些指导，用来代替监督和控制。

指导就是主管根据企业的目标、政策、计划等，指导下属能够迅速、确实、经济、有效地完成工作目标。其实，指导就是领导，主管最大的责任是设法培养下属的能力。我们觉得处处控制不如适时加以指导，指导就是广义的培训。

培训的目的在于告诉下属应该做什么、怎么做，使下属能够提高能力、产生信心。从这个角度来看，经常指导自己的下属就是最好的培训。很多人常常说要培训下属，但不知道怎样培训，其实常常指导下属就可以了。

我们在学校所学的知识是很有限的，学校教授的知识不够实用，进入社会以后，我们都是从主管那里慢慢学到一些实用的东西，所以我们一定要想，人家教我们，我们也有责任教别人。我的主管教我，我也有责任教下属。

培训是企业最重要的投资

企业对人力最重要的投资，就是培训。企业要有培训经费，而且，每个人都要有培训和被培训的意愿。如果受训的意愿不高，企业有再多的经费也没用。

特别是我们中国人，更需要培训了。有一次我到一家企业，看到有一个主管的桌上有一块铜牌，上面写着两句话，是他们的座右铭：You are OK, I'm OK. 其实这对中国人来讲是相当困难的，因为我们从小所受的教育并非如此，中国人的事情比较复杂，要从 He 讲起。中国人认为，只有我是好的，其他人都是很糟糕的。你看社会上，动不动就有人说中国人这样不对，那样不对，其实我们仔细去看，那人唯一的目的就是标榜他跟别人不一样，所有中国人都坏，只有他好。

如果从这个角度来看，我们就可以了解自己小时候所受的教育很容易造成这种缺失。你看我们把人分成了家人、熟人和非家人、非熟人，换句话说，我们一看到人就说，“这是我们自己人”，“那是别人”。我们自己人才是人，别人就好像不是人，当然这么说稍微过分了一点，但是我们要了解，中国人“认识”与“不认识”，“有关系”跟“没有关系”分得很清楚。我们从小就被鼓励，要立志，胜过别人，超过别人，打败别人，拖垮别人。我们总要胜过别人，如果胜不了，就把他拖垮，中国人很会扯后腿。

有了“胜过别人、打败别人、超过别人、拖垮别人”的志气，我们就很习惯于忽视别人的权利，漠视别人的感受。我一再认为，中国人为什么不断强调重人情味，就是因为我们容易忽视别人的权利，容易漠视别人的感受。假定我们没有一点点情分，假定我们不重视人情味的塑造，我想跟中国人在一起，我们会感到很残酷、很冷漠。

这样的教育使得我们一般人都很容易自大、自怨、自傲、自叹。自大就是自认为高人一等，别人不行，我最行。这种眼高手低的性格是很普遍的现象。自怨就是老觉得自己受委屈，每个人都觉得不公平，认为别人分得多，自己分得少，别人运气好，自己运气不好。虽然大家一样，但我就觉得自己受委屈。自傲，就是心目当中没有别人，所有的事情只有我做得最好，别人都不如我，所以我就自己觉得很骄傲。自叹，老是怀才不遇。我们总觉得，自己有这么大的才干，别人怎么没有发现呢？我有这么强的能力，别人怎么不另眼看待呢？

因为我们自大、自怨、自傲、自叹，所以我们无法尊重别人。因此，我们口口声声说要服务，实际上我们很难真正替别人服务。同时，我们也很难抑制自己，安于平凡的人生。我们总觉得别人都应该安于平凡的人生，我们就不一样。我们应该多姿多彩，应该不平凡才对。如果我们能够好好检讨一下，就会发现，我们所过的生活其实是自苦苦人——自己很辛苦，别人跟我们在一起也很辛苦。其根源就是我们小时候，父亲忙于外面的事情，没有时间来照顾自己的子女，而母亲一开口就说："你不要乱跑，不要去跟那些脏小孩一起玩儿。"她讲这种话，就好像只有自己的小孩不脏。看到自己的小孩从外面回来，脏兮兮的，就说："你看看，我告诉你不要跟那些人玩儿，你又不听话，所以搞得这么脏。"意思是说，小孩玩得这么脏是因为别人害的。这样就使得小孩认为，天底下所有的小孩都不好，只有自己好。小孩长大以后，就常常感到自己很委屈，怀才不遇，看别人又一无是处，没有办法欣赏别人的优点。身为中国人，这点我们应该好好反省一下。

因为有这样一种先天性的习惯，所以我们后天的培训更显重要，这个"先天"是说从小养成的，并不是说与生俱来的。但是对企业来讲，就是先天带进来的。所以员工进入企业以后，我们要好好地加以培训，最好是员工一进公司就加以培训。一个员工，不管他以前怎么样，进入我们的企业，我们就应该加以要求，加以培训，使他感到进入新企业就有新的气象。如果让他先适应环境，对他客气一点，慢慢再培训，他就会觉得，"我刚进来时，你也没有觉得不好。为什么过了一个月，你却认为我这样不对，那样不对呢？"就会非常不服气。所以培训时机的掌握是非常重要的。要把一个东西塑造成圆的，就要在它没有定型的时候就开始进行。定型以后，就不好塑造了。

一个人有长处，也有短处，培训就是训人所短，练人所长。我们把他的短处训一训，使他的短处尽量减少；把他的长处练一练，让他充分地发挥：这样就叫做培训。培训其实就是四个字——展长补短。展就是展示，把长处展示出来，使他发挥得更明显，而且收到更大的效果；补短，就是看他还有什么短处，能不能弥补，实在不能弥补，也要减到最小限度。

员工有两个基本的能力，分别是生长能力和适应能力。生长能力形成个人的性格。适应能力就是对环境作调适，我们把它叫做品格。性格和品格要分开，企业组织应要求员工具备某种性格，具备某种品格。当然，我们在甄选的时候就会留意，是不是符合我们的需求，实际上，当时我们只能够看一个大概，没法深入地全盘了解。所以，新员工招进来以后，要进行入职培训，使他更能够表现我们所需要的性格，更能够适应我们的环境，而具有良好的品格。

中国式培训的特色和缺失

培训的目的在于提高生产力，加强团队精神。提高生产力，就是要使他效率高，同时品质要良好；加强团队精神，就是要使得企业目标能够有效达成。培训的方式和内容，虽然每个企业、每个阶段不一样，每个人也不一样，但是基本目的都是提高生产力，增加团队精神，使得我们的目标能够更有效地达成。中国人在培训方面有几个特色，我们简单介绍一下：

1. 活到老，学到老。一个人如果不时常去学，就会倒退，倒退以后就会变成呆人，所以并不是说只有新进的员工才要培训，任何一个阶层都要培训。越是高阶层，越是认为自己很忙，没有时间培训，其实说穿了就是个面子问题。他总认为："我去听人家讲课？我讲课，人家听还差不多。"其实，每个人都有自己的专长，向别人学习，总会有提高。

2. 工作技能和工作态度同时培训。现在很多人偏重于技术培训，技术培训很重要，我不反对，但是态度方面的培训也是非常重要的，我们却往往忽略不谈。我们总觉得，技术学会了马上可以用，态度不知道什么时候才养成，其实这是错误的观点。

3. 重视修己。一个人如果会控制自己，明白自己的缺失，就容易改变自己。因此培训是要靠自己改变，但我们要告诉员工修身的方法。

4. 要提高大家的学习意愿。很多人老问我，培训有没有效。我的答案都是，如果员工有很高的学习意愿，培训就有效。如果员工觉得参加培训，就是来交几个朋友，打听打听外面的行情，看看有没有跳槽的机会，这种培训比没有培训还糟糕。因此，企业进行培训之前，最好先塑造学习的意愿，再给员工需要的东西。

5. 共通性与专业性兼顾。对人的了解应该摆在前面，大家沟通观念，明白人有不同的个性，要彼此尊重；然后再告诉他们，怎样去处理物，这样更有效。

6. 培训很有用。有人说："我去听了半天，他也没有讲什么。"这个观念是错误的。培训是加强推理的能力，使我们的脑筋更灵活。

7. 三人行，必有我师。每个人都有自己的专长，你也许各方面都比较行，但就这方面不如他，所以你在这方面拜他为老师，向他学习，这并不是没有面子的事情。

8. 重视实践。任何东西如果学完后不去用，就白白浪费了。学完回去要好好调整，有效地施行，这才是培训的成果。

9. 高阶层一起参与培训，做员工的好榜样。根据我的调查，如果老板跟大家一起听课，效果会大得多。最起码员工不敢打瞌睡，因为老板在那儿。同时，员工觉得"这些观念，老板也在听，我从旁边看看他的脸色怎样，他能接受，那我照这样做就没有错"，他就会更有信心。如果老板不在，员工会觉得："你讲得很有道理，谁知道我们老板是不是这样想的呢？我如果照你的方法去做，万一老板不认同，岂不是弄巧成拙？"

10. 想要人尽其才，更需要培训。员工本来已经有 80 分了，我们把他培训成 90 分，使他更能够发展才能。

但是中国人的培训也有很多缺失，在这里指出来，大家互相勉励，共同把这些缺失减到最少。

1. 不敢培训。不敢培训的原因有很多，其一，我的企业规模很小，技术要求也不高，那么我把员工培训好了以后，他在这里会感到英雄没有用武之地，反而会跑到更需要他的地方去，那我不是糟糕了？其二，为了保密，我不让我的员工了解我更多的情况，这样才能保密。其三，愚才政策，就是愚民政策，他们越不懂我越好管。甚至认为，员工把该学的都学到了，以后专门用来对付我，我不是更糟糕吗？所以干脆不培训。其四，忌才、怕才，怕员工受训完以后变成有才之人，将来凌驾于我之上。其五，认为人本来就是工具，用完就要丢掉了，为什么要培训他？

2. 不愿意培训。因为要支付培训费用，还提供补助，我吃饱没有事做？他又不是我家人，我的亲戚朋友还可以培训一下，亲戚朋友以外的员工，我培训他干什么？当然，也有员工自己不愿意接受培训的情况存在，比如，有的员工说："你给我算加班，我才去进修，你利用上班时间让我进修，对我有什么好处？"

3. 不重视培训。老板不重视、不支持培训，各级主管也就不重视了。

4. 不相信培训有效果。有些老板总是说："培训有什么用？你看培训多少次，回来还不是一个样？"把培训当成一种浪费。其实是他不懂考核培训的后果，所以就觉得培训根本没有用。

5. 不知如何培训。有的人是愿意培训，敢于培训，也重视培训，只是不知道怎么去培训。既没有培训计划，也不知道师资在哪儿找，有什么课程。同时，更没有办法得到员工的支持，所以也很泄气，不了了之。

6. 培训不及时。等到事情发生了才想起要进行这种培训，已经来不及了。

7. 培训完之后不知道如何应用。所以就会认为培训没用，对培训也不积极。

一般企业做培训，很少考虑到要做完整的培训，完整的培训应该兼顾到四个方面：

人格培训。人格培训就是使员工能够有自信心，同时也使得他们了解什么才叫光明正大的目标。换句话说，我们提升他们的品格，使他们在企业里面各方面的表现都值得我们信赖。

专业培训。专业培训就是提高员工的工作能力。

管理培训。管理培训就是让员工懂得修己安人的道理，当然包括人的管理、事的管理、地的管理、物的管理，还有时的管理。人的管理要使员工自觉、自动、自治，能够达到人尽其才。事的管理，要让员工了解缓急、轻重、先后的区别，能够把握重点，做到事尽其功。地的管理，让员工清楚地了解，哪一种地点有什么样的特性，如何去改良，如何好好利用，能够地尽其力。物的管理，要适时、适格、适量，处理物时，时间的把握，规格的把握，还有数量的把握都很重要，做到物尽其用。时的管理即时间管理，怎样节约时间，怎样守时，能够迅速地把事情处理好，能够把时间分配得恰到好处，才能够时尽其效。所以管理培训内容很复杂，人尽其才、事尽其功、地尽其力、物尽其用、时尽其效都是管理培训所要达成的目标。

体魄培训。不要以为体格好不好是员工自己的事情，员工不健康，工作一定不会起劲，效率一定慢慢下降，最后还是企业蒙受其害。所以体魄培训是我们应有的培训。

当然不是每个员工都受同样的培训，我们要根据员工的实际情况，在人格方面、专业方面、管理方面、体魄方面给予适当的培训，对他们有好处，对整个企业也有好处。

企业要进行培训，也要按照一定的方式来管理，首先，成立一个培训部门，由专人来负责。其次要确立培训的原则，是要进行全盘的培训还是从某一个部分开始，是要阶段性的培训还是有完整的培训体系。再次，分析培训需求。根据企业的需求，员工的需求，二者相结合。最后，制订培训计划，管理是从计划开始的。培训要纳入管理，也一定要有比较周详的计划。

计划通过以后，就要根据计划来筹备培训的活动。

1. 寻找合适的培训场所，有些企业是利用自己的培训中心，有些企业是租用大饭店里面的会议中心，有的企业到郊外、海边等地方租一些临时的房舍，等等。

2. 遴选师资，这是最重要的，因为师资的好坏直接影响到培训的成果。尤其是现在，大家都很忙，把这些很忙的人集合在一起培训，听完课，如果他们觉得不受用，或者觉得很失望，甚至会骂到老板那里去。所以培训部门的主管最大的负担，就是怕好不容易请个人来，结果受训的人怨声载道。

3. 准备相关的教具。有的人很喜欢用投影仪，那么我们得提前把设备调试好。有的人喜欢给大家看影片，就要准备放映的机器。问问老师的教材是什么样子的，能不能事先给我们。

4. 进行施教活动。培训完了以后，一定要检讨，才能够作改进。一般培训完会让受训者填一张反馈表，根据这张表进行分析，找到症结所在，下一次才会做得更好。

我们希望能够让受训者、主办者，以及比较客观的第三方，共同评估培训的成果及培训的计划。在培训以后，要让受训者自己评估一下他们的收获。培训部门也要对受训者作个考评，看看他们的课堂表现如何。还要访问一下他们的部门主管，了解一下他们经过培训以后有什么改变。由受训人自己来评估，由培训部门评估，再加上受训者的工作部门的评估，三方面汇集起来，就能知道培训的效果如何。

对培训的能力，要好好地去运用，这样才能够收获培训的成果。还要考虑一下，对积极参加培训而且成绩特别好的人，是不是给他晋升，或者给他调职，或者作人才储备，这一点应该纳入人事管理制度。如果各方面都认为员工培训后，有很大的改善，而且员工自己也很用心，培训的意愿也相应提高了，那么培训就相当有效。

企业培训无效的六个原因

培训没有效果，原因大概有以下六个：

第一，心理障碍。员工首先会问："为什么我要受这种培训？这种培训对我到底有什么好处？"如果他们觉得根本没有好处，只是上面强迫他们来的，那他们就有排斥感。老师讲得再好，他们也认为没什么用，不如利用这个时间闭目养神。这种心理障碍使得员工不愿意听课，不愿意受训，那么培训自然就无效。

第二，吸收困难。企业里的员工都是成年人，因为年岁的增长，不太容易抓住要点。听了半天，也听不出一个名堂来。听完了以后，也没有办法融会贯通。因此，教材的深浅，知识点的多少，受训者的水准都不一样，这些都是决定培训有没有效的主要因素。

第三，讲师的缺失。讲师本身往往缺乏管理经验，只能够纸上谈兵，虽然他讲起来非常有道理，但是并不懂怎么应用。这样一来，听的人自然就没有兴趣，认为："你那套理论到底能不能用啊？你自己都没有把握，我听了以后回去用，万一用错了不更糟糕？"所以讲师除了具有一定的表达能力以外，也应该去了解一下现场，知道一些实际运作的状况，根据实际加以调整，这样就不会无意之间害了很多人。

第四，时间的限制。培训如果只有短短两个小时，要培训很多东西，也是不现实的。有很多企业说时间很宝贵，就给两个小时，又要提高士气，又要提高生产力，请神仙来也没有办法。有的人听个头没有听尾巴就走了，有的人听头听尾中间缺课，他们也不是故意的，一会儿有人找，一会儿又想到什么事情要解决一下，这样一来听的都是不完整的东西，能有什么收获啊？

第五，缺乏真正运用的机会。那么受训完回到工作岗位，还是照老一套在做，没有一点改变。这样慢慢把听来的东西又忘掉了。

第六，目标迷失。受训者认为培训是一种休闲，去了有咖啡可以喝，有点心可以吃，找人聊聊天，很愉快。把认识人、聊天、打听消息当做受训，这是一个很大的错误，当然无效。

建议企业，一方面要让大家了解培训的意义和目的，另一方面也要有一个具体的人才培养计划。我相信，成功的企业对于培训都是不遗余力的，而且都会拨一大笔经费。

也有一些企业因为培训费用太庞大了，以至于不知道怎么用才好。所以，企业要有一些专门的人来花这笔钱，换句话说，他们要有这个能力，有这个专业，而不是随便就把培训经费花掉。因为培训要有成果，那么一定要有一批人，既了解什么是培训，又肯把培训当一回事来做。很多培训部门的主管都有这个热忱，但是他们有时候也会感觉到有挫折感，不知道培训怎样才能系统、完整。

另外，好的主管不一定要把所有东西统统教给下属，因为你如果统统告诉他，他就不会自己思考，反而会养成习惯，等人家告诉他怎么做。如果我们点到为止，保持一些神秘感，反而会引起下属的兴趣和好奇心。所以主管交代下属工作时，不一定要把工作细节全部说得很清楚，只提示重点，让下属自己去思考，这也是一种培训方法。下属常常要去动脑筋，根据主管的指示自己筹划、自己安排、自己磨炼，那么他就会增长工作的智慧。讲得太仔细，反而会伤害下属的自尊心，产生这样的反感："你把我当笨蛋吗？难道这些我都不懂?"点到即指，其他的让下属自己去想，对他自己也是一种鼓励。不懂可以再问，实际上有心人多听几遍，自己去整合，就会得到很系统的东西。

第二节 培训要解决员工实际问题

西方人是工作导向的，中国人是关怀导向的。这是不是代表中国人的问题用拍拍肩膀就能解决呢？我想拍拍肩膀是很有效的，问题是，拍拍肩膀之后，有没有一些后续的动作。如果拍拍肩膀之后，什么事情都没有做，没有解决问题，那下一次你再拍肩膀可能就没有用了。因此，拍拍肩膀可以说是一种推拖拉的方式，就是我们争取一些时间，以便了解问题的症结所在，想到好的方法来替他解决。解决了他的问题，拍拍肩膀才会有效。

一般我们听取员工的抱怨或者申诉后，没有办法立即发表意见，所以我们就拍拍他的肩膀，表示安慰，表示这个事情我们会重视，来缓和一下他激动的情绪，这时是相当有效的。可是我们一定要明白，问题并没有解决。换句话说，他抱怨或申诉的原因还没有消除。假如我们拖一阵子，他会因为我们的安慰而缓和下来，但是不解决问题，他下次再度不满的时候，恐怕抵触就会更强烈。为什么有些事情会发展到不可收拾的程度，就是因为我们每一次都这样拖，拖到最后就使矛盾全部爆发出来。

下属会认为主管做人很好，但是不值得尊敬，不值得信赖。因为他只会推拖拉，推拖拉之后没有有效地解决问题。所以一个好的主管，拍拍下属的肩膀之后，还要进一步把握事实，加以分析，找出真正的原因，来做合理的补救。同时，还要想办法防止同样的错误再度发生，这才是积极的做法。

我们一方面要充分了解下属申诉的内容，知道他在抱怨些什么，另一方面也应该让下属了解主管的要求，双方面来沟通，才能把问题真正解决。所以拍拍肩膀之后要能够有具体的措施，才能得到大家的尊敬。员工是企业最珍贵的财富，员工问题应该受到最高度的重视、最妥善的处置，否则势必愈演愈烈，终于有一天到了不可收拾的地步。

存在员工问题而非问题员工

员工问题不是问题员工，建议很多当领导的，最好认为员工有一些问题，但是没有问题员工。问题员工不在我的企业里，我企业的都是好员工。但是再好的员工也会产生一些问题。

比如有一些人准时上班，准时下班，对企业的所有活动也都很热心参与，但实际上他始终没有工作绩效。问他为什么不好好工作，他这样回答："我准时上班，准时下班，就表示我很尊重企业的制度，很尊敬我的主管。但是我不得不利用上班时间偷偷做一点自己的事情，现在是炒股的好机会，如果我不利用上班的时候炒一下，我跟我的朋友在一起时就感觉很没有面子，因为我赚的钱最少。"这个问题值不值得我们重视呢？是不是这样的人统统叫做问题员工呢？不是，他只是受了社会风气的影响，稍微有一点点问题，我们当然可以补救。

就算只有少数员工不符合组织的要求，我们也应该考虑到，少数人也会延误整体目标的达成。换句话说，一定会有不良的影响，我们一定要想办法去消减。注意，是消减，不是消灭，这种事情不可能完全消灭。因此，差不多所有的管理者都认定，员工问题是存在的，而且有研究的必要。

研究到最后能不能解决呢？假如不能解决，我们浪费时间去研究它干什么？员工表现得不符合企业的要求，当然有其原因，这个原因一般叫做不安，即员工一定有些不安。比如上班炒股那个员工因为跟朋友相处的时候，感觉到没面子，感觉没办法跟别人相处，这就是他不安的原因。我们只要充分了解他不安的原因，就有办法合理地补救。可见，员工问题不但有必要研究，而且是可能解决的。

我们把员工问题大致上分为两类：一个叫做不为也，一个叫做不能也。所谓“不为也”，就是他能干，有能力做事，但是他不做。所谓“不能也”，就是你打死他，他都没办法做，就算罚钱，甚至当面给他难堪，他都没有办法去做。“不能也”的问题比较简单，培训一下，或者请专门的人教他，让他慢慢从不会到会，就解决了。“不为也”反而比较难解决；“不为也”包含不会做、不肯做、不敢做、不多做，还有不当做。

“不会做”是多少会一点，但是没有把握，很怕做完以后要挨骂，于是干脆说“我不会做”。这与“不能也”有区别，真正的“不能也”就是你再怎么骂，他都不能做。但是“不会做”是你发狠了，他就可能去做了。

“不肯做”就比较麻烦了，为什么不肯做呢？“因为我多做，没有多领钱啊。”“我做了也没有人欣赏啊，我马马虎虎做也是这样，好好做也没有人说我做得好，为什么要做呢？”所以要去了解员工不肯做的原因，给他一些鼓励，他一般又肯做了。

“不敢做”是因为员工感到主管看他不顺眼，对他有成见，觉得他怎么做主管都认为他是错的。的确有这种情况，一个主管对下属有成见的时候，他永远对下属不满意：下属做得不好就是存心捣蛋，做得好也说下属不够认真，那下属当然不敢做。

“不多做”，是他每件事情都做得好好的，但是他自己控制得很紧，绝不多做。因为他认为多做就侵犯了别人的权利。“不该我做的事情，我会做，也肯做，也敢做，但是我一做就变成侵犯了别人的权利，将来别人怀疑我为什么这么热心，是不是有什么企图，我就倒霉了”，这种情形也很普遍。企业里面既然讲要分工专职，每个人都有自己的职责。他做不好时，我们应该补充。当我们把自己事情做好了，还有力气做其他的事，而别人没有做好，我们帮一帮他，这是应该的。对于“不多做”的人，我们打消了他的各种疑虑，他只能去做了。

如果一个人会做，肯做，敢做又多做，可是一不小心做错了，就是“不当做”，做得不当，那怎么办？中国人很奇怪，他做错了，你安慰他，他更难过。你把他叫来骂一通，他的愧疚感就没了，“我做错了，你也骂过我了，我们两个人谁也不欠谁”。这都不是很好的办法。我们再给他新的任务，让他去做，他会认为，“你还是接受我的，还是想让我做事的”。然后再找机会跟他讲：“你那件事情做得不理想，这件事你做好，就可以让人家谅解你，将功折罪。”他就会做得更好。

所以，教他、知他、谅他、信他、用他，这是破除员工不安的五个秘诀。教他，他不会做我们教育他。知他，他心里头生闷气，不肯做，认为自己受委屈，我们知他，告诉他：“我知道你多做了，我会记住，不会让你吃亏的。”谅他，他不敢做，我们谅解他，就算错了也不怪他。信他，当他多做时，我们相信他，知道他没有私心。用他，他做错了，我们继续分配新的工作给他，然后再找机会告诉他错在哪里。这样，员工就会努力工作。

分清这两大类以后，大概就能找到解决员工问题的方向。不过，我们在处理这些问题的时候，应该抱有一种比较正常的心态：

第一，最好先反省一下自己。员工有这些不安，我们有没有问题？如果我们有责任，就先改变自己，再来要求他改变，他才比较信服。如果光是要求别人，而我们没有改变的话，问题就永远存在。

第二，跟员工保持适当的距离。适当的距离不是疏离，过分的疏离就使大家没有办法沟通，更谈不上解决问题。过分亲近就很容易导致员工目无尊长，没大没小，很难解决问题，主管讲什么，员工总是有很多理由申辩。这样永远没有办法解决问题。

第三，要明白每个员工都有个性。这种差异是很重要的，员工的生理、智能、兴趣、性向、性格、品格、教育程度、需求、目标、价值观等都不同，再加上一些环境因素，如噪音、污染、压力、诱惑等问题，还有社会风气的影响，每个人的问题多多少少有点不同。我们不能说，“因为别人是这样，你就一定这样”，那他一定不服气。常常找机会听听他吐苦水，让他把心里话讲出来，我们再来解决才比较合理。

第四，要设身处地寻找解决的办法，不要老站在企业这边，我们要尽量地体谅员工，因为我们所有的事情实际上都是通过员工的手在做。我们站在员工的立场想一想：如果这么解决的话，员工是不是觉得很愉快，是不是觉得很合理？如果不是，为什么？我有没有更好的办法来满足员工？持有这种心态来处理员工的问题，是比较合理的。

至于处理的过程，大致分成五个步骤：

第一步，分析员工问题产生的原因，一定要把真正原因找出来。

第二步，要调查员工为什么“不能也”，换句话说，员工出问题，我们要断定，这是“不能也”还是“不为也”。如果是“不能也”，就去了解其原因为何，并想办法解决。因为“不能也”比较容易解决，找一个员工比较信赖的人教他，让他感觉有兴趣，让他有信心，他就会做了。

第三步，如果是“不为也”，则比较复杂，因为这里面有“不肯也”、“不敢也”、“不多也”、“不当也”等不同，那我们就去判断究竟是哪一种，或者哪一种成分比较多。

第四步，进行审慎的研究，看看怎样处理比较合理。

第五步，处理之后还要去追踪，看看处理的成果怎么样。

有这五个步骤，就是有头有尾地解决员工问题的合理过程。不过我们不是神仙，没有办法把所有问题都解决。所以，我们也建议，当员工抱怨的时候，我们不要马上给他太多的保证，不能答应他一定解决，否则事后解决不了就难办了。

所以，当员工第一次抱怨的时候，就算我们已经听得很清楚了，也要把他请过来，让他坐下，倒一杯茶给他喝，然后让他再讲一遍。等他讲完以后，我们也不要急着告诉他"我准备怎么解决"，而是平静地说："有这种事情，我怎么没有听到过？细节到底怎么样，你再讲一遍给我听。"通常人们把肚子里面的闷气吐过一两次以后，也就没事了，大事化小，小事化无。我相信员工讲过三遍以后，就不生气了，他甚至会说："小事情，你不用担心，我会解决的。"这时我们要说："不行，这个事情就算是小事情，但你说出来还是很重要的。所以你给我一点点时间，我去查证一下。如果有答案，我在一两天之内告诉你。"这又是在利用推拖拉，让他的心情平静下来，我们也才有时间去了解实际情况。等了解清楚以后，再跟他说："你所知道的跟我所听到的是不相同的。这当中有些差距，难怪你会误会，我说给你作参考……"员工听完后会说："原来是这样，算了算了，都过去了。"如果他不能接受，我们也不要争辩，而应该说："好，如果你认为是这样，我再去查。"这样一来一往，实际上也是一种推拖拉的运作，但是到最后一定会找到比较合理的解决方式。

员工不为要分清原因来解决

任何员工问题，只要我们真正想要解决的话，最后肯定会找到一个公正合理的解决方式。我们不能够偏心——既不能够偏向企业这面，也不能够偏向员工这面，只要采取公正的立场，一来二去，问题自然就解决了。

那我们现在先来看"不能也"怎样去补救，因为"不能也"最简单：

可以通过各种培训提升员工的技能。技能包括专业知识，也包括专业技巧，这两样可以通过正式的培训或者是现场实习来提高，甚至可以在员工做完后给他们一些建议，这样一来就可以把他们的技能提升了。如果时间许可，还可以再次培训，直到他们学会为止。

改变工作内容来迁就员工现有的技能，这也是一个办法。员工做这个工作做不好，如果做别的工作做得好的话，就让他们做另外的工作。

我们根据员工的专长，重新调整工作，使大家都能够胜任，这样等有时间我们再来培训他们的第二专长，不必急着马上培训。

改变工作的内容，改变工作的方法，使其符合员工的技能，也是可以的。或者我们使用新的设备，比如实现机械化、自动化来弥补员工技能的不足，使他们做得更好，也是一种途径。

员工的问题除了“不能也”之外，“不为也”也占了相当大的分量。员工“不为也”主要有六种不同的原因：

第一，企业里面如果有这么一个气氛，即工作符合要求，反而对员工有害处，那么员工就不为了。照理说，工作符合企业的要求，应该对员工有利才对。但是实际上，反而有害的情形很多。比如企业要求一个员工做某事，他做得很好，结果主管增加他的工作，那么他就感觉到上当受骗，认为自己完成得越好，就会增加越多的额外负担，表面上说“能者多劳”，但实际上能者多劳对自己一点好处都没有，多劳并没有多得，这就是企业的一个错误做法。

如果员工有杰出的表现，但是我们不能保障他，不能使他安心地工作，反而使同事对他产生排斥或者嫉妒，那么他就会非常灰心。照理说，他工作做得很好，符合企业的要求，可是同事排挤他，想办法整他，那他就会想，“我何必呢”，他就会不为也了。

换个角度说，如果有杰出表现的员工向主管检举，某一个同事做哪些事情不符合企业的要求，他这种行为是不是正当的？应当是正当的。但是，老板常常把他的身份暴露出来，使他遭受到很多无谓的困扰。当然社会上这种情形也是很多的。比如有人看到小偷偷别人的钱包，就报警。警察抓了小偷以后，也会把目击者带走去当证人，那我想以后谁也不愿意再做同样的事。所以有些领导者常常把下属告诉他的事情公开出来，这样做的结果是使得他的信息管道越来越闭塞。

更有甚者，有的主管，因为他的下属张三跟他讲了李四的一些不正当的行为，他马上说“你等一等”，然后就把李四也找来，让张三和李四两个人当面对质。这样一来大家都吓坏了，以后有什么事情都不敢跟这个主管讲了，使得沟通更加困难。

无论是哪种上述情况，都说明员工的行为、表现是正当的，符合企业的要求，但是他本人反而蒙受其害，那么这样的一些情形会使得他“不为也”，别人看了以后引以为戒，谁都不敢符合要求了。

第二，工作不符合企业的要求，结果反而有利。照理说，工作不符合企业的要求，员工应该受处分才对，但是事实上他反而得到了一些利益。比如说，有的员工不做事，有事情就躲，结果少做少错，反而少挨骂。这种情形很普遍。多做的人，难免会多出错，有错误就挨骂，渐渐的，大家都没有事情做，没有事情就减少错误的机会，反而少挨骂。

准时到达反而浪费时间，这种情形也很普遍。比如开会，都是准时的人在等那些不准时的人。准时的人心里想："我何必在这里等别人？不如哪一天我也让别人等一等。"这样，开会就越来越不准时。所以我也常常建议很多企业管理者，召集会议，通知几点就几点开始，不管人有没有到齐，没有到齐，也照样开始进行。有人迟到了，你就明说："我们已经开了几分钟了，错过的内容，你将来看记录好了。"这样，迟到的人慢慢就会收敛了。

努力工作，结果没有时间准备考试，耽误了自己的晋升，这种情形也有很多。不努力工作的人有时间准备考试，而努力工作的人反而不能利用工作时间来看书，结果考不好，影响了自己的前途。

类似的情况有很多，管理者应该在企业里找一找，看看还有没有工作不符合我们企业的要求，反而得到好处的情形，有的话就要检讨一下。

第三，反正我工作合不合要求，结果都一样。这种情况下，大家就不会想着尽力做好工作。做多做少，领同样的工资，何必多做？大家都不是傻瓜，既然工作符不符合标准也没有人检查，何必太认真？

第四，员工受到阻碍，没有办法符合要求。这种情形可以再细分一下：

信息受阻碍。企业发布了信息，员工没有办法接到，根本不知道企业的标准。这种情形到底应该怪谁，值得我们去探讨。

权力受障碍。员工有责任，但是没有实权，他要尽责任的时候，别人不听他的，怎么办？我一再说，最好少去讲"权"的观念，如果我尽责任，但是别人不配合我怎么办？多半要有上级主管的支持。比如上级主管公开说："这件事情我已经把责任交给谁了，希望你们跟他配合。"这样一来，他就无形中得到一种要求别人配合的权力。

资源的障碍。比如我们现在过分强调精减，使得很多工作没有办法如期完成。我有一次到新加坡，住的是国际五星级的酒店，一切设施都很好。我习惯早上起来喝一点热茶，可是旅馆只供应凉水，所以我就打电话，问能不能给我送一壶开水来。服务人员说没有问题，结果我等了半个钟头还没有送来。我就又打电话，服务人员还是说马上来。可是我又等了好久，差不多有一个多钟头，有一个服务人员终于拿了一壶开水进来，满身大汗，他解释说："我从早忙到现在没有停过。"我就知道，他们的人力过分精减了，使得很多的工作没有办法做好。

财力过分的紧缩，物力过分的节约，也会造成资源障碍，使得很多人想把事情做好而没有办法做好。

命令不统一，使得员工无所适从，所以他们没办法做事，这是比较严重的。这种情形多发生在正副主管之间。比如正主管说："你不要理会副主管，直接向我汇报。"副主管说："你如果直接向正主管汇报，我就让你无法做事情。"这样一来，就使得底下人无所适从。

环境的障碍。比如说噪音太大了，室内温度过高或过低，等等，都是使得员工不工作或者怠慢的原因。

上级主管越级指挥。这样容易造成各方面的要求互相矛盾，使得员工也没有办法把事情做好。

员工承受过多的精神压力，比如主管告诉他："你这次非成功不可，否则整个企业都被你搞垮了。"那员工也不敢做。

受到小团体的牵制。这些小团体不让员工好好做事，因为会对这个小团体不利。员工很想做好，但是受到这样的牵制，就使得员工也会产生"不为也"。

第五，缺乏诱因。我们常常说激励因素不够，所以员工不起劲。工作量再多，也没有奖励，那么大家自然不想再用心，不想再尽力。

第六，私人问题使员工很困扰。比如说失恋、失眠、身体不适等，或者有一些不良习惯，如酗酒、赌博、负债累累，甚至有外遇、子女问题等，使员工整天没有办法集中精神。

以上的这些原因，是企业管理者应该主动了解的。找到原因以后，我们再给予合理的处置，这叫做补救的措施。

一般来讲，补救措施可以分为两大类：一是给他一些鼓励，让他从不为变成为；二是给他一些惩戒，让他不敢不为。不管是鼓励性的还是惩戒性的，都有各种不同的方法。

鼓励性的处置有以下几种：

1. 提供一些学习的机会，让他受到适当的培训，他当然充满信心，把事情努力做好。

2. 减轻他的工作负担，或者改变他的工作性质，让他做力所能及的工作，或者比较感兴趣的工作，那么他一定会做得更好。

3. 提高他的工作酬劳，或者另外给他一些嘉奖和褒扬，以资鼓励。

4. 可以授权让他去负责，也就是赋予他一些责任，表示我们信任他，让他去充分发挥能力。

5. 分配给他一些富有挑战性的工作，让他感觉到受器重，而且有机会去发展。

6. 可以给他一些自我发展的机会，当然这要看具体情况了，看他有没有这种意愿。

7. 可以改善工作环境，保障职位的安定，使他没有后顾之忧，他就会尽全力去做。

8. 可以想办法促进员工之间的和谐与互助，在团结合作的气氛之下，大家自然想把事情做好。

9. 可以协助员工发现工作的意义，发现工作的价值，使他们不要整天把脑筋都用在“我领多少钱”，“我是不是受到不公平的待遇，我是不是受到委屈”等无意义的事情上，尽量把他的思想转移到我们的工作很有意义、很有价值上，使他们的精神更愉快。

10. 可以提供一些升迁的机会，使员工可以获得适当的升迁而有相当的成就感。当然，我们也可以针对员工良好的工作表现提供一些合理的奖励，这样的话，可以让他感到自己是受到鼓励的。

有的事情我们要用惩戒性的措施，具体方法如下：

第一种，当员工做不好的时候，就要给他一些口头警告或者书面警告，抑或把他应该享受的权利减少一点，或者把他调至其他岗位，严重一点的要降级或者停职，再严重的就要解雇。对于一些表现不好的中基层管理者，也可以把他架空。架空是我们中国人常用的办法，比如有一个科长表现不好，可以把他的工作统统交给其他人来代理，使他空有科长之名，而无法行使科长之实。久而久之，他就明白了。或者我们可以让他自己辞职。中国人有很多方法，只不过要看事态轻重来选择。

第二种，当员工做不好的时候，我们既不去支援他，也不去惩戒他，而是有意地不理他。“不理他”在某一种程度上也会起到制裁的效果。我们中国人最讨厌别人管自己，但是最不喜欢的就是别人不理我们。不理，我们也会觉得很难过。比如我们对喜欢打小报告的员工不理不睬，他就会觉得自讨没趣，以后就会减少打小报告。

特殊问题应该视为个案处理

至于员工有些特殊的问题，我们也要有不同的处理方式，大致分成几个步骤：

第一步，分析他为什么有问题。越级指挥，正副主管的意见不同，员工抗拒革新，或者陷入派系的纠纷，员工常常缺钱，工作很懒散，甚至还公开地抗命，制造纠纷……出现这些情形，员工都有很特殊的问题，我们看到以后不能不理。

第二步，分析问题的根源在哪里。所谓事出必有因。越级指挥使得员工感到很大的抗拒，是不是上级主管有点问题，对他有偏见，故意刺激他，具体原因要了解清楚。制度本身，环境本身，团队气氛，或者他本身有没有问题，都要搞清楚。

第三步，要了解问题，可以用一些方法。我们可以用观察法、会谈法；或者用调查的方式，比如做一些测验，分析他所做的记录；或者集体来研讨；或者用私下检举的方式；或者用公开侦查的方法……

第四步，处理这些问题，要根据客观的事实，同时要沟通观念，协调有关方面。

第五步，我们还要给当事者一个辩解的机会，不能管理者主观认定就可以了，还应该听听员工的意见，他可能有难言之隐。我们最好进行调解，当然调解不成，再考虑给他适当的惩罚。惩罚要注意几个原则：

第一个原则，事先要给他警告。我们事先没有警告，他没有心理准备，就可能闹出很大的事情。

第二个原则，要选择时机。比如，事先跟他谈谈，感觉他心平气和的时候再来宣布对他的惩罚决定。如果在他刚好取得很大成绩的时候宣布，他一定认为你是故意让他出洋相，他一定会更抗拒，这就是时机不对。

我们要坚持原则，立场要很稳定，但是，一定要考虑到当事人的心情，考虑到周遭可能产生的影响，同时，最好有人做证明，表示我们是客观的，我们要尽量避免产生后遗症，就是把争执降至最小。

我们一直认为，主管一定要有两种态度，就是无事不惹事，有事不怕事。以这种态度来处理员工问题，大家会比较敬服。

我们再把员工问题缩小一点，就是当他抱怨的时候，我们怎么办。这是最普遍的情况。员工抱怨的时候，我们不要鼓励他，也不要禁止他，否则他就会觉得，“我连抱怨的机会都没有，可见你根本不理会我的立场”。可是我们也不能鼓励，否则他就认为，“你的看法跟我一样”，因此更坚持自己是对的，更觉得自己受委屈了。我们应该心平气和地听他说，说完了以后也不说他对，也不说他不对，而是说，“你给我一段时间，让我查一查事情的真相”。我们事后一定要认真去查，查完以后再跟他讲，他是对还是不对，希望他能够了解，我们是很公正地处理这件事情，希望他能够配合企业的需要，也为他自己做一个适当的说明。这样，他的抱怨就会很快平息。

对员工的抱怨最好是做一些预防工作。预防工作要从主管本身做起，主管越好，员工抱怨的机会就越少；主管越刚愎自用，主管越有成见，员工自然就有更多的抱怨。所以，主管要真正地关怀员工，他们一有抱怨，马上就可以做一些合理的处置。

如果员工的抱怨扩大，变成劳资纠纷，怎么办？现在劳资纠纷是很普遍的现象，一般都有三大借口，我们要小心，不要被这些借口蒙蔽了。

一是动不动就说管理制度不健全。

二是中国人没有什么法律观念。

三是有第三者介入。如果不是自己去找，第三者怎么会知道？他怎么会有机会介入？可见还是自己人闹出来的。

因此我就有三点建议：

第一，一定要确立自己的事情自己解决的原则。这样事情比较容易得到合理的解决。

第二，我们最好通过中层干部，让中层干部扮演中间人的角色。因为中层干部平时跟劳方、资方两方面都比较密切，有很多机会可以沟通，对双方的情况比较了解，由中层干部承上启下应该是最适当的。

第三，要重视平日的沟通。平常多沟通，有小问题要趁早解决。企业里面如果没有大问题，那就表示问题还比较小的时候就解决了。因此，企业如果说有大问题才能解决，它一定是忽视小问题的。我们要重视小功劳，不要重视大功劳。因为小功劳就表示小问题都解决了，问题小的时候都解决了就不会有大问题，没有大问题就没有大功劳。这句话值得记在心里头，重视小问题的解决，不要等到大问题出现才来解决，要重视平日的沟通，可以使得劳资争议减到最低。

第七章
考核激励提升工作绩效

一个人现在表现怎么样，会影响到未来的发展。考绩应该反映一个人的过去，决定一个人的现在，还要能够影响一个人的未来，这样才是完整的考绩。

第一节 中国人最应该重视考核

绝大部分的中国人都很积极地想要知道管理到底是怎样的。因为我们已经感觉到，只有管理能够提升生产力。

众所周知，管理是一个很简单的循环——PDS 循环。在 PDS 循环中，最不容易做好的就是检查。中国人最害怕检查，因为每一次检查的结果多半会把做错的人给找出来，弄得当事人很没有面子。那么他也会意气用事，使得其他人也跟着没有面子。中国人的任何事情不太可能就事论事，不太可能对事不对人，因此，任何事情检查来检查去，最后都会扯到人的身上，这是我们中国人最应该要注意的。

我们无法要求大家不犯错，只能要求大家尽量把过失降到最小，做到不贰过就够了，但是一般的人多半会自己调整。举个例子，想一下我们当学生的时候，一遇到考试，我们的心态是怎样变化的。

我觉得，中国人在考试之前是儒家思想，考试当中是很典型的道家思想，考完之后又是佛家思想。你看每一次考试之前大家都说，“我这一次一定要考好”，这就是典型的儒家思想，非常积极，非常肯定，非常有自信。我们作计划的时候也是这样的，认为我这次的计划很完美，将来执行的后果一定很好。可是我们进考场的时候一看，会的老师都没有出，老师出的都不会，我们只好说，“那有什么办法？我会几个就写几个吧，不会的就蒙吧”。我们执行计划的时候也是如此，能执行的就执行，执行不了的就跳过。考完了以后，老师把成绩公布出来，即使考最后一名，也不会觉得怎么样，“阿弥陀佛，反正总有人要垫底嘛，不是我垫底就是别人垫底，我不入地狱谁入地狱？”检查的时候，我们也会觉得无所谓，反正都是过去的事情了。

可见，当我们作计划的时候，多半很积极；执行的时候我们多半会迁就实际情况，很少坚持一定要做到什么样的标准；在考核的时候，我们又比较放松。可见我们做事情经常是周而复始，一错再错，就是因为我们没有做好检查的工作。

既要重视考成又要重视考绩

检查通常与考核结合在一起。任何计划，执行完以后，一定要做考核。考核没有效果的话，就失去了价值。所以我们既然要考核，就要来研究一下，怎样使考核有效。

一般来说，我们可以把考核分成两大类：一类叫做考成，另一类叫考绩。考成偏重于工作，叫做工作考核；考绩偏重于个人，叫做人事考核。

考成可以说是企业对各个部门的考查。一到年底，上级机构通常会对下级机构进行考核，按照其实际表现给出相应的评价，目的是分配该机构可以得到优良中差等各等级人员的名额。我们一再主张，一个企业要有整体的考核，看各部门的总体目标达到多少，如果达到100%，考绩的时候该部门优等人数就可以放宽一点。如果部门的总体目标只达到80%，考绩的时候优等人数就要降低。这样才能够把每一个部门的业绩跟整个企业的业绩结合在一起。

有很多企业没有做考成，尤其是现在，企业慢慢以利润为中心，每一个事业部门实行独立核算。这样一来，就产生了一些意想不到的后果。比如某个部门业绩好了，另一个部门业绩差了，彼此之间就会闹意见了。业绩好的部门会抱怨："我们为什么要赚钱给另外的部门去花?"就可能建议企业把业绩差的部门裁掉，这就失去了事业部门制的意义。真正的事业部门制是说大家共同承担一些风险，有月亮也要有星星，星星比较亮的时候，没有月亮也勉强可以照一照，但月亮出来的时候，当然更加光明了。

如果有考成，就要关注整个企业有没有提高经营绩效，事业有没有按照预定的方向发展，战略是不是符合国家的要求，有没有加强研发，有没有用心改善管理制度。从这几个方面来看企业整体的表现，然后给出一个百分比，这就是我们全体努力的成果。然后再看各部门的情况，看每个部门是不是都达到目标。

根据整体考成，再来作个人评估，评估个人的考绩。个人的考绩是根据部门的考成而来的。这样就不会只强调个人，不兼顾整体，可以把本位主义降到最低。

人事考评的项目比较多，如工作的能力、品格的优劣、合作的程度、负责的态度、进取的精神……这样才能完完全全地评估一个团队。我们建议不同的机构，有不同的任务，其考成项目所占的比例也不应该一样。不同的部门，人员的起薪不一样，所负的责任也不一样，所以各项目的比例也应该个别去调整。因此，我们不太主张用统一的考核表格，用统一的评分标准，这样会引起更大的抱怨。

有效的考核，会使员工明白：我应该努力工作，应该把我的力量尽量发挥出来，这样才能得到更好的成绩。能够达到这个目的，考核才是有效果的。

考核时考核者发挥主导作用

一般来说，公平的评价很难做到，这是不争的事实。我们一方面说，天底下没有绝对的公平，对不公平的事情要用平常心来看待；另一方面，身为管理人员，我们应该尽量做到公平。这两句话并不矛盾，管理者要强调，"我只能力求公正，很难公平"，但是不能说，"我很难公平，更加不公正"。管理者要多注意观察员工平时的表现，不能等到考绩时再来观察。否则就会使得很多员工在你平常不留意的时候混日子，等到你要考绩了，才故意表现得非常好。

做一个管理者，调整薪资前，一定要了解下属的表现怎么样，才能够有据可依。要发奖金，也得知道员工的业绩，才能做合理的方案。如果有升迁的机会，更应该根据平时的考核，选出合适的候选人，提供给上面作参考。管理者评估下属的机会很多，评估下属也是管理者的一个很重要的工作。因此，管理者也要培养一下评价能力。

当然，评价要做到完美无缺是不可能的，但是，我们不能因为这样，就马马虎虎。我们应该有三个努力的目标：

第一个，我们既然是管理者，既然要评价别人，就要知道评价的重要性。

如果认为评价与否无所谓，反正是表面工作，走个形式，随便填个报表就行了，那就大错特错了。如果是这样，干脆不要做这个工作。否则，就会造成很多扭曲的结果，使得好人被埋没，坏人反而得到机会。

对下属的评价与考核，非常重要，因为这关系到他的升迁，他的加薪，他的前途。我们一定要好好做。

我经常听到很多人抱怨自己的主管，评价时马马虎虎，或者采取下属轮流评优的做法，这种无能的主管还要他干什么？一般来说，下属很不愿意骂主管无能，但是当主管考核不认真的时候就会骂他，可见大家很重视考核。

第二个，企业有一套人事考核的制度，我们应该把制度拿来仔细看一看，尽量照企业的制度去做，并同其他的部门配合。

我常讲，企业有制度，但是每个部门主管执行的时候都不完全遵照企业制度，所以弄得大家感到非常不公平。比如说，甲原先在这个部门的时候，按照年资轮不到他，所以他前几年的考绩不好。等他到了另外一个部门，偏偏那个部门主管又是评年资的，谁来得早谁的成绩就好，甲是个新人，所以他又倒霉了。后来甲又调到第三个部门，那个部门主管说：“你每年考绩都很差，可见你不好。”然后一直用这种武断的态度，结果甲没有一年考绩好。这样就把一个人活活地抹杀掉了。

第三个，一定要去了解评价的目的是什么。评价的目的一般有加薪、发奖金、职位的升迁，或者按照员工的才能分配更合适的工作。目的不同，考核的重点也不同。

要做好个人的考绩，企业管理者一定要注意以下七点：

第一点，不要倾向于选择中间评价。从我们的民族性可以看出来，如果有三个选择，人们多半会选中间的。比如有好、中、差三个选项，人们会觉得，“好”，太过分了，“差”，太不好意思，所以就选“中”。这样一来评价就失去了意义。作为一个管理者，你不要这么做，否则就分不出高低来了，那算什么评价呢？

第二点，不要倾向于宽大为怀的作风。部门主管想要做好人，给每个人的分数都很高。这也是一种错误的想法，认为宽大为怀，就会达到讨好大家的目的。其实不然，一般人会觉得你不分是非。统统偏高是不分是非，统统偏低还是不分是非。我们应该合理化，该高的高，该低的低，要拉开差距才算是真正的考绩。

第三点，不要报喜不报忧。中国人很喜欢报喜不报忧，就是说，看到他的优点而忽视他的缺点，这也不对。平常的时候，我们要少看他的缺点，多利用他的优点。但是评价的时候，要把他的缺点也找出来，让他知道自己的不足，知道自己在哪方面还有改进。看到缺点就很容易把他的优点埋没掉，看到优点就很容易忘记掉他的缺点，这也是不平衡的表现。

第四点，不要倾向于硬性评价。很多人都说，我认为是这样就是这样，反正我有这种印象。凭印象非常不客观，我们如果有客观的资料，就要尽量利用客观的资料，比如说考勤表、工作进度表、工作总结。只要有实际的根据，都可以拿来作参考。

第五点，不要到处打听。中国人很喜欢到处打听，喜欢道听途说的东西。打听没有错，但是不能随便听别人的意见，自己要好好想一想，再作客观的判断，这样比较好。比如，打听一下某人怎么样，正好碰到对方是某人的好朋友，他就会多说好话；如果对方跟某人是仇人，就会把某人骂得一文钱不值。如果你相信，那就未免太草率了。

第六点，不要认为“必然如此”。很多人认为，某人理解力很强，所以判断力也很强，这两个是不相关的。可是一些企业管理者通常这么认为，这就有点一相情愿。这种“必然如此”的推理常常使人出现偏差。

第七点，不要倾向于个人的好恶。如果说，“爱之欲其生，恶之欲其死”，就太可怕了。尤其权力越高的人，越有这种倾向，下面人死得越快。人，当然是有感情的动物，我们不可能完全摆脱自己的情感，对于跟自己交情比较好的，平常比较听话的人，我们私底下都有照顾他的想法，因此在评价的时候，就会给他比较高的成绩，这是很难避免的，可是我们要尽量去避免。

做到以上七点，下属们会更佩服，我们自己也问心无愧。同时，上级主管看到我们这种考绩的态度，也会更加赏识我们。假如每一级的管理者都能够这样认真、客观、尽量公正地做考绩，大家就会对考绩相当的重视，对考绩的结果多半能够从心里头接受。大家接受以后，就会注意把自己的缺点改掉，把优点表现出来，真正发挥考绩的功能。

如果把负责考核的人的心态加以归纳的话，可以分成三种：

第一种，主观主义。我们一般都说某个人的考核很主观，他完全从个人的好恶和主观的印象出发。这样就使得考核的客观性跟公平性受到很严重的损害。但不幸的是，没有一个考核者会承认自己是主观的，每个人都认为自己很客观，这是我们很难打破的一个结。我们最好告诉自己：“我难免会主观。”有这种想法，我们才会尽量使自己客观一点。如果主管对下属说：“我这个人绝对是客观的，一点也不主观。”下属根本不相信：“你说这句话就非常主观嘛。”

第二种，宽大主义。主管跟下属相处久了以后，自然有感情，若给下属的评语不好，于心不忍。再加上中国人始终认为，“我没有功劳也有苦劳，你不认定我的苦劳，我就感觉到很疲劳”，这“功劳、苦劳、疲劳”多半使主管觉得，能放宽尽量放宽。这样也就使得每一个人都要争取能够放宽的名额，尽量给下属很高的评价。而下属具体什么样，就不敢保证了。这样考绩失去了事实的依据。主管有办法，能争取到更多的名额，跟他的人自然可以得到更好的成绩；主管倒霉，没有办法，跟他的人只好受委屈。

主管要明白，考绩的时候，并不是分数越高越好。若是考绩的结果偏高，比如，80 分以上是优等，我们经常给良等的人 79 分。79 分就意味着，我本来是要给你 80 分的，只不过上面有限制，那我给你 79 分。79 分跟 80 分只差一分，更引起被考核者的不平："你凭什么认定他 80 分我 79 分？"你如果给他低一点，72 分，他还可能认了，觉得 72 分与 80 分之间还有一段距离。所以不要认为宽大就可以得到大家的谅解。

第三种，折中主义。或者主管是新来的，或者员工是新来的，彼此都不了解。这时，要对员工进行考核，就要采取折中主义，以免评价太好或太坏，有失偏颇。这种心态也是很正常的。特别是品德评价方面，这很抽象，我怎么知道他是好是坏？说他好，将来他出现纰漏了，那我不是糟糕了？说他不好，大家都认为他好，岂不是说明我偏心？所以给他一个中间的成绩最妥当。折中主义者很容易受到主观主义者的影响而改变原来的主意。如果折中主义者在打分的时候，旁边正好有个人说："这个人不错，你怎么只给 79 分？"他马上改成 80 多分。这又是一个不公平的来源。

考核者要常常告诫自己，不要主观，不可以尽量地宽大，更不能一切走折中的路，这样，他就能够给出真实的成绩。

同时，我们建议做考核前，要先去了解考核的目的是什么。考核的目的，我们认为最少有五个：

第一个，要能够激励勤奋。假定我们考核的结果使得所有人的士气都降低了，那就表示考核有问题，比不考核还糟糕。考核，就要使大多数人感觉到，因为有考核，所以我会更努力，把我的工作做好。这样才是考核的正面作用。

第二个，要能够"惩劝怠虎"。"惩"就是惩罚，"劝"就是劝导，"怠"就是怠慢的、懒散的，"虎"就是不用心的、马虎的。对于那些比较懈怠的、马虎的、草率的人，考核要起到劝导的作用，严重的给他们一些惩戒，这才是考核的目的。

第三个，考核要能够维持纪律。就是说，如果不遵守纪律，那将来的考核成绩一定不好。有了考核的压力，员工就会服从纪律，遵照规定去做，员工不敢随便逾越企业的规定，目无法纪，否则就会体现在考核上。

第四个，要能够提高效率。若是越考核，大家的效率越低，就说明员工对考核不满，或者认为“你爱怎么写就怎么写，我做不做根本没影响”，这样就会使大家效率降低。如果通过考核，大家认为，“我认真做，你就会给我一个适当的奖励或者提升，当然我就会更加努力”。这就达到了考核的目的。

第五个，使考核具有识别人才、培养人才、提拔人才的积极作用。通过多次考核，还不能够识别人才，使人才为企业所用，就表示我们的考核有名无实。通过考核，还不能找出一个员工的缺失，让他及时补救，把他培养起来，那就表明考核是空洞的。真正的考核是很积极的，通过考核去识别人才、培养人才、提拔人才，才能起到真正的作用。

考核的原则和要避免的难题

要达到上述目的并不简单，我们要注意几个原则：

第一个原则，考核频率问题。基层员工的任务相当单纯，所以每半年考核一次就可以了。考核高级人员，我建议一年一次。因为高级人员所做的事情比较复杂，而且所用的时间都比较长，如果半年一考，就使他没办法作长期计划。

第二个原则，考核的标准要根据实际状况来定。最好能把标准让有关的人看一看，让他们了解一下。可是，标准不应该公布开来。如果把评分的标准都公布出来，就会引诱很多人专门去注意你要评分的项目，专门在这方面下工夫，而其他方面，就马马虎虎，应付一下。比如说，有一家企业规定，员工参加一次培训加几分，员工加班一次加几分，员工如果服从命令、完成任务加几分，都公布出来。这下好了，员工就开始算计了，想办法到外面参加培训，回来后自己记分。本来考核是为了让员工调整自己，但是把考核的标准公布，就会使得很多人无心工作，专门琢磨怎样才能得高分。就像我们现在的教育，完全变成了应试教育：你要考的，我就认真读；你不考的，我马马虎虎。

第三个原则，考核的时候一定要尽量客观，不可以心存偏见，不能徇私，不能感情用事，更不能马虎。要认真，提醒自己尽量公正，尽量客观，尽量把私人感情摆在一边。用这种态度来考核才能够达到目的。

第四个原则，考核应该有一个比较合理的程序。比如说，先让被考核者的上级主管来初评；然后交给上一级的主管复评；复评以后再交给考核委员会去评审，考核委员会不包括老板，老板不在，大家才能够畅所欲言；评完以后再提交给老板核定，老板应尽可能遵照考核委员会的评审结果，除非有极大误差的才可以变更，或者是退回去让他们重新评。多经过几关，就能使被评者相信，最后的结果是公正的。

有一家企业，部门经理给某个员工评85分。到了副总经理那里，改为75分。那总经理怎么办？总经理如果按照副总经理的评分给他75分，那么部门经理就会说："以后我们部门经理一级的人就不要评了，干脆把材料送给副总经理评就好了。"如果总经理按部门经理的分数评85分，那么副总经理肯定有怨言。这样子就麻烦了，得罪哪个都不好。如果总经理取巧，把85加75，再除以2，即评80分，那么两边都抱怨："干脆你自己评好了，我们评什么？你一点主见都没有，只是根据我们两个人的分数加起来除以2，这算什么？"

碰到这个情形，总经理应该先把部门经理找来，问他为什么评85分，再把副总经理请来，问他评75分的道理是什么。然后实地去了解，最后该给多少分就给多少分。当然，总经理可以跟副总经理解释："这个人，根据我了解，你看到的只是一小部分，部门经理看到的比较多，能不能这次就参照他的标准？"副总经理一定说："好嘛，既然你认为这样，就这样好了。"

第五个原则，我们要配合实际的绩效来分配等级。考绩的等级应不应该有名额限制？这个问题也是见仁见智的。如果有限制，主管可以用名额有限制来做挡箭牌，说“没有办法，这是企业规定的，我很想给你优等，但是名额有限”。如果没有限制，被考核者就会不依不饶：“你认为我不好，你告诉我，我一定会改，你还是给我优等吧。”所以有没有名额限制，没有对错之分，实际上实施起来却相当的困难。现在的趋势是越来越倾向于采取没有名额限制的，所谓开放式的。

第六个原则，能够快速、有效地配合考核结果给予一些奖惩。考核完了，没有下文，考核的效力就会慢慢减退。奖惩要讲时效，才能发挥考核的刺激作用。

第七个原则，确定考核的过程到底要公开还是要秘密进行。我个人的建议是，过程要秘密，最后结果可以公开。过程如果是公开的，就很麻烦。你给他 79 分，他马上就知道，会不断地找你求情，你怎么办？所以，我们要用保密的方式。到了最后，结果已经定了，那我们就可以公开。

上述七个原则，如果遵守的话，那么考核应该会取得更好的效果，但实际上，考核也有很难解决的难题。

第一个难题，考核的项目很难具体化。到今天，考核项目还多半取决于管理者的印象。主管本身如果很贤明、很公正，那么考核结果大家多半会信服；主管本身如果糊里糊涂，又没有什么辨别力，爱感情用事，考核的争议一定很大。所以考核项目的具体化，是我们努力的目标。

第二个难题，考核容易流于形式化。因为对企业的奖励，员工常常无动于衷。奖金给得少，他不在乎；给多了，企业又负担不起；给他的处罚，他也觉得无所谓，除非把他革职，否则的话记过就记过嘛，反正明年就消掉了。这样考核就没有任何意义了。

第三个难题，考核不能够除去恶人。之前有过很多类似的规定，犯一次错记一个大过，或者考绩差等的就可以免职。但到今天为止，很少有人这样规定了。因为中国人的报复心是很强的，你叫我没有饭吃，我就叫你不能吃饭，看谁厉害。有些主管经常无奈地说：“我没有权叫人走路。”其实每个人都有权叫人走路，只是你不敢做而已。

第四个难题，考核不能跟升迁相结合。有的人考核成绩很好，但始终没有升迁；有的人考绩不好，反而升迁了。老板振振有词："升迁不是完全根据考核结果，而是根据他的潜力等种种的原因。"那为什么还要考核？

第五个难题，考核无法做到真正的公平。你越强调考核是公平的，员工越认为它是不公平的。所以，我们一再说，考核要合理、要公正。尤其是中国人认为品德始终最重要。很多企业老板都认为，品德的重要性是不可忽视的，才能很重要，但是品格不好的话，非常令人担心。

统一的高清愿先生说，一个人如果才能很好，而品德不好，那他一点用处都没有。企业需要的是忠实，是热诚。如果他脑筋好，能力强，但对企业不忠诚，就会给企业造成很大伤害。比如开发部的技术人员把研究成果偷偷卖掉，企业还怎么活下去？工人进到工厂，只需要勤快、努力就够了，我们对工人的要求并不高。但是基层主管以上的，就不是这样了，一定要注意其品德。特别是中层干部，因为中层干部直接跟员工接触，其一言一行都会影响到整个部门的士气。一个有能力品德又良好的干部，如果领导有方，就证明老板有眼光；如果他领导得不好，天怒人怨，就表示老板用人有问题。

品德是无形的。要是问一个老板，他选人的标准是什么，他多半会讲到有形的东西，比如学历、专业等，实际上他心里头还是重视品德的。通俗地说，可靠最要紧，这句话到今天还是很实在的。

第二节 考绩是考核的重要依据

考核是为了救人而不是杀人

我经常问别人："你考核的目的是想杀人呢，还是想救人?"对方通常迟疑一下，说："我不杀人也不救人。"那更糟糕，这样的考核纯粹是形式主义，没有任何实际意义。

考核，不是为了杀人，就是为了救人。如果不能用考核救人的话，势必已经在无形当中杀了一些人。

我又问："考核之后，你是给予精神方面的奖励，还是物质方面的奖励?"对方通常会说："我既没有给精神方面的，又没给物质方面的。"这样的考核纯粹是象征性的。考核之后，要么给精神方面的奖励，要么给物质方面的奖励，如果什么都没有，那等于没有考核。

我再问："考核时的气氛是你争我夺，还是彼此谦让?"如果回答说“好像不争也不让”，这种考核是完全没有作用的。大家不争也不让，也就是无所谓，这种考核还有什么用？

有人反问我，中国式的考核到底是怎样的？

首先，我不反对用轮流制。这句话听起来好像落伍到极点，说这种话的人还好意思来讲考核？其实，我是把人分成三个部分：其一，大家都认为好的；其二，大家都认为坏的；其三，大家都不太了解他到底是好还是坏。如果用二分法，就很容易对立，容易引起冲突。

我建议，先把坏的人找出来，因为我们要救人，救人就是救坏的人，让他变好，这才是我们考核的目的。我们若是问他：“这次考绩你有什么想法？”我相信他一定说：“我表现得不太好，请你高抬贵手，给我好一点的分数。”我们就说：“好，我来想想办法。”千万不要直接拒绝，让他没有面子，那他就认为我们根本是存心让他出洋相的。所以不管他讲的话有没有道理，我们都说好。过两天又把他找来说：“你上次跟我说，你希望考绩考得好一点，不好的话会对你有影响，所以我也很慎重，仔细审核之后发现，我还是没有办法给你好一点的分数，你看怎么办？”他一听会再三要求，我们对他说要再考虑一下。第三次我们再跟他说：“实在是有困难，请你谅解。”我相信他也没有面子再继续强求，就会死心。

我们要让一个考绩不会好的人死心，有一个目的，就是让他去找回自己的面子。找回了面子，问题就解决了一大半。当然了，我们也可以跟他讲明，有很多制约因素，所以不得不给他差的分数。但是，没有关系，也许上级主管还会给他机会，给他好一点的分数。这样就相当于我们做坏人，让上级主管做好人。到底是中层做好人，高层做坏人，还是中层做坏人，高层做好人？这是我们经常会考虑的问题，我的意见是，宁可中层做坏人，也要让高层做好人，这样比较有利。

处理了考绩不好的人，我们再把大家都认为好的人找来，但是不能对他说：“大家都认为你好，所以我今天考绩要给你好评。”这样无意中会杀死他，因为他会得意扬扬，然后得意忘形，最后不求上进。我们还是要告诉他：“一直到现在你都表现得很不错，大家都认为你很好，只不过他们有一些建议，你愿不愿意参考呢?”这个时候他一定很想知道，我们再细细地告诉他：“你的优点很多，我不讲了，你这几个缺点也是大家看出来的，如果能够再改进一下，今年你考绩一定很好。”让他做最后的冲刺，把缺点改过来，然后给他好评，大家更能够信服。利用考核前的时间使坏的人改好，使好的人更好，这就是在救人了。

至于中间的那一部分，我们凭良心讲，也无法分辨到底是好是坏，所以我们就按常规给他们考核。总之，无法判断好坏的给他优等，比较差的跟他沟通以后给他差等，有特别表现的给他鼓励之后，给他优等。

在企业中，考核有三种常见的方式：

封闭式。封闭式的考核由上而下进行，而且是单向的。我是你的主管，所以我考核你，你不能有意见，我不必跟你沟通，至于结果怎么样，到时候再说。人力资源部门只是负责一些事务性的工作，比如通知各部门主管考核开始的时间，制作和回收表格等。

不过封闭式考核很容易产生偏见，因为部门主管的主观好恶会占很大的比例。如果部门主管公正廉明，考核还是很公正的。

这又牵涉到我们是人治还是法治的问题。我觉得，如果部门主管选得合适，就算是人治也没有什么不好。部门主管很公正，不会利用考核来要挟下属，就算采用封闭式的考核方式，只要结果好也无所谓。

开放式。所谓开放式的考核，即考核者跟被考核者面对面谈一谈，沟通一下，这是比较民主的方式，而且是双向的。甚至先让被考核者进行自我考核，然后再由被考核者来考核，并就两次考核的差异进行探讨，最后得到一个彼此都认同的结果。

在开放式考核中，人力资源部门的作用加大了，主要做一些协调沟通的工作。比如被考核者不同意，而考核者很坚持，人力资源部门就要从中斡旋，对被考核者说：“你们主管不是特别针对你，他对别人也是同样的看法，因为我旁观者清嘛。”这种方式比较适合考核教育程度比较高的人，换句话说，就是那些对自己有清醒的认识，不会无理取闹的人。

最怕的是用开放式的名义来做封闭式的考核，那就是挂羊头卖狗肉，有名无实。

混合式。即一半是封闭的，一半是开放的。人力资源部门要建立个人资料库，询问被考核者最近有什么变化，对企业有什么看法，对人力资源部门有什么看法，然后把资料汇总起来。而部门主管按照自己以及被考核者的意愿，来选用是单向还是双向的方式办理。比如部门主管跟张三沟通时，张三说："我没有意见，你考好了，我相信你。"那用单向的考核法。跟李四沟通时，李四说："不行，我有意见，我希望你重视我的意见。"那就用双向的考核法。最后的结果都交由考核委员会讨论，也就是说，部门主管怎么考也不是最后的决定，大家尽可放心。这种方式可以根据企业的成员构成、大家的意愿，还有企业的氛围来选用。

考核权所有者要有正确理念

关于考核权应该归属于谁，也有不同的说法。有的人认为，应该让部门主管来考核决定。因为部门主管跟员工平常接触的机会比较多，可以直接地、连续地、深入地去观察一个员工，了解最透彻，最真实。可是，如果只让部门主管考核并最终决定的话，会存在很大的主观成分。一般来说，一个人如果没有最终决定权，就会小心一些，谨慎一些。如果有最终决定权，自然而然地就会任意妄为，因此就比较容易失于偏颇。

有人认为，由部门主管考核，然后由上级主管审核，能起到制衡作用。这当然很好，但是部门主管跟上级主管意见不一致的时候，怎么办？所以还是应该明确规定，每一个人的意见所占的比重。我不主张部门主管考核之后，上级主管看一下就确定下来，这还是会造成部门主管的偏见。

还有第三种方式，就是先由部门主管执行考核，然后组成一个考核小组，或者考核委员会，由他们来复核，并且当场决定结果。这样的好处是可以补救每个部门宽严不一致的缺失。有的部门比较松，有的部门比较紧，考核小组或者考核委员会可以把各个部门的情况综合比较一下，进行合理的调整，有的地方缩减一点，有的地方放松一点，使得各部门的考核尺度接近一些。

但是，调整的过程是没有办法保密的，传出去以后就会引起很多不良的反应，增加很多困难。所以，考核小组或者委员会最好不要一个一个去查，而是先把整个原则定下来，再来调整每个人的成绩，这样会把后遗症降到最低。

对于考绩，每一个主管有不同的理念。第一种理念是“我做的考绩是绝对公平的，好就好，不好就不好，完全不考虑后果”。我无法确定这种人好不好，这种理念正确不正确。但是这种做法最后的结果是在杀人，因为跟了这样的主管，而员工自己的表现不好，就会得到不好的考绩。一年，两年，三年……考绩都不好，员工就会认为算了，反正跟着你永远没有希望，得过且过吧。这个人就“死”掉了。就像打棒球，连续三年考绩不好，就被“三振出局”了。

第二种理念是“我们应该考虑合理的不公平”。所谓合理的不公平，就是说，我做考绩多少有点不公平，但我是为了救人。如果连续三年差评，要看这个人值不值得救。如果不值得救，当然就让他“三振出局”，如果值得救，就把他找来，说：“你这几年考绩都不好，我仔细看了一下，并没有冤枉你，你自己觉得怎么样？”停顿一下，接着说，“不过你这几年还是不断在进步，只是别人进步得快，你进步得慢。我现在给你个机会，你好好表现，把这几件重要的工作在规定的时间内做好，我就给你好评。你也要顾虑我的面子，不能我给你好评，你还是一点表现都没有，那我怎么交代？”

虽然给他机会，让他表现，是很合理的事情。但是，严格地讲，这样做是不公平的。假定有名额的限制，那么一个部门好的永远是那几个，坏的也是那几个。考绩的结果就是，激励了少数人，同时也打击了另外的多数人。这样的考绩有得也有失，不是最好的。有人问，是不是应该把好的拉下几个来呢？这是值得我们慎重考虑的。我同意这种做法。因为名额有限，每年的先进都是那几个，会让其他人感到主管偏心，或者不给他们机会。主管最好找其中一两个先进，跟他们研究，说：“你们几个表现的确好，因此每年我都是凭良心给你们好评的。可是因为名额有限，你们都占了，其他人就没有机会了，今年让给别人怎么样？”如果对方说：“不行，我好就是好，不能坏。”

说这样的话，就表明他品格方面有点欠缺。假定有人说：“我就让给别人好了，给他们一个机会，鼓励鼓励他们。”就问他不会觉得委屈吗，他若是回答：“这怎么会委屈？你这么多年照顾我，给我机会，偶尔让一下也是应该的。”这样的人就值得欣赏，我们可以用其他的方法弥补他，把他的名额让给实际上不如他的人，这样做可以救其他的人。

第三种理念是“我趁机要宰人”。有些主管抓到考核权，对有些人，让他连续考绩不好，把他宰掉，这样做也可以理解。如果宰掉的是坏人，更是无可厚非。如果宰掉的是好人，那就叫做排除异己。排除异己并不是考绩所希望达到的。可是我们也毋庸讳言，的确有少数人利用考绩排除异己。到最后，大家就知道，听话的人才能够留下来，不听话的就得走人，那么这个部门就会死气沉沉的。

第四种理念是“我显示我的权威，看你怕不怕，对于不怕的人，我就给你差评，让你下次怕我；尊重我的人，就给你好评”。用这种威胁的方式当然也可以收到一部分效果，有很多人怕，但难免敢怒不敢言，长久以来还是负面的影响比较大。

第五种理念与上一种刚好是相反的，就是利用考核大做人情，谁对我好，我就用好评回报谁，因此，“你平常就要多替我做点私事，多替我分点忧，那么我就可以给你更多的人情”。

综上所述，绝对公平是做不到的，何况你那把刀挥下去，血淋淋的，对就对，错就错，到最后就会众叛亲离。所以要讲公正，而不要讲公平，以免伤害无辜。合理的不公平听起来好像怪怪的，实际上这才是真正的平等。我们给他机会，他表现得好就上来了，表现不好就下去了，机会要给人家，不能因为他一直不好，就始终不给他机会，让他永远被埋没掉。至于要趁这个机会来宰人，是最不值得的。司马昭之心，路人皆知。中国人的眼睛是雪亮的，一看就知道，你抓着机会，你宰我。有一天风水轮流转，我也来报复。冤冤相报，也不是好办法。而想借着考绩表现威风的时代已经过去了，因为现在大家也不太在乎这些，毕竟考绩考得好，也不能多拿多少钱。至于说大做人情，最后也没有多大用处，讨好每一个人相当于讨好不了任何人。

考绩要有连续性以免有后患

一个人现在表现怎么样，会影响到未来的发展。考绩应该反映一个人的过去，决定一个人的现在，还要能够影响一个人的未来，这样才是完整的考绩。一个人平常表现得不好，而对某一件事情非常卖力，那是不是因为这件事，就把他平常的表现都忽略掉了呢？或者一个人平常表现很好，但是某件事情没做好，是不是因为这件事情就把他一向的表现抹杀掉了？有这样的疑问，就是没有注意到时间是连续性的。

我常常劝别人不要开自己的玩笑，比如拍照时把手做成一个V字形或者其他什么样子摆在前面人的头上，这样照出来比较轻松，但也非常冒险。因为你现在年轻，没法确定自己和其他人将来是不是有大的成就。万一很不幸，被你捉弄的人成了公众人物，这些乱七八糟的相片可能会刊登出来，到时你怎么办？一旦你自己将来有成就，你年轻时的荒唐事也会成为你的污点，永远也洗不掉。

一个人平时要注意谨言慎行，不要认为，平常归平常，考绩时再努力，这就是把时间割裂开来的做法。

考绩应该做到以下几点，才是有效的考绩。

第一，考绩要真正反映被考核者一年的业绩，而不是半年或几个月。

第二，考绩要反映被考核者的工作表现。

第三，要考虑到未来辅导的重点。用考绩来告诉被考核者，我们准备把他辅导到什么程度，为了配合他未来的发展，我们希望他掌握哪些重点。

第四，考绩要能够把未来发展的方向，并作为被考核者升迁的依据及分配任务的参考。

考绩一方面在考察他的过去，一方面在分析他的现在，一方面还要指引他未来的道路。对个人来讲，时间是不可分割的；对企业来讲，员工应该有连续性的发展。

第五，考绩之后，我们要给他一些实质的激励，包括给他奖金、加薪、升职、公费旅游……单就奖金来说，可以有年终奖金、工作奖金，还有考绩奖金。调薪方面，我们可以有升级调薪，有考绩的百分点的调薪，还有部门考成的百分点的调薪，或者部门预算考绩的调薪。升迁，包括晋升，也包括平调，调动可以增长阅历。公费旅游的选择就更多了。

考绩结果公布以后，就要很快给他适当的奖惩。很快的奖惩可以激发士气，拖得时间长了，刺激慢慢就淡下去了。

奖惩要不要对称呢？一个企业经常是奖多于惩，尤其是我们中国人的企业更是如此，很少看到企业奖惩是一半一半的。凡是奖惩一半一半的，员工一定感觉到老板太冷酷。我们中国人从小就生长在家人的爱护中，从小就常常听到奖励的话，因此在企业里面，也常常会奖多于惩。我们可以感到，考绩不好，你给他降职，会引起他的抗拒心理，即使勉强接受，也会怠工。所以考绩好，我们往往给他加薪，给他晋级；考绩不好的，只是维持原状，很难把薪水降下来。

第六，考核的标准要求做到合理。因为标准如果太严，员工拼命努力也达不到我们奖励的标准，他就会抱怨，认为企业骗人，故意把标准定得那么高，让人根本得不到奖励。如果标准太松，就变成一种变相的津贴，容易引起员工懒惰的习性。所以企业一定要制定一套表现平平就得不到，努力工作才拿得到的奖励办法。如果一个人只是60分，拿到奖励，就太松了；如果他到了90分还拿不到奖励，这个标准就太严了；一般到70~80分的时候，就应该给他一些奖励。在奖励办法确定以前，我建议部门主管要带着部门的员工努力工作，让大家知道努力到什么地步，会有什么样的成果。

第七，企业也要改善措施来配合。这样一方面标准定出来了，企业又提供一些有利的因素，让大家可以拿到奖励，奖励才会起作用。我们也可以找出不合理的项目，让大家去思考，怎样把不合理的地方改掉，改掉后我们就给他奖金。这种改善所给的奖金再配合绩效所给的奖金，双管齐下，企业一定进步得更快。

第八，即使要辞退人，也要让他有面子。我们要让表现不好的人走路，可以参考“中国钢铁公司”的做法，我称为给面子的“三十六计”，因为中国人都很喜欢面子，连让他走路都要给他面子。“中国钢铁公司”的章程共三十六条，而第三十六条正好是让别人走人的条款。除了副总经理以上的人员要依照聘任的契约来办，都可以不用任何理由，随时解除其职务。按“三十六计”免职的好几百人，他们的人事通报上只注明“某某某，依照企业章程第三十六条规定办理”。被免职的人要去找工作，当被提及离开的理由时，就可以说，“他们用‘三十六计’来排除异己”。这是企业给他一个借口，让他有面子而已。

我们给被辞退的人提供一个借口，如果别的企业接受他，我们何乐而不为？对这样的人，我们给他面子，只是请他走路，他如果要吵闹，就是逼我们把他的劣迹都公布出来，那他就很没面子。这样做反而会使很多人顾面子，好来好散。

中国人一向喜欢合则留，不合则去，企业也要根据这个原则，合乎企业要求的，欢迎你留下来，不合乎企业要求的，也不勉强留你，你也可以离开。这是两方面都有面子的一种做法。

台塑的“公积金”制度很有代表性，实施以来成效也很好。台塑主要从事生产，生产线的人员有生产绩效奖金，按照生产量计算。车间主任也有等级之分，按照等级来发奖金。为了避免少数人影响整体，所以台塑又设立了公积金。如果有人因为请假或者迟到，而影响到整个车间的绩效，那么请假或迟到的人的绩效奖金就要扣减一部分，放入整个车间的公积金中。

台塑认为这种公积金有三大好处：

好处之一是可以确保人员正常上下班，不迟到不早退，否则就要受罚。

好处之二是车间主任能够掌握下属，对领导统驭有很大的帮助。

好处之三是公积金可用在车间内同事的情感交流活动上，如办一些联谊活动等，可以缩短彼此的距离。

这就符合我们中国人说的，集体的绩效跟个人绩效要兼顾。

并不是考绩好的人就能升迁

考绩跟升迁到底有没有关系？这个人考绩很好，又得到升迁的机会，岂不是锦上添花？那个人考绩不好，又没有升迁，岂不是落井下石？所以，有些企业对要升迁的人，反而给他差一点的考绩，那他当然也会接受。可是大家会误认为考绩不好的人才升迁。

到底我们是升考绩好的人还是升考绩不好的人？这也是大家牵扯不清的一个问题。大家可以这样想，考绩跟晋升应该分别考虑比较好。考绩是说这个人过去一年做了些什么好事，而升迁是说这个人是合乎升迁条件的好人。所以一个是比较偏重于"好事"，一个偏重于"好人"。我们希望做好事的人工作表现好，当然考绩也会好一些。我们也希望这个人人品很好，领导能力很强，这种好人才适合升迁。一个合乎升迁条件的好人，在过去一年当中未必有良好的机会来做足够的好事，这才是我们应该考虑的。这个人各方面条件都很好，但是他始终没有机会，想做好事也做不出来。过去一年当中，有人做了很多好事，如果不合乎晋升的条件，我们反而把他晋升了，那就是我们没有找到好人，只找到做好事的人，而不是找到一个好的主管。合乎晋升条件的人因为机会缺乏，或者家庭的因素，以至于他考绩不佳，我们是不是应该给他一些补救措施呢？考绩很好，但是不合乎晋升条件的人，我们怎样使他心理能够平衡一点？这都是我们应该要仔细去考虑的。

举一个例子，升上来的人把自己的部门带得比以前更糟了，原因是有的人认为本该是自己升迁的，结果却升了别人，他就会捣乱，制造问题，使得整个部门士气低落，绩效也降低了。这种问题如果不能事先防范，好好应对的话，升起来一个人就会把一个部门拖下去，这不是大家希望看到的结果。

所以我一直建议，我们要提升一个人，第一，要慎重点，第二，要有点准备时间，让被提升的人有足够的时间去打点，去疏通，等到气氛营造出来以后，再发布人事任命，让他好好把整个部门带起来。

如果一个部门有甲乙两个人势均力敌，你升一个，另外一个就会不服气。但如果升一个，而把另一个调走，这个部门一定会减弱力量。我建议老板碰到这种情况，把两个人分别找来，问："你们两个哪一个当主管比较好？"如果甲答复说："当然是我。"就证明他不行，气量很小。如果甲推辞，让给乙，那我们也要小心，因为这个人可能很奸诈，明明想要，故意做出高姿态。关键是要看他的口气，看他的诚意有几分，再来决定比较好。如果甲说："我们两个实际上都差不多，他有他的长处，我有我的长处，我没有意见，您来决定吧。"这种人是有平常心的，将来处理事情不会情绪化。当老板决定了给甲以后，在任命发表以前，还要把他找来，说："我们衡量了很久，当然你们两人各有利弊，可是我们还是希望你来负这个责任，因此我给你一段时间，你去跟他沟通一下，等他情绪稳定后，再来告诉我，我再发表任命。"甲一定会动脑筋，到乙的家里去，跟他谈心："我们的主管走了，我看你来领导最合适。"乙一听这话，心里就有数了，他就会推辞说："我看你当也可以啊。"让来让去，直到乙说："你放心，你做好了，我绝对支持你。"甲才说："如果没有你这句话，我真的不敢接受上级的指派，现在你这么爱护我，支持我，那我只好照你的意思，来当这个主管，可是你一定要帮我！"甲上任以后，最好大小事情都去请教乙，直到有一天乙说："你这样不行，你什么都问我，成什么体统？你自己做主。"甲才说："好好，我听你的话，但是我遇到大事还是要请教你。"这样慢慢减少请教的次数，把自己的威信建立起来，自然可以把整个部门管得好一点。

升迁的四种方式

第一种，合议晋升制。即与大家协商，如果喜欢谁就升谁，就没有公信力可言。

第二种，年资晋升制。即谁年资高我就升谁，这种做法现在慢慢站不住脚了。

第三种，绩效晋升制。即谁的绩效高就升谁，这种做法也有点偏激。

第四种，参与晋升制。即主管的意见，对方的年资、绩效、意愿，以及其他的意见综合判断，我们再决定升迁什么人比较好。

第三节

正确激励促进员工表现

中国人有能力未必肯表现

常常有人问我美国人主张能力本位到底好不好，而问话的人多半是赞成的，有能力的人就应该出头，难道这不好吗？我也承认能力本位应该是很好的，问题是我们中国人谁都不肯承认自己没能力，我们又怎能说谁的能力比较强。这就造成了能力本位在实施时的困难。

每个中国人都认为自己是有能力的，之所以做事做不好，有很多理由：

第一，没有激励。以此为借口是非常普遍的，事实上也是如此，老板不懂得激励，主管不懂得激励，所以士气就不高。

第二，不公平。因为不公平，所以我有能力也不肯表现，我不是傻瓜。中国人常常认为自己很冤枉，很委屈，所获得的都是不公平的待遇。

第三，不给我机会。没有机会，我怎么表现能力呢？我有能力，但是主管偏心，把好的机会都给别人了，总是轮不到我，得到机会的人自然表现出很有能力。我没有得到机会表现，你怎么知道我没有能力呢？

第四，受到刁难。没有办法，主管对我有偏见，就怕我做得好，所以处处刁难我，不让我顺利地发挥能力。

第五，强迫我做不喜欢的工作。老板给我做的工作都是我不喜欢的，我被迫做不喜欢的工作已经很委屈了，我还能傻傻地去表现吗？

第六，适度保留。对主管来说，也不是不做，要做得好也是轻而易举，但是做到某一个程度就有所保留，因为我没有得到应有的礼遇。要是老板对我客气一些，我也许多做一点。可是现在他这样对我，我这样表现已经够了。

第七，做了也没人感谢。至于一般的员工，不多做，是因为没有人感谢，还会被别人当成傻瓜。中国人聪明得很，一看多做也没有用，那就少做一点，不比人家差就可以了。

第八，主管差劲。越来越多的下属认为主管差劲，跟这样的主管我才不干。

第九，工作气氛不好。我们也常听人说，跟这些人在一起没意思，我又何必表现呢？

可见中国人，不是不能也，是不为也。有能力，又要让他表现，就一定要提高士气。中国人判断士气好不好，有几个关键的因素：

第一，大家对组织目标认不认同。赞同企业的目标，士气就高昂，我就会多表现一些。

第二，有没有合理的收入。如果我觉得收入可以接受，就肯干活。

第三，对工作有没有满足感。满足感不是说工作做得好不好，而是说我可以自作主张，老板很少管我，因此我满足，我就努力去做，而且做得很愉快。

第四，上级主管好不好。这样的主管我喜欢，我就用心做。我不喜欢，就随便应付一下。

第五，同事相处是不是和谐愉快。中国人很奇怪，本来把事情做好就行了，非得要讲究我和哪些人一起。和这些人在一起，就很愉快，我就多做一点。

第六，沟通的方式好不好。大家都感觉到我有话可以放心讲，你不会断章取义，不会歪曲事实，不会事后恶意中伤我，我不必提心吊胆，那我在这里工作士气自然高。

第七，身心是否健康。我身体好，精神好，信心十足，心情也很好，当然士气高。

第八，奖励合不合理。我们企业不单奖励个人，也不单奖励部门，而是部门与个人相结合，大家有的我也有，不会没有面子，感觉很愉快。

一般人都认为这八个因素是影响士气高低的主要因素。可是，激励的目的是不是要提高士气呢？很多人说当然是，要不然激励什么呢？我觉得不是，我们并不在乎士气的高低。激励的目的是不是追求一团和气呢？我觉得也不是。激励的目的是不是让大家奋发有为呢？还不是。如果大家都奋发有为，拼命做私事，拼命不做公事，那有什么用？激励的目的是不是追求员工忠心耿耿呢？更不是，有很多企业就是被忠心耿耿的人害死的。因为他忠心耿耿，所以老板很相信他，不管他是对是错，都听他的，那就使得很多人非常泄气。

我们激励的目的是要使员工自己去调整，产生一种合理的行为，还要自动去命中企业的目标。当然我们不反对士气高昂，但是高昂的士气一定要切合组织目标。我们也很喜欢大家忠心耿耿，但是忠心耿耿也要适合组织的需要。该忠心耿耿的地方你表现出来，但是不能说忠心耿耿的人每样都对，其他人就受到怀疑。换句话说，你是用了少数人，而不能发挥多数人的力量，对整体来说，这是一种不利的现象。

最好的激励就是自我激励

我们现在把激励当做每个人调整自己观念的一种作用力，真正的激励会促使每个人都好好地去调整自己的观念。自己的观念分成上中下三个层次，我认为最下层的，即最不好的观念是，到处抱怨缺乏激励。我每次听到有人抱怨企业没有激励，我都不好意思对他说，你处处让人家激励，那不是很被动吗？若是企业不激励，你就不努力，却偏偏碰到一些不激励你的人，那你一辈子就这样混过去了吗？别人不来激励，就不努力，反而天天抱怨不公平，自暴自弃，这种人是很没出息的，这种境界是很悲哀的。我建议每个人趁早把这种观念抛弃掉，免得害自己。

中层的观念，即会认知激励，因为激励本来就是一种认知，同样一件事情你认为它是激励，它就是激励，你认为它不是激励，它就不是激励。比如说企业给你一千元钱，你觉得很感谢，那你就受到激励了。但是人家给你一千元钱的时候，你嫌少，觉得吃亏，觉得被剥削，那你就感觉不到激励。所以一千元钱是不是激励，完全在于你怎么看。

不管别人怎样对待你，你都认为是一种激励，这是很了不起的。我们要靠自己打破不公平，而不要在那里抱怨不公平。我们甚至要把不公平当做一种正常的事情，因为本来就是不公平的。不公平的事情碰到我身上，我笑一笑，实在笑不出来，眼泪往肚子里面吞就是了。换句话说，以平常心来看待这些不公平的事情，然后自己用心走出一条路来，不管环境怎么恶劣，最后一定会成功的。不管人家对我们是什么态度，不管人家给我们什么待遇，不管我们现在的遭遇怎么样，都把它当成一种激励，那就到处有激励。你说我好，我很高兴，这是一种激励。你骂我，我也很高兴，因为有人骂，我才会知道自己的缺点，这也是一种激励。能这么想，前途才会光明。

但是这种观念只是中层的，因为还有一种人更高明，这种人懂得自我激励。所谓自我激励，是说根本用不着别人激励，自己就会激励自己。这种人前途无量，条条都是大路，怎么走都走得通。我们常常在电视上看到一些人得奖就哭，我不好意思说他在那里装模作样，也许他真的很激动。可是美国人哭，我不加批评，因为人家本来就是这样子的。中国人一定要学美国人，拿到一个小小的奖项，就泣不成声，未免志气太小，没有什么值得骄傲的。我们还是应该以平常心来看待成功与失败，这种人是最懂得激励自己的。真正好的东西大家不一定看得出来，真正好的东西说不定在当代会被埋没掉。

是不是得到大家的肯定才是我的成就呢？就算大家不肯定，我自己也很满足，因为我是做给将来的人看的，不是给现代人看的。一个人如果真的把境界提升到这么高，把心胸变得这么广，他就不会抱怨没有激励。

我是觉得一个人观念改变，其行为就会跟着改变。我们如果会自我激励的话，就不会像以前那样一天到晚埋怨。我现在先把这些态度分别说明一下。

第一，一个常常抱怨没有激励的人，就会感觉到物质性的东西不拿白不拿，你给我奖金我拿，你送我东西我拿，但是我很快就忘记了，因为我不感谢。

第二，你如果不给我物质性的东西，只给精神性的东西，我觉得你不实在，嘴上讲得好听，拍拍肩膀就算了，那我还是不做。你既然不激励我，我就马马虎虎，看你把我怎么办。这种人表面看起来很会算计，实际上是跟自己过不去，这一辈子可能就会因为这种念头而平白地浪费了，就算有能力也没有表现的可能。

假定这个人观念改变，心存感谢，把每件事情都看做激励，随时随地感到愉快，就会产生激励作用。凡是正面来的激励，就从积极面去想："你看人家对我这么好，我能不能就这样忘记呢？我要不要感恩图报呢？"因此他就会使自己多做点事情。如果是负面的刺激，他也会当做警惕，即努力把负的变成正的。我也曾跟很多人说，*如果你能修养到有一天把所有骂你的人都当做观音菩萨，那你一定成功*。因为一般人多半喜欢当面说我们的好话，而不是当面指摘，那样做太冒险了，万一我们翻脸骂他，那他不是划不来吗？现在居然有一两个当面骂我们，当面给我们难堪，我们就应该把他当做观音菩萨现身，来给我们刺激，来给我们鼓舞，当然要感谢他。

但是如果这个人会自我激励，也会改变自己的态度。他会把自己从日常生活当中脱离出来，每天最起码抽一个或半个小时，好好地想想自己，想想今天，想想过去，想想未来。这样的人会重新界定自己的价值观。有很多人常年浑浑噩噩地混日子，从来没有检讨过自己的价值观是对还是错，这种人非常矛盾，而且相当糊涂。一个人常常反省自己，看看自己有没有落伍，就会有一种随着时代而改变的价值观。换句话说，他常常会走出新的一步，以此来肯定自己。

对不同阶层分别进行激励

中国文化是阴阳文化，所以我们一方面劝大家自我激励，另一方面也希望各级主管要真正地用心去激励，这样的话才能够相得益彰。不能完全要求员工自我激励，而自己放弃激励的工作。主管一定要了解，平常有很多认为是激励的东西，其实并没有作用，因为它根本不是激励。认为企业已经给员工合理的待遇了，有奖金，工作环境好，工作时间也很正常，也有一些福利设施，员工的工作也有安全的保障，大家相处在一起人际关系也不错，还有一套培训制度……这就是很好的激励。这个观念是错误的，当然我们不能否认这是一种激励，但它只是外在的，只能够维持大家在这里工作，无法使大家发挥出能力。

所以真正要激励，应该在此基础上多做一些：

肯定员工的地位。有人要离职了，老板说："你怎么可以辞职？你很重要，没有你，我这个企业恐怕搞不下去了。"听了这种话，离职的人多半会觉得很泄气，"你为什么不早让我知道呢？早让我知道我就好好做，等到现在我要辞职了，你再讲这种话太晚了"。可见地位受到肯定是一种激励。

要给员工相当的名分。有的老板很吝啬，不会美化职称，经理就是经理，为什么非得说是代经理？就算他真的是代经理，你就在他的名片上印上"经理"二字，对外是经理，对内是代经理，又有什么关系？

要给员工合理的报酬，要能够发挥他的长处。一个人，他能够挑 100 斤，我们给他 110 斤，依照他的意愿给他一些比较有调整性的东西。我们要使他敢自动自发，让他感觉到很有前途，让他感觉到在这里工作不但很愉快，而且大家都很积极，不是只有他一个人积极。如果在一个环境当中，只有他一个人积极，他也会怕，会变成众人的目标，木秀于林，风必摧之。如果大家都积极，他也跟着积极，会觉得很放心。同时他要感觉到老板对他有知遇之恩，或者特别受到老板的礼遇，这才是真正的激励。

激励因素可分成外在的和内在的。一般人只看到外在的，他会留下来，可是他不会尽力。有人打了一个比方，外在的激励好像喷洒农药一样，只有内在的激励才像施肥一样。喷洒农药并不能够使得植物长得更好，只能够使它不受病虫害的侵袭而已。可是你施肥以后，植物就会长大，就会开花结果，这才是激励。作为一个管理者，要把激励分开，不能说我提供这么多激励，你为什么还不认同。要检讨一下，有哪些我们认为是激励的，其实并不是激励。

我建议，企业要改变一些氛围。有些企业到现在为止还是维持有关系就好办事的氛围，企业重视血浓于水的关系，我相信谁，就听谁的话，我不相信的，你讲什么我都不理你。同时企业施加压力，用利诱来求绩效，或者弄几个自己人来监督外人。这种完全忽略了能力，只重视关系的组织气氛，是下策。大家一看就知道，在这种环境之下，不适合于太过表现，只要求60分，将来有好的机会我就走掉。比这个好一点的叫做中策，就是说有能力的人就会出头，我相信这是受美国人影响的企业，这种想法会造成非常激烈竞争的氛围。因为你一定要采取严格的评估制度，最后使得自己人跟外人一样。自己人跟外人不一样，那固然不好，最后变成跟外人一样也不好。并不是说自己人跟外人一样的拼命，而是自己人跟外人一样公事公办，这样不好。凡是强调能力本位的公司，最后自己人也心灰意冷，“我是自己人有什么用？我跟外人一样公事公办，你评估我什么，我就重视什么，其他方面我就不做”。真正中国人的企业，应该形成一种气氛，叫做有本事你就会出头。本事跟能力是不同的，能力只是表现在工作上，而本事还要表现在团队精神、人际关系等方面。

假定企业真正能够提供公正合理的机会，希望大家不要恶性竞争，互相关怀，互相勉励，我们就说它是一方面喷洒农药，另一方面又找到合适的肥料，分量又施得很合适，我想它会把外人变成自己人。把自己人变成外人跟把外人变成自己人道理有什么不同？有经验的人一听就知道，把自己人变成外人，最后连一个自己人都没有，连一个可靠的人都没有。如果把外人变成自己人，那每个人都可靠，就会产生整体的力量。

我们现在要有一个共识，有本事固然很重要，但是有本事如果没有适当的激励，绩效也不会太高。我们把本事跟激励相乘，其结果就是绩效。本事和激励不是相加而是相乘，本事乘以激励就会产生很好的绩效。但是企业一定要清楚，不可以激励那些没有本事的人。有很多人说激励是要制度化，大家都激励。结果你把有本事的人激励起来后，回头一看，没有本事的人照样受激励，那就等于没有激励。激励那些没有本事的人就是浪费成本，会更增加大家不公平的感觉，同时会造成呆人。凡是没有本事而受激励的人，就是典型的 yes man，你叫他做什么他都“好好好”地应付你，却不动脑筋去想，也不去做，这样就变成呆人。

我们一定要坚持这个原则，只激励有本事的人，你有本事我一定激励你，你没有本事，对不起，我没有办法激励你。所以什么都可以制度化，只有激励最好不要制度化，激励一旦形成制度化，每个人都有，那算什么激励？

激励有本事的人才能够留住有本事的人，才会使大家赶快去重视本事，才会激发大家去学本事。我们首先激发大家的意愿，赶快学一套本事，同时使大家彼此尊重，你有本事，我也有本事，最后有本事的人通通留下来，通通发挥出来，那企业绩效一定很高。

当然，不同的阶层，我们的激励也有不同的层次。我常常建议很多老板，对基层，你要告诉他怎么做，要明确工作规范，要事先把标准定好，把细节说清楚，这对他来讲就是一种激励。你跟基层人员打迷糊战，他完全听不懂，在那里乱猜，经验也不够，结果，对双方面来说都是反激励。因此有很多人听中国话听不清楚，觉得中国人一切都是含含糊糊的，一切都不能讲清楚。这是不正确的，我们的阴阳文化就是有的时候很清楚，有的时候很模糊。就像开车的时候，应该快的时候就要快，应该慢的时候就要慢。虽说拐弯的要让直行的，可是拐弯的不让，直行的敢撞吗？撞了以后看谁倒霉？所以，中国人不能坚持一个道理，否则就会天天吵架。我们对基层，应该说得很清楚，让他们心里有数，只要做到什么标准就可以得到多少奖金，他们会很努力，认真把目标达成。跟基层打马虎眼是主管不对。

对中层干部就不一样了，要是把事情都讲得清清楚楚，最后就把他害死了，使他变成呆人。因为他长期不需要用脑筋，最后就习惯于不动脑筋。对于中层干部，我们只能告诉他目标，细节让他自己去想。他自己想出来，又行得通，这就是最好的激励。他会越来越有把握，而且觉得环境很适应他，他也觉得自己很内行，很有本事，我们再适当地奖励他，他一定会发挥得很好。

至于高层，跟中层干部又不一样了。对高阶层最要紧的是尊重他，要让他感觉到自己很高明。换句话说，对高层，连目标都不必讲。若是不讲他就猜不出来，我想这个人也不足以当高层。老板如果始终认为他比高层还要高明，那非常危险，那是美国式老板，不是中国式老板。中国式老板会使高层们感觉到自己很高明，是老板最好的顾问，是老板最好的参谋，这样的话就能够发挥每个高层的长处，起到集思广益的效果。

讲到激励，我们一般要注意三大条件：

第一个是物理条件。比如工作环境的照明、温度、通风、换气、机器设备，加上我们作息的时间等，使员工感到很舒适，而且不会消耗太多的体力，同时引进一些机器来帮助员工，使他们更省力，而且更快速。

第二个是个人条件。包括生理情况，如健康情况。有的人一坐能坐很久，有的人坐一会儿，就要站起来，那你也没有办法。个人条件还包括所处的社会环境，一个人的生理情况跟社会环境构成了自我需求，以前的经验跟所受的教育就构成了文化背景。所以一个企业要请人来，到底请有工作经验的还是请没有工作经验的，这也是见仁见智的。如果老板很强，有把握去塑造员工，那最好是找没有经验的，可以从头灌输，马上塑造成他所需要的人。如果老板是要靠互动的，当然找有经验的人来，大家互动可能会更有效。一个人所受的教育不能够代表全部，但它是一个重要的参考。他的态度、人格会构成自我认知，他的能力、知识综合起来就叫做本事。一个人在智慧方面、能力方面、知识方面、态度方面到底怎么样，是我们给他激励的前提。

第三个是组织条件。所谓组织条件，分三方面，第一方面是正式组织。看正式组织是不是很畅通，是不是运作得很有功效。包括组织的结构、领导的作风、意见的沟通、培训的实施、考核奖惩的办法、升迁要职的管道……这些综合起来就构成正式组织。正式组织可以使人感到激励是不是很有效。

第二方面是非正式组织。我们要看看团体的大小，团体的目标，有的目标是为了帮助企业做得更好，有的是为了要制衡主管，有的甚至说哪一天把主管拉下来，自己来当。非正式组织有多少人，他们的目标是什么，再加上这些人的向心力、凝聚力大小，也是我们激励之前要充分考虑的。如果我们激励到最后，把非正式组织弄得比正式组织还要强大的话，那就失去了激励的作用。第三个方面是领导的方式。我们对领导的作风要特别加以考虑，不同的领导者，同样的制度，能不能激励得好，结果是非常不相同的。激励有两种途径，一种是用强迫压制的手段，使大家去工作，员工如果不工作，就要把他开除，员工只是为了保住这个工作而不得不工作。另一种是，我们肯定一个人的努力，同时根据他的贡献给相应的报酬，鼓励他，提升他的能力。我们在辛勤工作之外，还能够很用心，还能够讲究工作效率来提高生产力，企业就可以放心地拿出一部分利润跟大家分享。

国泰霖园公司董事长蔡万霖先生很重视员工的福利，他认为企业要成长，应该采取有福同享的经营原则，使员工的衣食住行都得到充分的照顾，这样员工才能够把全部精力都贡献出来。他认为小小的福利往往会产生良好的效果，并把它叫做花小钱医大病。

总之，激励要想有效果，就要清楚员工比较容易满意的因素是什么，作为激励的参考。当条件良好的时候，员工比较容易感觉到满意，按照顺序，最高的就是成功感，然后是上级的赏识跟赞许，还有对工作的兴趣，然后才轮到你给我什么样的责任。至于我们平常所讲的晋升、薪资、人际关系、企业的政策制度、工作环境，都比不上本身有成就感、上级的赞赏，还有对工作的兴趣。所以如果能够从这三方面加强的话，我们的激励就会收到更好的效果。

第八章
协调沟通消除内外矛盾

有时候大家都不讲话也是一种沟通，这叫做心意相通。东方人把心意相通叫做默契，默契的最高境界就是你不说我也知道。

第一节 所有管理活动都要求协调

中国人以让代争更显高明

我们现在动不动就说，这是一个竞争的时代。你如果说要互助，有人就觉得好笑，认为那是考试的答案，哪里是实际的状况，互助怎么能够把企业经营成功，当然要竞争。我觉得中国人不是不懂得竞争，相反中国人比任何人都懂得竞争。一个很懂得竞争的人，才会把竞争埋藏起来。所以我经常用“以让代争”来描述中国人的竞争，中国人让来让去，其实都是在争的。以让代争可以收到真正竞争的效果，这是很多人没有注意到的。如果在企业里我们一切都强调要竞争，我想这家企业到最后一定会演变成为彼此不择手段的企业。

任何一个组织里面都免不了有冲突，冲突的原因很简单，就是竞争。如果彼此都不竞争，怎么会有冲突呢？竞争就会产生摩擦，摩擦就会导致冲突，但竞争、摩擦、冲突还不是让我们担心的事情，我们担心的是，竞争产生了摩擦，而摩擦没有办法协调，就发生冲突，冲突到最后就变成敌对，敌对才是最要命的。

很多企业，你一进去就感觉气氛不对，派系林立，彼此提防，阴森森的，这句话也不敢讲，那句话也不敢讲，甚至于打个招呼都鬼鬼祟祟的，这家企业已经形成敌对形势了，中国人最怕的就是形成敌对形势。所以我们在管理的时候一定要充分了解竞争的目的是什么，竞争的目的有的是为了荣誉，有的是资源的分配，有的完全是争权夺利。除此以外还有一种是为了满足主管个人的野心，他使你们去敌对，去竞争，这样他就比较放心。

竞争的目的是多方面的，不是所有的竞争都为了进步。摩擦也有好几种方式，有的摩擦就是要抵制你，刁难你；有的摩擦是消极的，你问他什么他都说好，但是暗地里就是不合作，背后搞破坏。

冲突的形式也不一样，比如个人之间的冲突，部门与部门之间的冲突，等等。所以我们要把竞争、摩擦、冲突、敌对分清楚。我们要承认这些是不能避免的，不能害怕，害怕没有用，当然我们也不要刻意去制造。

当然，从正面来看，一个企业如果完全不竞争，那就会死气沉沉，完全不冲突，就表示大家根本没有心思把事情做好，不积极。积极就难免有摩擦，牙齿跟舌头整天相处，还有牙齿咬住舌头的时候，何况是两个人呢？冲突有时候是为了团体的利益，这也没坏处。可是我们要了解，在组织当中，因为立场不同，职权不同，背景不同，目标不同而引起的竞争、摩擦、冲突，是我们应该接受的。但是为了私人的利害关系，为了某个人的雄心壮志，为了某些不正当的目的而引起的恶性竞争、摩擦、冲突，一定要小心防范。

一个主管最要紧的是千万不要使你的下属之间产生敌对状况，一个老板千万不要让企业里个人与个人或者部门与部门之间产生敌对的关系，这是非常重要的。因为敌对情绪一旦产生，最后就会导致不择手段，为反对而反对。敌对不一定是按部就班地从竞争到摩擦，再到冲突，最后产生敌对的过程，有的时候莫名其妙地就敌对起来了。但是大多数时候是如此。所以我们对竞争、摩擦、冲突好好处理的话，应该可以避免敌对。如果敌对不能避免，那我们就不用再浪费时间了。只要我们用心，事先加以防范，把冲突都适当地化解掉，就没有问题。

冲突的原因很多，归纳起来大概有四方面：

第一，优越感是产生冲突的主要原因。有人说，自己是老板的亲戚，自己是国外归来的学者，自己是某方面的专家……反正找出很多理由，就是跟别人不一样，比所有人都了不起，这样一来他就有过分的优越感。一个人有优越感也没有什么不对，但是优越感太过分了，使所有人都受不了的时候，问题就大了。我们现在也可以看到，有一些企业各部门的人员素质是不完全一样的，一般来讲企划部的人员可能素质会高一点，脑筋要好一点。而且我们现在也相当迷信地认为，这个人是学企业管理的，请他来做企划，同样是"企"，一定是亲戚嘛，所以他来一定做得好。而学企业管理的人又觉得这是我的专长，你们不懂。所以这样一来有意无意就会造成优越感。其他的部门一看，你是学企业管理的，老板又重视你，现在大家强调企划，你好像真的了不起，所以我要防范你，故意给你难堪，我要抵制你才能保护我自己。

所以，如果条件比人家优越，所造成的抗拒可能会更大，这不能怪别人小气、嫉妒、心胸不广，也要反省一下自己，为什么会造成这样。因为很多人各方面都很好，但是大家不会对他产生很大的抗拒。同样的岗位，有的人会受到很大的打击，而有的人不会，这值得有优越感的人自己好好去反省一下。

每个人都先要想想自己是不是过分有优越感，是不是对别人有成见，假定有，就要主动了解别人，别人也会主动来了解你，这样本来有成见的就会变成没有成见，冲突也会减少，到最后不但不冲突，而且大家可能互相帮忙。所以优越感是很重要的因素，每个人都要仔细去了解。

第二，人与人之间有差异性。什么叫差异性？比如跟其他人年龄不一样，有的人年纪比较大，感觉年轻人通通看不起他。其实年轻人也尊重他，只是年轻人抱怨说："我这么尊重他，他还觉得我不尊重他，那我有什么办法？"有经验的感到没有经验的人排斥他，受过专业培训的人也会感觉没有受过专业培训的人在排挤他。不管是年龄、经验、教育还是社会阶层、文化背景、地域，你跟别人不一样，这种差异性常常会产生冲突。譬如说年龄问题，到底有没有代沟？你如果认为有代沟就有，你认为没有代沟就没有，主观的成分很大。你动不动就说年轻人听不进你的话，那就是你自己在制造代沟。

差异性是存在的，但是我们是不是要刻意地把差异性夸大，制造矛盾，完全是看个人的。譬如说同学之间，到底要不要让他们彼此联系？据我所知，有些地方绝对禁止在企业里面开同学会，我也不晓得这是什么道理，如果一家企业连同学会都控制不了，一开同学会企业就会受到很大影响，也没有什么好说的。所以很多事情我们夸大，我们曲解，没有问题也会变成问题。

第三，感觉自己很重要。生产部门跟销售部门很难处得好，因为销售部门认为，如果他们不去卖产品，再生产也没有用，最后只会变成库存，所以他们会卖才是重要的。销售人员总认为企业是靠他们才能生存的。而生产部门的人说："你们在外面还有时间喝咖啡、聊天，我们一刻不停地辛勤工作，没有我们保质保量地生产，你们能卖得出去东西吗？"这样吵来吵去，每个人都觉得自己很重要。我们没有办法把重要性放在天平上衡量，所以老板讲销售人员好，生产人员心理不平衡；老板讲生产人员好，销售人员就不平衡。职位越高的人，讲话越要小心，就是这个道理。

第四，目标性不一致。立场不一样，自然而然想法就不一样。每个人如果只顾虑到自己的立场，不考虑别人的立场，这叫做本位主义。本位主义不是不好，一个人如果连自己做什么都不知道，也是很可怜的。自己做什么应该知道，但是不能强调，过分强调的结果是没有办法跟人家协调，没有办法跟人家合作。我们如果没有整体的目标，只有部门的目标，或者没有部门的目标，只有个人的目标，就非常容易引起冲突。

根据第四方面的分析，好像冲突是永远存在的。任何企业都没有办法避免部门之间的冲突，因此要积极发挥协调的功能，使冲突不再升级，千万不能走到对立的地步。使冲突化解，使大家谅解，这才是应有的态度。

中国人不是不知道竞争，中国人从小就知道竞争，但是我们教育的目的，是让人要懂得互助。互助，大家都好，何必一定要竞争？西方人讲，己所欲，施于人；中国人讲，己所不欲，勿施于人。这两句话，一个是站在互助的立场，另一个是站在竞争的立场。己所欲，施于人，看起来很积极，美国人到处帮助别人，而到处挨骂。美国人自诩自由民主，而且要求别人也要按照他们的方式来自由民主，别人当然不愿意。我们中国人认为，己所不欲，勿施于人，我所不要的绝不给你，因为我要的也许你不想要，我只知道我不想要的你可能也不要，如果你要我也没有强迫你不要。听起来很消极，实际上我们是抓住了问题的根本。互助跟竞争，互助是根本，竞争是表象，我们为什么要竞争？目的是为了大家好，是为了互助。如果竞争到最后是为了我好你不好，这种竞争是有缺陷的。

因此，我们可以用太极的观念来解释互助跟竞争的关系。互助包含了两个因素，一个叫合作，一个叫竞争。我倾向于把合作置于竞争的对等位置，而把互助置于比较高的一个层级。互助如果是大圈圈，里面可以分为两个小圈圈，一个小圈圈叫做合作，另一个小圈圈叫做竞争。企业为了加强成员之间的团结意识，可以适度地引入竞争。但是一定要告诉大家，竞争的目的是为了彼此更加合作，而不是彼此对立。假定能这样的话，这是一种互信互赖、公正无私的竞争，是值得我们鼓励的。

竞争可以使企业更加团结，因为成员彼此竞争、彼此了解，会缩短距离，消除内在的差异。你做得好，我做得要比你更好，缩短我们的距离，消除差异性，这样更团结。

同时企业也转为以游戏为主，比如我们常说的边做边玩儿，不是说中国人不认真，也不是说把工作当做游戏，做得好也罢，做得不好也罢，而是说让员工自己调剂，该认真的时候认真，该松懈的时候稍微调剂一下，心理上没有什么压力，一直紧张地工作，会很疲累。竞争使得大家比较重视工作，不关心大家的心理需求，而一切为达成任务，达成业绩。

竞争会使得主管的领导方式从民主变得有一点点独裁，为了竞争，成员也比较能够忍受独裁，因为要一致对外，主管凶一点，员工也认了。从好的方面来看，竞争会使组织力加强，不像一盘散沙。没有竞争的时候可能各顾各的，但是一旦竞争了，平常再不好的人，也能团结合作。为了成为一个坚强的前线，我们要求大家高度效忠，绝对服从，这也是为了应对竞争。可见，竞争可以使大家更团结，使大家更专心工作，使大家更能忍受主管的坏脾气，忍受主管的独裁专制，同时大家会高度的效忠，这都可能产生一种内部改变。

竞争的结果一定有赢有输，赢的人士气很高昂，内部的团结性很高，同时没有以前那么紧张，就会慢慢地得意忘形，最后反而没有以前做得好。输家不认输，找借口说运气不好、比赛不公平、对方作弊等，来丑化对方。就像销售部门业绩不好，却指责产品太差，把责任推给生产部门。如果输家认输更糟糕，因为内部的问题就会在这个时候爆发出来。你既然不敢把责任推给别的部门，只好自己承受，承受的结果就是内部分裂。比如销售部门因为老板自己管生产部门，所以不敢把责任推给生产部门，只好自己检查，又是区域划分不好，又是主管领导有问题，又是制度不合理，这样一来使得内部不能合作，不能合作的结果就是不重视人际关系，又开始重视业绩。这样赢的变输，输的变赢，风水轮流转，整个企业天天像跷跷板一样，这边高那边低，这也是不好的。

一切透过协调求合理解决

竞争有好的一面，也有坏的一面，不可避免，所以我们要用协调的方式来防止冲突。比如说企业最好重视整体的效率，而不要完全去算各部门的效率。我们不是不重视各部门自身的成绩，而是更重视各部门对整体所产生效率的贡献度。我不太赞成生产部门有生产奖金，销售部门有销售奖金，我比较赞成企业有产销奖金，把产和销合在一起，两个部门合作，达到目标大家都有奖金。如果分开，生产部门只想到生产奖金，不管其他的，卖不出去是销售部门的事；如果销售部门只想销售奖金，只顾自己，就会把责任推给生产部门，彼此争吵不清。

同时我们也要倡导企业内部多沟通，多协调，在奖赏的时候要兼顾主要部门和协助部门。我们看篮球的时候，只看到谁投球得分了就认为他是好球员，那请问谁还愿意助攻，大家都抢着进球，又何谈团队精神？假如每个球员都得到认同，整个气氛就不一样了。同时企业如果各部门人员不定期地轮调，也可以促进彼此的了解，使我们更容易协调。不要让各部门把竞争和输赢看得过于重要，大家统一目标，共同分享利益，才是应该追求的一个原则。

当然，跟中国人协调不是很容易的事情，协调要重视三个原则：

要对时。时间如果不对，协调就不会有什么效果。比如某件事要协调，有人可能会说，你怎么到现在才来协调？事到临头才开始协调，不是故意给我找麻烦吗？有些事情是临时性的，随时协调大家能够谅解，但是有固定原则、固定方针的事，我们就要提前协调。甚至很复杂的工作，在作计划的时候就协调，让大家事先有个心理准备。换句话说协调的时间要掌握好。

要合位。即合身份。常常有很多人不顾自己身份出面去协调，人们就觉得好笑，凭你还想找我协调，还早得很，找你们主管来还差不多。所以应该谁出面就找谁出面，应该找对方的什么人协调就找那个合适的人。

要机动调整。因为有很多变化的因素，随时发生随时调整。

协调有四个步骤：

1. 先沟通观念。我一直认为，事先说明比事后解释重要得多。有很多人发现问题赶快去解释，花了很多精神。事情已经出问题了，事后拼命解释也无济于事。所以在观念的沟通上，彼此了解是第一位的。

2. 尽量讲明对对方有利的内容。不管你怎么去沟通，怎么对人家有礼貌，如果你让人家吃亏的话，对方一次两次会忍耐，次数多了，他迟早不再接受你的协调。你只要把对方的利益点讲明，他一定也会把对你有利的点讲出来，彼此就很愉快，这叫做两全其美。你如果只想到对自己有利的地方，并且拼命强调，希望对方重视。对方心里会好笑：你只顾到你自己，我有什么义务跟你协调呢？

3. 说到做到。一个人说得天花乱坠，彼此都很愉快，但是回去以后没有兑现，也不可能有圆满的结果。中国人强调说到做到，没有一个中国人认为自己说到没有做到，所以“从我开始”这四个字很重要，这是能不能协调的关键。每个人都认为我先说的我做到了，至于你做不做再看吧。不要说你先做我再做，那等来等去永远没有一个开始。

4. 事情完毕要适当表示谢意。最起码口头上感谢一下，就是中国人所谓的“后会有期”。后会有期是说下次你帮我忙，我也帮你忙，这是对的。

协调有没有成功的可能，完全看彼此的感应是强还是弱。感应听起来很抽象，实际上中国人对此应该是不陌生的。中国人始终讲有感有应，即大家好商量。假如你找我协调的时候，我存心抗拒，就非常难协调。所以说，既然我们在同一家企业，在同一条船上，就算我平常一直看你非常不顺眼，但你既然找我协调了，我也会诚心诚意配合。这样好商量就是有感有应，成功率会很高的。有一种叫做有感无应，我很热心，但是对方不热心，或者对方很热心，我一点不热心，结果一定是事情不好办。我们常常讲事情不好办，就是我去协调的时候被泼冷水，吃闭门羹，跟我打马虎眼。这一次的协调纯粹是一头热，那一定很糟糕。

但是有感应还不够，我们还希望能够善感善应，即你往积极的方面去想，我也往积极的方面去想。因为事情都是有两方面的，你可以往坏处想，也可以往好处想。我曾经问一位非常受老板器重的干部，有什么感想。他说，老板很会利用他的长处。这也是一种想法，我们也不能说他错，但是他也可以这样想，老板对他很礼遇，给他这么好的机会，他应该心存感谢。两种想法都可以。

有的人，任何事情都往坏处想，有的人正相反。当然人不能盲目乐观，什么事情都往好处想，但我们尽量地善感善应，其乐融融，更愉快。相反的大家都往坏处想，那是恶感恶应，彼此都遭殃。你往坏处想，我难道不会吗？你越想越坏，我也越想越坏，最后一定是彼此产生严重的误解，慢慢形成对立。

第二节 协调的主要方法便是沟通

大家公认现在是非常重视沟通的时代，但是我们也感觉到要跟中国人沟通相当的困难。中国人最讲道理，这几乎没有人否认，没有一个中国人会认为自己不讲理。因为我们通常把不讲理叫做不要脸，不要脸对中国人来说是非常严重的事情。没有面子只是难过一阵子，你找回面子就没事了，一旦被人家骂不要脸，则很难翻身。所以中国人对不要脸非常介意，也非常重视讲不讲道理。

但是跟中国人讲道理又非常困难，因为道理好像是圆的，你从这边讲可以讲一大堆道理，你从那边讲也可以讲一大堆道理。何况歪理有一千条，真理大概只有一条。无论怎么讲，一般人听了都感觉很有道理，就算没有道理的话被一般人听了，也觉得很有道理。

举一个例子，现在很多人冠冕堂皇地说："中国人向来习惯于情理法的方式，这种顺序在现实环境中造成无穷后患，我们特别建议凡事应该以法为着眼点，看看其合法性如何，就比较容易解决问题。”这种话我们听得很多，乍一听非常有道理，实际上讲这种话的人完全不了解什么叫做情理法。这种话很容易把听的人引导到很严重的岔路上去，让人们真的以为情理法不好，应该颠倒过来变成法理情，那真是后患无穷。我们都知道天底下绝对没有一条法律可以令所有人都满意，如果一开始就把法令颁布出来，只有更加刺激对方。尤其是对中国人来说，你要依法办理，那我就不必顾虑你的面子。大家都不顾虑面子就很情绪化，情绪化就增加沟通的困难，中国人讲话如果不仔细追究的话，有可能讲出一些似是而非的东西，我们听起来就会上当。中国话不好讲，因为它的文法结构不是很严谨，而且中国人讲话没头没尾的，如果不仔细听，根本不晓得他在讲什么。

中国人难沟通存在九大弊端

中国人相当的多疑，不轻易相信别人，所以你讲完以后，他回去后很可能想成另外一套。他只相信自己的道理，同时只相信他信得过的人所讲的道理。中国人听到一句话赶快问谁说的，就是说这个人如果我信得过，那么他讲的话应该是有道理的。如果这个人我根本信不过，那他讲的话我听都不听，更不去追究有没有道理。中国人甚至于不太相信专家的道理，专家如果凭良心讲，他的确是很有道理的，但是他也可能不凭良心，因为他可能被收买了，被人家操纵了，或者受到威胁，或者受到利益团体的引诱。他不凭良心讲话，我相信他，我岂不是天下第一号傻瓜吗？跟中国人讲道理，因为说的人只讲到一面，没有办法做到全面，说的话弹性又很大，没头没尾，听的人又相当多疑，沟通怎么会不困难呢？

这些是不是中国人的缺点呢？不是。请问，你敢不敢轻易相信别人？自己警惕一些有什么不好？

有一个年轻人跟我说：“同样一件事情，我的老板叮嘱过七八次，我差一点被他搞得发疯。”这个老板并没有神经病，只不过他不相信他的话员工听得进去，而且会照着做，所以他一次次叮嘱。他自己当然也觉得很烦，可就是不放心，才会有这种表现。

另外在一家比较现代化的企业里面，有员工曾这样向我反映："我的主管是一位相貌堂堂、服装讲究、言谈幽默、八面玲珑的留美学者，他很喜欢听我们的奉承话，很喜欢听我们的悄悄话，并且暗示我们要按时送礼给他，这样年终考绩就好。如果我们不去讨好他，不给他打小报告，不送礼，那么年终考绩就不好。这种主管自己很满足，可是我们这些人就很辛苦。我们平常要察言观色，迎来送往，还要暗中搜集每个同事的短处，来向他报告表功。该送礼的时候还要想尽花样，才能够出奇制胜。"这个主管自认为自己有道理，才会这样做。但是员工有员工的想法，员工认为自己努力工作就可以了，何必要打小报告、送礼？道理不一样，但是每个人都认为自己才是有道理的。

其实彼此都是好人，但是平常没有沟通，没有把道理讲清楚，也就是没有建立共识，所以彼此会误解，误解的结果就是不能合作，甚至会互相扯后腿，造成企业的危害。

沟通到底是什么？一般来讲沟通就是意见的交流，我讲我的意见，你讲你的意见，不能交流的话就不能算沟通，那叫沟而不通。大家都在发表意见，最后却没有共识，根本是沟而不通。沟通是我们利用语言、文字、动作、表情、姿态等，把一个信息传给另外一个人。但是如果对方不愿意接受，不愿意把他的意见也说给我们听，不能达成共识，不能产生预期的行为，就不叫做沟通。

中国人难以沟通，真正的原因在哪里？唐朝有一位宰相叫陆宣公，他说中国人之所以难沟通是因为有九大弊端，"上有其六，下有其三"，也就是主管有六大毛病，而下属有三大毛病。可见主管的毛病还是比较多的。我们现在分别来说一说，看看我们是不是真的这样，如果是，应该怎样来补救。

先说主管可能存在的六大毛病：

1. 好胜人。即主管好胜心太强，认为自己既然当主管了，一定要赢过别人，所以得样样精通，不懂的话就表示不如人家。这种高人一等的心理使得下属没有办法跟他沟通，因为下属一开口，他就怀疑下属是不是在取笑他。所以下属如果发现主管的好胜心太强，一定会敬而远之，表面上很尊敬他，很服从他，但实际上不愿意跟他沟通，也不敢跟他多做沟通。这样管道自然慢慢阻塞起来。

2. 耻闻过。即主管太爱面子，听不得任何批评。爱面子是人之常情，尤其是中国人，我们不可能要求他不爱面子。但是加上一个“太”字就不好了，太爱面子的结果就是不喜欢听到别人的批评。当然他也很有学问，“闻过则喜”，只不过是听到别人有过错就很高兴，如果听到自己的过错就觉得非常没有面子，甚至会恼羞成怒。这种不喜欢听别人批评，只喜欢听别人奉承的主管还有一个表现，就是常常把责任推给别人，人家一说这个不对，他说这不关他的事。这样也就无法跟他沟通。

3. 骋辩给。即主管喜欢强辩，因为他口才很好，能言善辩，反正下属讲什么他都不承认，而且一辩论他都赢，反正下属辩不过他，就代表他对了。久而久之，大家觉得我就算告诉他实在话，最后他还是强辩，而我又辩不过他，我干脆不讲好了。主管太喜欢辩，明明知道错了，也找一大堆理由来搪塞，其实对自己非常不利。口才好的人往往有这种毛病。

4. 炫聪明。即主管喜欢炫耀自己的聪明。中国人都很喜欢聪明，所谓耳聪目明的人当然很可爱，可是一个动不动就炫耀自己聪明的人，其自卑感是很强的。为什么有的主管动不动就讲他最近做了些什么了不起的事情，其实是他自卑感在作祟。他怕下属看不起自己，认为他不聪明，所以他处处显示自己跟别人不一样。结果下属果然比他更聪明，因为下属一发现他有这种需求，就纷纷投其所好，尽量给他戴高帽子，来满足他的虚荣心，这个主管就真的以为他比谁都聪明。最后谁也不愿意跟他沟通，很多事情都不愿意告诉他。

5. 厉威严。即主管喜欢摆臭架子。有一点架子在所难免，我们常常讲这个人身份地位不同，所以走路的样子也不一样，讲话的口气也不一样。但是摆架子摆到变成臭架子，那就过分了。摆臭架子目的是什么？显示自己的威严，企图建立自己的权威。所以他跟下属始终保持很大的距离，在他认为这是安全的做法，实际上别人会想，你既然跟我拉这么大距离，我何必主动来亲近你？搞不好还以为我要讨好你。既然你喜欢摆架子，耍威风，我就离得远一点。这样的主管没有办法让下属真正地信服，也不愿意真心跟他沟通。

6. 恣强愎。即主管自信心太强。主管当然不能没有自信，但是自信心太强，不管什么事情都自以为是，是非常危险的。因为一个自以为是的人认为自己什么都对，他不在乎别人的反应，也不会去关心别人，更不会考虑别人的立场，只是一味地固执己见，这种主管大概脑海里没有双向沟通的概念，只会单向发号施令，结果就变成刚愎自用。历史上有很多的暴君，都是因为刚愎自用造成的。当然我们不能说刚愎自用的人统统失败，只不过成功的人实在不多。而失败的人，结局都非常悲惨。刚愎自用的人自信心非常强，喜欢独断独行，从来没有从善如流的想法，所以不容易接受别人的意见。他的下属很快会养成一种唯唯诺诺的心态，大家都是巧言令色，用心来讨好他，下情不能上达，彼此之间就会有一道看不见的墙，把上下隔开，这是沟通最大的障碍。

一个主管如果有这六种毛病的话，我们也不能完全怪下属不能好好跟他沟通。当然，下属也可能有三个毛病：

1. 谄谀。即摸透了主管的心理。我们一直认为下属不了解主管是不可以的，可是有的下属太机灵，太过善解人意，不但看准了主管的动向，而且根本摸透了主管的心思，我觉得这也是不怎么好的。因为你摸得很清楚以后，就慢慢失去了自己的独特想法，就算有也不敢表现出来，久而久之完全变成主管的跟屁虫。我也常常跟很多老板讲，如果发现干部中有人把他摸得很透，就要小心。我也常常劝干部，你要摸老板的心思，但是摸到90%就够了，顶多到95%，你要留下一些摸不透的，才有自己的创意，否则的话你只看到他所喜欢的，完全没有自己的看法。当然有人说“没有办法，我要保住我的饭碗”，这又当别论。

2. 顾望。即下属很容易养成见风转舵的习惯。尤其是中国话很容易调整，正的可以变成反的，对的可以变成错的。主管如果很严格，一做错就要骂，那就难怪下属会见风转舵。见风转舵的人到最后变得没有责任感，同时对企业没有向心力，于是乎就变成是非不明。因为每个人都看到主管脸色不对，马上见风转舵，这样哪里还有什么是非？不错，我们一再说，讲话眼睛要看对方，做适当的调整。但是千万记住，调整到合理的地步，不可以一味地投其所好。

3. 畏懦。即下属怕负责任，所以畏首畏尾。若是主管认为，你一定要听他的，你不听他的就是叛徒。或者说你只能跟他讲好听的，否则他就当场给你难堪。这样一来我们只好用很害怕、很懦弱的表现来满足他，这样慢慢就变成畏首畏尾，害怕责任。

上面的人如果好胜心太强，太爱面子，太喜欢强辩，太喜欢炫耀自己的聪明，太喜欢摆臭架子，自信心太强，那么底下人又摸透了主管的心理，养成见风转舵的习惯，再加上怕负责任、畏首畏尾，还有什么好沟通的？就算你再怎么努力沟通，也是没有结果的。

沟通是双方面的事情，我一直认为，大家彼此都要自己检查一下，假定自己有什么错误就先改过来，然后再来要求对方。双方面的调整对于沟通是非常有利的。沟通如果只有一方面很热心，另一方面不热心，肯定没有好结果。一定要双方面都心平气和，假定有一方面做不到，那我们就要先用其他的方法。为什么中国人见面就问“你吃了吗”，很多人根本不了解，说中国人无聊，见面不问别的，只知道吃饭，这都是误解的。中国人问人家吃了没有，就是让对方的心情调整一下，然后找到一个沟通的好机会。

难沟通更要掌握沟通的方法

中国人沟通相当困难是事实，但是也并非完全没有办法解决。我一再劝很多人要了解沟通是一种两难状态。所谓两难状态，即你说得太多，人家马上说你啰唆；你说得太少，人家又觉得你很神秘，好像怕人家知道一样。到底要说得多还是要说得少，我们自己要斟酌。如果你说什么话都从头说到尾，太啰唆，你把要点说说就好了；如果你说得很少，没头没尾的，也要挨骂。你说得太过明显，对方面子过不去，他是很不高兴的；你说得太含蓄，对方就很容易装做听不懂。中国人实际上听话能力很强，但是他心里想既然你讲得这么含蓄，那我假装听不懂就算了。你说得太快，他说跟不上你的思路；你说得太慢，他说虽然很想听，但是你这么慢，他恐怕会睡着了。一件事情没有发生，你说得太早，他否认，因为那时候未成事实；你说得太晚，他责问你为什么不早说，专放马后炮，可见你心存不良。你说得很婉转的时候，他不当一回事；你说得很严厉，他说你这么凶干什么，你好好说我就听，你这么凶我就不听。可见，沟通并不一定说哪种方式才有效，只能说“两难”，这样也不对，那样也不对。

沟通的“两难”其实可以分成两句话，“先说先死，不说也死”。中国人最高的智慧就是“先说先死”，比如，你买东西回来，有人问你价钱，你会不会直接说出来？当然有些人会，但是人数很少，多数人都说不会。中国人的回答通常是“你猜猜看”，我们的脑海里有一个牢不可破的观念，就是先说一定倒霉。人家问你多少钱买的，你就直接告诉他一千元买的。对方问：“真的一千？”那你的脸大概绿了一半了。他又说：“我跟你买的一模一样，才八百。”那你的脸该全绿掉了。

“先说先死”随时可以找到证明。这样我们也可以了解，为什么我们问主管事情该怎么做，主管多半不会给我们答案，都说“你自己看着办好了”。这种做法可以从“先说先死”上找到根据，别看中国人表面上乱七八糟的，实际上都是有根据的。

一个中国人如果不知道“先说先死”的道理，往往会死得不明不白。但是另外一个困难是“不说也死”。“不说也死”跟“先说先死”同样重要，所以两句话连起来说才是真理。这方面我们有太多的经验，说有说的困难，不说有不说的苦难。

碰到这种两难的境况，就要想着去突破，一定要说到不会死的程度。说到不会死有三个重要的法则：

第一，先学少说话。很多人觉得很奇怪，沟通就是要说话，为什么你劝我少说话？没有错，因为爱说话的人，别人未必愿意听，一个人话太多，别人看到他就反感了。而且话多，出毛病的机会就多，少说话，你自己才会用心去听别人的话。别人看你话少，也觉得很宝贵，也才会用心来听。所以少说话不但对自己好，而且容易引起别人的注意。一般人总认为要多说别人才会注意，我们要仔细衡量，一个人话太多，慢慢的别人会觉得你不说会死吗。

你说出来，别人想你真的有那么多宝贵的话吗，基本上不太想听。一个人很少说话，偶然说几句，大家都会注意听。

所以，宁可少说话，让人家怀疑我们很浅薄，也不要一开口就让人家发现我们真的很浅薄。我始终觉得一个人不开口，人家不知道他有多大学问，一开口就知道这个人有几斤几两重。

第二，少说话不是不说话。所谓不鸣则已，一鸣惊人，这样就不会死。非说不可的时候，一定要想想这话能不能不说，如果不说很好，当然不要说。不说不行，那就说了。说的时候要注意内容，注意措词，讲究意义，然后把音调、姿势都配合出来，这样言之有物，言之成理，对方自然会重视，也比较容易达到沟通的需求。

第三，很会说话，还是要少说话。爱因斯坦说，成功 = X + Y + Z，X 代表工作，Y 代表游戏，Z 代表闭嘴。懂得工作和游戏结合，又懂得闭嘴的人，一定会成功的。特别是会说话而少说话的人，口才很好而不太愿意表现的人最受人重视，也最值得敬重。

先学少说话，一个人不轻易开口，才会用心听别人的话。先把别人的话想清楚，然后再斟酌自己的立场，再考虑自己应该表示什么样的态度，并合理地表达出来，接着还不说话，把机会让给对方，这样才有办法沟通。

我现在整理出几个沟通的要领：

第一，我们首先要听懂对方的话。中国话不太容易说，而且很多人也觉得，“我说得那么清楚，他居然听不懂，真好笑。我已经讲清楚了，要我再讲清楚一些不可能，你听不懂只能怪你自己”。所以先把对方的话听懂，这是沟通的第一要领。

第二，如果规模小，人不多，尽量用口语沟通，减少书面沟通。但是如果人很多，我们就没有办法了，只好借用书面沟通。书面沟通的时候要简单明了，因为字太多就没有人看。

第三，非得用书面沟通的时候，在公布以前要进行一个非正式的沟通。一方面表达你自己的意见，另一方面也征求一下大家的意见，让大家知道你要公布什么事情，然后再把正式的书面内容公布出去，这样比较容易快速达到我们的要求。

第四，沟通的方式要根据对方的身份、背景、时间、地点的不同而改变，应该详细的就详细，可以点到为止的就点到为止，应该单独讲的一定要单独讲，应该公开讲的就公开讲，这样一来效果才会提高。

第五，我们要尽量地有依据。讲话的人最好先说清楚我是根据什么资料，如果有数据的话就拿出来，对方比较容易接受。但是有关人的资料要小心，凭记忆最好。中国人明明记得很清楚，但是只要跟人有关，我们会说“不晓得我有没有记错”，这样来谈人的问题往往效果比较好。比如说：“这件事情也许我搞错了，但是我听到的是这样的，不晓得你觉得怎么样。”这样对方听了比较容易接受。你说“这件事情根据我的了解，是这样的，我有证明”，那对方多半不能接受。

第六，沟通的文件一定要标示清楚。这个文件已经送给什么部门什么人了，使看的人知道有哪些人已经看过了，他就会自己去抓住将来怎样跟那些人沟通的重点。我们经常接到一个通知，没头没尾的，也不知道哪些人看到，哪些人没有看到。假定我看到，我就会想我的下属有没有看到。如果你标示清楚，既发给了我，又发给了我下属，那我就知道这个文件他看过，我就不必再跟他沟通，或者我要沟通也只是针对其中的重点。如果你只发给我，没有让我的下属知道，我就要想办法跟他沟通。所以把传阅的人标示出来，对沟通是很有帮助的。

中国人最擅长不讲话来沟通

尽管这些要领我们都掌握了，但有一点不能忽略，中国人常常用不讲话来沟通。不讲话来沟通的不是小事，而是很重要的事情。因为我们一直认为应该说的才说，不应该说的不说。应该说的一句都不能少，不应该说的半句都多。可见这里包括两部分，一部分是说，一部分是不说。一个人懂得不说话才是真正会说话。真正了解不说话就能沟通的人，才是会沟通的人。说话要有效才说。要是问一个中国人：“你明明有意见为什么不说呢？”答案只有一个："说了没有效，所以我不讲。"中国人会衡量话说出来有没有效，如果没有效，何必讲，只会伤感情。只不过这样做暂时可以，还要想办法让他有效才行。

1. 我们要告诉自己，我们一直讲，把时间都用光了，对方还有什么机会讲呢？所以我们不讲话，把机会让给对方，把时间腾出来，对方才会开口。尤其是中国人，明明有意见，但是看你一直说，就不愿意跟你抢。你停下来问他有没有意见，他也不会马上讲，因为他搞不清楚你说真的还是假的。你一定要问他的意见，他看你很有诚意，才会讲出来。所以我们要把时间腾出来，同时要停顿一两分钟，对方才会有信心，他才会讲出来。有时候大家都不讲话也是一种沟通，这叫做心意相通。东方人把心意相通叫做默契，默契的最高境界就是你不说我也知道。

不讲话我们才能够很用心去听对方，因为听话是说话的一半，一个不会听话的人，说的话多半是白说的。

2. 你只有安静不说话，才能够了解对方的需求。西方人有话直说，中国人说话多半会拐弯抹角。我们如果没有看清他的表情，没有看清他讲话的样子，怎么知道他真正的需要是什么。他如果说"你看着办"，我们真的不知道他的真实意图是什么，真的让我们看着办，还是因为生气才这么说？所以一定要了解对方的需要，为此我们要安静，要有不讲话的时候。

3. 不讲话才能减少说错话。多说多错，少说少错，语言文字本身就是一种障碍，有很多人说"我的意思不是这样"，要是问他："你讲了半天，意思却不是这样，那你在讲什么？"他会说："我没有办法，我只能这样讲，但是我的意思不是这样。"这种话中国人大都能够体会。同时我们更要重视，你不讲话才能够引起对方的参与。任何的沟通一定要大家来参与，少数几人把讲话时间都用光了，其他人想参与也没有办法。

真正有效的沟通三两句话就能够抓住对方的心理需求，能够了解对方实际的状况，话不在多。

第一，我们千万不要自以为是，自以为是会造成很大的困扰。第二，不要先入为主，听别人一张嘴就信了，他后面的话明明是错的，但是你先入为主，就会信以为真，正确的话反而被错的话挡住了。第三，不要想当然尔。这个想当然尔是说一定这样，不会错的。其实这跟自以为是有一点关联，但是不太相同。有的人还没等别人把话讲完，就说“我懂我懂”，这样的话很难沟通。因为他觉得一定是这样，还用说吗？但实际上事情往往不一定是这样的。中国人为什么满脑子都是不一定？就是说明什么事情都不能说“当然是这样”。一个人去除了自以为是，先入为主，想当然尔，又能够重视言跟默，即讲话跟不讲话的配合，该自己讲的时候自己讲，该让别人讲的时候让别人讲，这样一来沟通就会做得比较好。

但是真正有效的沟通要遵循三个原则：

第一，主管要求下属做某种合理有益的事情，要明确地说明目标、内容，还有进行的步骤。越是基层的我们讲得越基础化；对中层干部，讲得简略一点；对于高阶层，点到即止。同时我们要表示决心，“一定要这样做，务必要做到”。同时也要说“我相信你，以你的能力一定会做好”。下属如果有疏忽，除非有正当的理由，否则不能轻易放过他。这种习惯一养成，大家就会重视你的沟通。否则你讲过就算了，人家不照你说的做，你也不追究，慢慢的，你的话就不会有人重视了。

第二，主管要用无心的爱。照顾下属是应该的，没有什么人情，所以叫做无心的爱。不能说“我这样照顾你，你要好好做”，这是有心的爱。真诚的关怀，应该诚恳地关怀对方，而不是做表面的虚假功夫。我们常常跟下属谈各种问题，听听下属的意见，如果有什么不对也委婉地说明，不要轻易发脾气骂他。假定下属的意见暂时没有办法接受的话，也要说“你这个意见很好，我们再研究研究”，事后告诉他有什么困难，以后我们尽力地突破。这样的风气养成以后，下属就很乐意跟主管沟通，甚至他还会主动地来找主管。

第三，主管刚开始要对每一个下属一视同仁。如果一开始就有偏见，那下属认为他不是你的人，跟你讲话也没有用，就不会跟你沟通了。

第九章
知人善任发挥最大人力

人才要靠自己来培育，因为没有经验的新人像一张白纸，可塑性比较强。通过新进员工的训练，可以把他塑造成很理想的人才。

第一节 管理以人为主知人最重要

人们常说，企业的兴衰系于人才的多寡。好像人才多的企业就会兴，人才少的就会衰。事实上，一家企业如果要兴的话，最起码应具备以下几个条件：

第一，其产品是有成长性的，主力产品不会很快被淘汰，能持续地为市场所接受。

第二，除了现在的主力产品以外，应该还有本领开发一些新的产品。

第三，具有一定的技术水准，能够确保产品受到大家的欢迎。

第四，要有一个销售网，销售渠道要选对。

第五，要有足够的资金进行设备的更新或者新设备的投资。

这些看起来没有一样和人才有关，但是仔细分析起来，每件事情都要人去做：技术好不好看人；能不能开发新产品看人；产品能不能够继续卖下去要靠人去了解，要靠人去改造，甚至要靠人大力作宣传；销售网络当然也需要人；更新设备，筹措资金或者运用资金，都依赖人。可见一个企业能不能继续兴盛下去，就看它的人才是多还是少。

知人而不能善任就毫无意义

说到人才，我们马上想到求才，求才之所以困难，是因为我们不晓得谁是人才。世上的人那么多，怎么知道谁是人才？很多老板抱怨说，人才一路上都是，但是自己没有碰到一个。而且最怕碰到假的人才，那更糟糕。把不是人才的人当做人才，加以重用，迟早后悔。我们要认识什么样是才，要知道才在哪里，还要想办法去把他求来，这都要有知人之明。尤其是老板，知人是很重要的能力，能不能把一个人看得很清楚，判断他是不是人才，关乎企业的生存发展。

同时，人才也不是天生的，后天的栽培、教育、培训、磨炼、考验都非常重要。所以有的不是人才，但是企业会把他培养成人才。相反有的人可能是人才，但是来到企业以后反而慢慢变成呆人，非常可惜。知人还是不够的，知人如果不能善任，最后等于不知。知人一定要善任，因为人才是有专长的，不是万能的。世界上根本没有万能的人。我们可以说人各有所长，也各有所短，把他的长处发挥出来就是善任。当主管的人，要把你下属的长处放在你的眼睛上，把下属的缺点放在你的肚子里，你心里要知道他有什么缺点，但是不要讲出来，一讲出来就会伤害他的感情，会使他没有信心，甚至他觉得你看他不行，就自暴自弃。不知道下属的缺点很糟糕，有时候会铸成大错；知道他的缺点，可以避免他的缺点暴露出来。知人的目的为了用人，用人一定要相信他，所谓用人不疑，疑人不用，是要经过一番磨炼，经过一番考验的。绝对不是说一开始就做到这一点，看到一个人就相信他，你最后一定会被他骗。

我们用了一个好人，其他好人会闻风而来。我们用了一个坏人，其他坏人也会跟进来。《战国策》里提到，有一个国王，让他的大臣去买一匹千里马。结果千里马死掉了，这位大臣就把那匹千里马的尸骨买回来。国王大怒，责骂大臣，大臣说出一番道理来："我把千里马的尸骨买回来，这个消息一定会传得很快，大家都会说我疯了，而且很在意我回来后会不会挨骂。如果国王不骂我，大家都会说国王真的很爱千里马，甚至于连它的尸骨都爱，这样一来所有有千里马的人都会把马牵到您的面前，我们就可以买到很多千里马。如果国王骂我，大家都会传国王只喜欢活的千里马，死了就没有用了。"国王没办法，只好嘉奖他。果然，大家都传说国王爱千里马爱到连死马都要的程度，纷纷把千里马送到这个国家来。

中国人最会打听了，打听这家企业喜欢用好人，好人都来了，因为好人很喜欢跟好人在一起。好人最怕跟坏人混在一起，你搞不过他，伤透脑筋。坏人也喜欢打听，知道某个老板最喜欢用坏人，就想"我是坏人，我来一定可以发挥我的长处"。

所以主管用人，不管哪一级主管，我们都给他四个条件，叫做知人、善任、亲贤、远佞。知人，要了解这个人到底是不是真的有本事，如果真的有本事，本事到底有多大。善任，既然知道他的长处，就要给他提供机会，能够放心地让他发展。亲贤，知道这个人是好人，你会接近他，让其他人知道你喜欢跟这种好人在一起。远佞，发现小人就会疏远，让大家知道你这个人不喜欢跟小人打交道。

知人分析起来有两点，一个叫识才，一个叫觅才。主管要能识才，有能力辨识一个人是真的人才，还是假的人才，是不是企业所需要的人才。一个企业并不是说任何人才都需要，所以要让外界知道你所要的人才是什么。譬如一个与计算机专业无关的人，就会想，在计算机企业，我的工作机会会很少。如果一家计算机企业对外宣布，我们虽然是一家计算机企业，但是需要各式各样的人才，不管是学天文的、学地理的还是学历史的、学文学的，我们都很需要。大家才知道，原来他们也可以在你那边找到机会。这也是在知人的范围之内。

觅才，就是很虚心地向外面征求人才，不是光在那里等。因为真正的人才不一定会来，可能在半路上就被人家抢走了，我们干等着，等到什么时候呢？现在很多企业到学校去，向在校的学生介绍自己，让他们在毕业之前，就在脑海里面留下很好的印象，随时跟他们联系，欢迎他们到企业来服务，这就是觅才。

善任，包括两大项目，一个叫做留才，一个叫做进才。留才是说我们好不容易把人才识别出来，并把他请进公司，他待一两年甚至一两个月就走了，我们不是前功尽弃吗？所以我们要把人才好好地留下来，给他适当的工作，信任他，使他能够发挥才干，这就是善任。但是发挥到什么程度，就涉及能不能进才的问题，我们把人留下来，他只发挥到50%，这就折磨了一个人才。后来他心灰意冷只发挥到20%，那更伤害了人才。所以我们要使他慢慢地发挥60%、70%，甚至90%，最后发挥出100%，对他个人也好，企业也会受益。

亲贤，包括两个项目，一个是聘才，一个是理才。所谓聘才，就是把人才发掘出来以后，要把他聘请过来。历史上著名的三顾茅庐就是聘才的最好例证。诸葛亮27岁被刘备请出山，之后一直为刘备努力工作，54岁去世。刘备给他鞠三个躬，他就卖命27年。当然我们不敢说刘备是存心如此的，但起码是划得来的。理才，就是好好管理人才，让人才充分发挥能力。刘备把诸葛亮请出山来，诸葛亮不一定能发挥才干。刘备告诉关羽和张飞，他们虽然是桃园三结义，但诸葛亮是他们请来的人才，大家要好好配合诸葛亮。经过一番沟通，让诸葛亮能够获得认同。

远佞，就是要远小人，去不才。《资治通鉴》上记载：

上谓太子少师萧瑀曰："朕少好弓矢，得良弓十数，自谓无以加，近以示弓工，乃曰'皆非良材'，朕问其故。工曰：'木心不直，则脉理皆邪，弓虽劲而发矢不直。'朕始寤向者辨之未精也。朕以弓矢定四方，识之犹未能尽，况天下之务，其能遍知乎？"乃令京官五品以上更宿中书内省，数延见，问以民间疾苦、政事得失。

大意是，唐太宗年轻的时候很喜欢玩弄弓箭，自认为对弓箭很在行。有一次他拿了几十张自认为很好的弓去给一个真正内行的弓匠看，那个弓匠看完以后说都不是好弓。唐太宗觉得很奇怪，就问为什么。弓匠说，木心不正，凡是木心不正，其脉络就会全部歪斜。这些弓看起来虽然很刚劲，可是发箭的轨道不正，不能算是好弓箭。唐太宗由此领悟到治理天下的道理。

从这个故事可以推论，用人，需要把才能和品德合在一起看，就好像弓是很刚劲有力的弓，可是如果它的木心已经歪了，最后是射不中的。人的品德如果和才能不能并重的话，那很可能用了小人，被小人蒙蔽，最后败在小人手中，负面影响相当大。远小人，去不才，是用人的要领。

人才在哪里？很多人说，他们老板整天提着一盏灯，在大街小巷拼命去找人。要是问他，你的企业人这么多，你还要找什么样的人呢？老板肯定会说，那些人根本都不是人才，他要找的人才不晓得在哪里。事实上，到处都是人才，人才就在企业里面，只是老板如果不认定的话，那就没有人才。我一再劝告所有老板以及主管都要好好想一下，第一，我们的员工之中，我们的下属之中，确实没有人才吗？我们当初为什么让他们进来呢？我们当初看上他们，为什么现在却看不上他们呢？第二，外面招进来的人真的会比现有的人更好吗？老板费尽九牛二虎之力把一个人才挖进来，结果又发现他不是人才，或者原来的人才把他排挤掉，那还是白费力气。第三，新来的人如果是人才，为什么很快又会变得不行了？是不是我们本身的环境、气氛有问题？

我一再主张，人才要靠自己来培育，因为没有经验的新人像一张白纸，可塑性比较强。通过新进员工的培训，可以把他塑造成很理想的人才。但是员工的培训要经过计划，要用心才有效。我们没有必要把员工培训成为绝对服从企业规定的呆人，而是应该教导他们动脑筋，让他们去思考企业的规定到底合不合理。如果不合理，希望他们把意见说出来，看看企业能不能解决。如果合理，他们当然得接受。这样对劳资双方都有好处，这才是真正培训人才。如果培训的时候要求他们绝对服从规定，那就成了培训奴才了。

一个人如果本来是没有脑筋的，我们就不会认为他是人才。如果发现他有脑筋，而不让他使用，那就等于把一个人才请进来，却不让他发挥，最后会把这个人逼走。我们经常看到很多人来了一阵子就走了，因为他们感觉现实跟他们原来想象的不一样。为此，我们一方面要塑造新人，另一方面要让他们感觉到我们当初的承诺是事实，没有改变，而且我们还继续朝这个方向走。同时我们也要有雅量，接受新员工的一些个性化的言行。如果新员工完全跟老员工一样，那就不叫生力军了。新员工会带来一些朝气，带来一些新的想法，如果他是合理的，我们应该包容他。这样的话随着新人不断地进来，企业就会日新又新，不会落伍。

我们一直认为人才要靠自己去找，但找来以后要去树立他的信心，要去培养他对企业的感情。有些老板说人才不专心，一进来就想走，对企业不够意思……我始终不赞成这种说法，因为一个人要走，一定有原因，可能是他不对，也可能是企业不对，我们彼此让一步，反思一下比较好。

有一位老板，他手下有一位很重要的干部要走了，他问："你为什么离开呢?"干部讲了很多理由。老板说："这样吧，我现在给你一个小时的时间，你把你对企业的不满，把你对企业的需求通通写下来，写下来以后你再给我一个小时的时间，我如果不能给你满意的答复，那你走。我如果可以给你满意的答复，那你就不能走。"结果那个干部没有办法，因为老板如此诚心诚意，他只好写，写了又撕，撕了又写，撕了好几张纸，勉强写下来几条不满意的地方。老板也很讲信用，一一给他解答，最后那个干部留下来了。

一个人要走有很多原因，我们如果武断地认定，他是因为嫌钱少就走了，或者他因为喜欢自己当老板就走了，这都是很表面化的，深一层的话，我们还可以找到更多的原因。

老板最大的责任就是知人善任。知人，现在叫做选贤与仁；善任，现在叫做人尽其才。一个老板有本领选贤与仁，又使这些贤与仁的人人尽其才，他就很了不起。当老板最困难的就是用人，设备可以买，技术可以买，只有人不完全是用钱就可以买得到的。老板的苦恼一般是所见不明，好人坏人看不清楚，或者他存有成见，就会造成用人的偏颇。我认识一位老板，他自己身材不高，因此他的主管都是身材很高的人，这就是一种成见。我不相信这是凑巧的。我有一次看到这个身材不高的老板，叫他的干部围着他，自己在那里滔滔不绝地训话，很有满足感，可见他是有意为之。

同时我们的人事制度一般是不完善的。我一直认为人是活的，制度是死的，不能没有制度，但是完全依赖制度也不太可能。我们随时都可以看到人事制度不很完善，或者我们认为它很完善，但是执行起来又打了个折扣。这样一来就增加了我们用人的困难。

用人最高的原则就是老板要有度量，主管要有气度。一个人的度量可以容纳一千个人，他就可以用一千个人。一个人的度量只能容纳两个人，他就只能用两个人。一个人的心目当中只有自己，那他就无法用人。

我们求才要公正，要客观，没有私心，同时还要有很多学识跟经验。好不容易求来了人，我们不能善任，那毫无作用。善任才是目的，知人只是一种手段。很多老板会看人，但不会用人，他看出来的人才都让别人用了，非常可惜。有很多老板很会用人，但是不会看人，结果用到小人，又被害死了。所以知人善任要配合起来，两样都很重要。

知人实属不易必须用心修炼

知人，就是分辨一个人是诚还是伪，因为人看起来很老实，同样的老实，一种是真的老实，一种是假的老实，我们要把它分开；分辨一个人是善还是恶，善恶不一定都表现出来的，有的人看起来很坏很凶，但是很善，有的人看起来很善良，实际上心肠狠；分辨一个人是明智的还是愚蠢的，一个人IQ有多高是看不出来的，就算用专业的手段测量出来，也没有办法证明他是智还是愚；分辨一个人是君子还是小人：这些都分清楚，才叫做知人。

孔子提醒我们说："凡人心险于山川，难于知天。天犹有春秋冬夏旦暮之期，人者厚貌深情。故有貌愿而益，有长若不肖，有顺慣而达，有坚而缦，有缓而焊。"意思是说，知人是非常困难的，人心比山川还要险恶，要了解人比了解天还难。天有春夏秋冬之分，我们还可以分辨现在是春天还是秋天，秋天来了以后就知道冬天快到了。早晚也分得很清楚，现在是晚上，很快就是白天了。可是人往往有一个摸不透的外表，外表之下又藏了一颗摸不透的心。所以我们说知人知面不知心，心是藏在肉体里面的，如果不表露出来的话，我们怎么能看透？或者他伪装得很高明，我们也很容易上当。知人固然很困难，但是我们不能因为困难就不理会它，我们非知不可，因为经营管理离不开人。经营管理的成败就看我们能不能把人才分辨出来。知人而又得人，经营者就可以无为而治。

汉高祖刘邦不管哪一方面，都没有办法跟项羽比，但是最后刘邦成功了。刘邦的成功，主要因为他会用人，手下谋臣良将无数。但是刘邦也不是一开始就很会看人，以韩信为例，韩信先是投奔项羽，没有得到重用，一气之下跑来投奔刘邦。刘邦也看不出他的才干，把他当一般人看待，结果韩信生气就跑掉了。于是就有了萧何月下追韩信的故事。刘邦这才意识到韩信是个人才。一个人不可能天生就会知人，要经过历练才行。

知人难在没有固定的模式。假定知人有一套模式，那就简单了，把这些模式输入电脑，再把每个人的资料输进去分析，如果得 80 分以上，就知道他是人才。事实上，我们没有办法用电脑处理，只好靠人来判断。一个人经验越丰富，知识越广泛，判断人的能力就越强。但是我们完全凭经验，有时候会吃大亏的。

我们要学习一些知人之道，把前人归纳出来的一些道理拿出来研究，可以增加一些知人的实力。

现在有很多人动不动就说年轻人不能用，这就是很没道理的话。人都是从年轻时过来的，年轻人都不能用，那用谁呢？用年纪大的人你又嫌他老。我们应该虚心一点，去研究一下年轻人到底有哪些特性：年轻人最起码精力很充沛；年轻人对“先说先死”多半警觉性不很高，有什么话都喜欢讲出来；因为教育的普及，教育水平一代比一代高；年轻人刚出来做事，大多是很认真的；因为年轻人接触事物多，接受的信息量大，对事物有较强的辨别能力；经济观念很强。

这样一来，我们就知道年轻人不完全是坏的，有很多优点，也有一些缺点：他们没有耐心，光说不练，嘴上滔滔不绝，但是没有实际操作能力。同时他们很会找理由，没有责任感。老实讲，一个人年轻，也搞不清楚什么叫责任，只想到他自己，所以显得自私自利。他们比较势利，一代比一代现实，也没有什么感情，没有礼貌。我常常听到很多年纪大的人骂年轻人根本不懂礼貌，连做人的道理都不知道。

年轻人既有优点，也有缺点，这很正常。我们不能说年轻人一定比年纪大的人好。最起码，如果好好用年轻人的话，也是一支新生力量。

知人的道理懂得越多，见识越广，再加上一两次的尝试，增加经验，看人的能力就会越来越强。所以知人的方法很多，但是运用这些方法时，还是要多看，多了解，多印证。比如说我们看到一个人，到底看中他哪一点，要自己分析一下，将来去追踪去印证，慢慢就会提高自己的能力。

知人为什么不容易？第一，人心不同，各如其面。每个人的外在表现跟内心不一定一致，所谓虚虚实实、真真假假很难去断定。有的人看起来很老实，但实际上鬼鬼祟祟；有的人看起来很聪明，结果只会说不能做。第二，人的才干有长有短，而我们观察的人所知有限，比如这个人对天文懂得很多，但是我本身没有天文素养，所以搞不清楚他讲的话是真是假。不管是知长不知短，或者知短不知长，都可能造成错误的判断。第三，人的学问、行为常常在变动。有的人，刚认识他的时候他没什么学问，但是过了两三年，这个人的学问变得非常好，所谓"士隔三日，刮目相看"。但是我们还没有调整过来，还是用以前的老眼光看他，那就错了。坏人可以变好，好人也可以变坏，我们不能只记得以前，还得看现在。一个人年纪大的时候跟年轻时候有很多想法不一样，一个人得意的时候跟失意的时候表现也很不同。所以我们千万不要因为一时、一事，就决定一个人。在日本企业，一个新人进来以后，先不决定他将来做什么，也不很快地升迁他，而是经过长期的观察，彻底了解之后，才给他安插合适的职位。因为用错了，就会造成很难挽救的局面。

知人有困难多半是因为观察的人不了解自己，不了解自己就很难了解别人。自知都不明，怎么可能有知人之明？然而这句话很多人听不进去。一个人常常看错人，就表示对自己了解不够，最起码看人的能力，他自己估计不清楚。所以先求自知，再来知人。

王永庆先生一直强调找人才非常困难，认为最好把自己企业内部的管理工作做好。他说，管理如果上轨道，大家能够安心做事，部门主管就能够以做事的成果来看人；如果管理没有上轨道，大家不知道怎么做才好，成果好的可能是运气好，可能是机会得到了，但会埋没很多人才。换句话说，有了伯乐，人才自然会被发掘出来，可是有伯乐，管理也要事先上轨道。王永庆说，最怕的是有很多人才，但是你不知道。或者你根本不知道你需要什么人才，而到处找人才。

王永庆先生这些话给我们一些启示：第一，由于管理没上轨道，所以企业里面到底有没有人才根本搞不清楚。第二，因为我们不了解企业有没有人才，所以我们盲目地在企业外面找人才，可是我们又不知道要找什么样的人，最后当然徒劳无功。第三，就算瞎猫碰到死老鼠，我们真正找到人才，但不能让他好好发挥又有什么用？所以当主管的人，先使自己做刘备，然后再来找诸葛亮。诸葛亮每个朝代都有，但刘备比较少。

我们都知道统一企业成长很快，当然有很多原因，不过高清愿先生认为，第一批干部实在是功不可没，每个人都能够以身作则，来领导下属、领导员工，使得以后陆陆续续进来的员工以第一批干部为榜样，这样一代一代就会发挥出和和气气、诚实苦干的精神。如果统一企业当初第一批干部用错了，就不是今天这个局面了。

前面提到年轻人有长处，也有短处，而我们现在陆陆续续招进来的多半是年轻人，所以我觉得对年轻人应该多花一点心思。比如说，现代的年轻人多半认为上班时间尽力做，下班时间要过自己的生活。这种想法是不是也应该考虑纳入企业的文化理念？同时年轻人喜欢收入多一点，希望能够发挥自己的能力，希望接受良好的指导，我们也可以在这些需求方面多满足一些。年轻人认为你是老板，但是他在人格上跟你是平等的。这种想法越来越多，是不是我们就应该稍微降低一点身价，给他们多一些宽容。年轻人并不因为你是主管就应该尊敬你，而要看你有没有实力，值不值得尊敬。其实我们中国人以前就是这样，只不过有一段时期我们过分强调主管的权威性，所以有一点出轨了。现在我们把它更正回来：你合理，下属应该服从；你不合理，下属不应该顶撞，但是应该提出意见，大家双向沟通。

知人先要知己然后再去知彼

下象棋的人都知道“观棋不语真君子”这句话。其用意是在提醒我们，知人不如知己。一般人常常自认为很了解别人，所以免不了指手画脚的。就好像看棋的人，总是觉得下棋的人下得不好，议论纷纷，可是真正轮到他自己坐下来，同样感到迷迷糊糊的，这就叫做“当局者迷”。所谓“知人者智，自知者明”，知己与知人同样重要。

我们中国还有一句话，叫“知人不如知己”，同样重要的还有“克人不如克己”。我们要求别人改，他不改，我们一点办法也没有，而调整自己，克制自己，则是轻而易举的事情，所以还是先从自己做起比较好。老子说，“胜人者力，自胜者强”。能够胜过别人固然很好，但是这只不过表示我的智力比别人好，体力比别人强，如此而已。一个人要胜过别人，只要肯努力，就比较容易实现。想要胜过自己非常困难。能够了解自己，克制自己，才是真正的强者。

要想做一个好的企业管理者，要记住两句话：第一句话是“求人不如求己”，我们可以理解为老是要求别人不如先要求自己；第二句话是“正人不如正己”，我们可以理解为老是喜欢改正别人，不如自己先好好改善一下。所有的企业管理者如果能够一心一意地从自己开始，去除自私自利的错误观念，那企业就会发展得非常好。

既然了解自己这么重要，我们怎样才能做到有自知之明呢?

要告诉自己，一个人的眼睛是往外长的，眼睛要看到别人的毛病是很容易的，但是要看到自己的毛病就非常困难了。知道自己的毛病，肯痛下决心改过的更是难上加难。

我们要虚心地反省自己，检查自己。但是自我反省的时候会很容易原谅自己，所以效果一般都不大。企业进行考绩的时候，表格上面往往有一栏让我们自己填，即自我评估，那么很多人都会这样写：“我这个人因为太老实，常常吃亏”，“我这个人因为正直，对某些事情看不惯，常常得罪人”，“我比较谦虚，不愿跟别人抢机会，因此表现平平”。这都是找理由为自己开脱。

我建议，最好能找一两位知心的朋友，把彼此的缺点开诚布公地讲出来，这样可能比较客观。把彼此当做一面镜子来互相勉励，也会增加我们对自己的了解。如果说缺乏知心的朋友，可以请自己信得过的长辈，在紧要关头请教他，平时也可让他指出自己的错误，这都是大有裨益的。

当然，我们也可以用一套方法来自我检讨，我劝过很多人，回家以后，就把桌子擦干净，然后点一炷香，用一炷香的时间来检讨自己，这样就不会应付了事。点燃香的同时，倒一杯清水，这杯清水是有象征意义的，即告诉我们，我们洗澡只不过洗掉皮肤上的一些脏东西而已，而这杯水，是用来内沐的，即清洗内心。还要拿一张纸，一支笔，把缺点写出来，一定要客观，否则就没意义了。养成反思的习惯，就不会逃避自己的错误，就会勇于改正自己的缺点。

有自知之明，更要有知人之明。我们怎么能够快速且正确地了解主管、下属或者客户？古代贤哲给我们提供了一些识人之术，可供我们学习借鉴。

先看孔子的“知人三要”。孔子让我们从三个方面来了解一个人，“视其所以，观其所由，察其所安”。“视”比“观”更进一层，指更用心地来看对方。“所以”，就是他做事背后动机，是正还是邪的。如果他的动机是正的，就算过程稍微有点缺失也要谅解他，如果他的动机是邪的，以后要更加小心。“观其所由”，就是观察一个人的经历，他所走的途径，他所采取的手段，从结果来判断他是不是正当的。一个人动机正当，结果又正当，那么这件事情一般来讲都是比较正当的。“察其所安”，就是观察一个人在安心做什么。“所安”也可以说他平常的习惯，在他平常没有受到压力时，很自然地会去做哪些事情。比如说，一个下属，工作做完以后，他会在那里看书，这是一种习惯，听音乐，也是一种习惯。凡是在自然的状态下，没有受到外界的约束，也不是偶然的情况下，一个人所做的事，就是他的习惯。

一个人的习惯可以表示他内心的一种想法，譬如一个人把工作做完以后，会拿出书来看，他看什么书，小说、画册，还是专业书？通过他看的书，我们就很容易了解他心里头在想些什么。

三国时大名鼎鼎的诸葛亮也有一套知人的方法，总结出来，共七条，分别如下：

第一条，“问之以是非而观其志”。就是说，我们假装不懂，提出一两个问题，问问他的意见，从他判断是非的话语当中，可以观察到他的志向，评定他的为人和能力，也可以了解到他内心的想法。所以企业管理者可以偶尔提一两个问题，让下属回答，看他采取什么判断标准，看他跟你谈论事情的时候流露出什么样的想法。

第二条，“穷之以辞辩而观其变”。“穷”就是追根究底，你一而再，再而三地问他，看看他的反应怎么样。一般来讲，没有自信的人，你一追问，他就开始不安，神色慌张，表示某件事情，他做是做了，但是没有把握。如果说话的时候，他的眼神闪烁不定，配合他的表情变化，就可以了解，他是在修饰已经做过的事情或者掩盖一些不希望你知道的事情。

第三条，“咨之以计谋而观其识”。用重大的问题来征询他的意见，可以判断他的见识。平常很喜欢巧言令色的人，见事关重大，多半不知道怎么回答，我们就知道他没有实力。有些人平常不太喜欢说话，当问他重大的问题时，他反而会给你意外的惊喜，我们就可以了解到，他平常只是不喜欢表现，并不是没有实力。这是了解别人平时表里是否如一的好方法。

第四条，“告之以祸难而观其勇”。我们不断给他困难的工作，看看他有没有接受挑战的勇气。有些人平常一直炫耀自己的决断力，但是一旦给他难题，他就找理由推拖拉，迟迟不解决，或者不停地抱怨，来掩饰他没有办法解决难题的窘境。把灾难、困难告诉他，看他有什么反应，看他有没有勇气承担，这也是了解一个人的方法。

第五条，“醉之以酒而观其性”。我们把对方请来，跟他喝酒，当他喝醉以后，可以观察他的本性。有些外国人老是问我：“你们中国人是不是只有好朋友才一起喝酒呀?”我说：“是呀，酒逢知己千杯少嘛。”对方又问：“既然是好朋友，你们中国人为什么老要把对方灌醉呢?”中国人如果把对方灌醉，只是欣赏他的醉态而没有进一步了解他的本性，也是没有用的。我们把他灌醉以后要赶快观察他的酒品好不好，有的人一喝醉酒就很轻浮，不停地乱讲话，到处抱怨，甚至说别人的坏话。这种酒后失态的表现，可以帮助我们真正了解他的本性。

第六条，“临之以利而观其廉”。我们让他管财务，看他会不会清清楚楚。比如要给客户报价，委托他去做，看他如何处理。调查那些有机会收红包的人，看他怎么做。刚开始时，很多人都会拒绝，但是时间长了，大部分人都会接受，我们可以找自己靠得住的人，让他给别人送个红包，看那人反应如何，是不是廉洁。

第七条，“期之以事而观其信”。我们故意把秘密告诉他，看看他会不会马上传播出去。如果第二天大家都知道了，那他是一个口快的人，我们以后就不能相信他，也不能跟他合作。或者我们把一件事情委托给他，看他答应以后有没有信用，这样就可以了解他的信用度。我们常说“用人不疑，疑人不用”，这句话是很危险的，一定要像孔明说的“期之以事而观其信”，等到我们觉得他的确是有信用的，才可以相信他，不可以随随便便地就相信任何人，否则吃亏的还是我们自己。

我们再看看曾国藩的知人方法：

第一，广收慎用。曾国藩主张“广收慎用”，就是说任何人都可以来，但是我会很谨慎地把人用在适当的职位上。“广收”，是说只问人才，不限背景，不限出生地，不限派系；“慎用”，是说用的时候很谨慎，一定要考察清楚以后才能使用他。

第二，勤教严审。“勤教”就是说，把人选进来以后，要好好教育他；“严审”就是说，很严格地考核他的表现。曾国藩是一个很会带人的人，他认为，一个人有什么样的出身并不重要。在现代企业里面，我们建议，一个人没有进来以前，他的籍贯、学历、经历是很重要的，这些资料可以做参考，等人进入企业以后，就不重要了，我们要重新了解他。

曾国藩还说，如果长时间观察一个人，要看他的精神表现；如果短时间观察一个人，要看他的表情态度。一个人的精神表现，可以分为四种表现类型：

第一种，才俊型。一个人无论何时都精神抖擞，意气风发，这就是才俊型。

第二种，谨慎型。谨慎型的人认为用外表，用气势，用精神来吸引人，不如用信用，用诚意，用言行一致，来获得大家的好感。

第三种，昏晕型。就是说一个人迷迷糊糊的，也没有主见，人云亦云。

第四种，动气型。一个人非常容易动怒，见异思迁，很喜欢推卸责任，老是怪别人不对。有的主管就被他的下属叫做“自动点火机”，就是说你根本不用去触动他，他说发脾气就发脾气。

在企业中，上面几种人都有，分清一个人是什么类型，就可以用相应的方法来应对他。

其实，中国人了解人的方法，都是从《易经》里面来的。《易经》说一个人的言论、行为跟他的命运的吉凶有非常密切的联系，其实就代表了他的好运和坏运。一个人经常讲一些倒霉的话，可知他有很多事情是不顺利的。一个人事情办得顺利的时候，讲话多半都是很积极的。所以从一个人的话语里，我们就可以了解到他对自己有没有信心，目前是走好运还是走坏运。

《易经》里有几句话值得研究一下：“将叛者，其辞惭，中心疑者其辞枝，吉人之辞寡，躁人之辞多，诬善之人其辞游，失其守者其辞屈。”“将叛者，其辞惭”，是说一个快要反叛的人，仔细去听他的言词，会听出他内心有一种愧疚感，有一些羞耻的意味。有一些老板说他的干部背叛他，事先没有防范，其实是他没有注意，任何一个人要背叛老板，不会没有一点征兆，他在跟老板讲话的时候，内心已经流露出羞惭的感觉，老板应该提高警觉。“中心疑者其辞枝”，就是说，一个人心里头犹豫不定的时候，他的言辞就会有分歧，摇摆不定，像树枝一样的支离破碎。他所做的事一般都会做不好。“吉人之辞寡”，是说品德好的人，不会随便开口，其实，话不多的人就保住了元气，才能够集中精神把事情做好。“躁人之辞多”，是说急躁不安的人一定喋喋不休，这样他就没有办法专心做事，心里就很不安。“诬善之人其辞游”，是说我们要诽谤一个好人，讲出来的话都是很不实在的，很容易看得出来。“失其守者其辞屈”，是说一个没有节操的人所讲的话都是很肤浅的，我们不能够相信他。

观人还有简单方法，就是通过一个人的外表来判断其内心。我们常说，眼睛是心灵的窗口，看一个人的眼睛是最容易了解一个人的。现在叫做瞳孔反映，因为一个人的瞳孔会放大或者缩小，就表示他内心的变化。一个人心很正的时候，眼珠就会明亮，心不正的时候，眼珠就会昏昧。听了一个人的话，赶快看他的眼珠，就知道他所讲的是真还是假。问对方喜不喜欢钱，一般人都会讲得冠冕堂皇：“我怎么会喜欢钱呢？钱是身外之物。”那我们能不能相信呢？其实这样的话，我们不能明问，因为对方的回答并不能代表其真正的用意，因为他不晓得怎么回答你才会高兴。最好的办法就是用我们中国人的绝招，让他在不知不觉中，把心里话讲出来。

举一个例子。比如说男女交朋友的时候，女孩可以跟男孩说：“我的姑姑要从香港来看我，她好久没有来了。”第一次就讲到这里为止。过些天，女孩又说：“前几天我姑姑来，送我一个钻戒，好漂亮哦，听说很贵的。”这个时候赶快看男孩的眼睛，如果他瞳孔放大，就知道他是一个很喜欢钱的人。

此外，一个人的正邪要看鼻子，鼻子直的话就代表这个人比较正直。一个人可靠不可靠，看他的嘴唇。一般来讲，嘴唇薄的人，比较冷淡，以自我为中心，只会替自己想；嘴唇厚的人，比较有人情味，有同情心。当然上下嘴唇一样的厚薄比较好。想知道一个人到底是长寿还是短命，看指甲。人身体上大部分的病在指甲上都可以看得出来。换句话说，我们有什么病的话，指甲会给我们一些征兆……

管仲观人的十二准则

1. 訾訾的人不能委以大任。凡是嫉妒心很强的人，不要委以重任。因为一个人嫉妒心很强，就没有办法公平待人，就不是一个很好的领导者，会把有才干的人冷冻起来，或者逼走，这样会对企业造成很大的杀伤力。

2. 謕巨的人可以共谋大事。有远大计划，能够推测未来的人，可以让他担当大事。有的人眼光短浅，只追求眼前的利益，这种人难当大任。要共谋大事，必须寻找有远见、能推测未来的人士。

3. 顾忧的人能担重要任务。凡是能够常常反省、检讨自己的人，责任感大多很强，可以放心地把重要的任务委托给他。

4. 急躁的人要设法远离他。性情急躁的人，大概只知道追逐眼前的名利。往往毫无计划，便贸然采取行动。这种人最好赶快想办法远离他，以免受他的牵累。现在这种人很多，我们把他叫做“短视”，同时他很肤浅，我们要么改变他，要么疏远他。

5. 举长的人要耐心期待他。一个人能够预测将来，能够追求长期利益，但外表看起来并不聪明，属于大器晚成型。我们要好好地培养他，期待他有良好的表现。

6. 裁大的人必能受人尊敬。能够果断地执行大事的人，才能够得到大家的尊重，得到大家的支持。有些人只能够做小事，不能期望他办大事。不能因他小事办得好就把大事委任他。我们一定要了解，一个能够做大事的人，其想法一定跟那些只会做小事的人不太一样。所以我们要把做大事的人跟做小事的人分开。

7. 餐食的人不可以重用他。太过挑嘴的人，身体不会健康。思想太偏激的人，同样不会成大事。这样的人，千万不要重用，以免胡乱惹事。

8. 必得的人做事很不牢靠。如果一个人一开口就说没有问题，是不可靠的。现在越来越多的人，还没等对方说完，就马上说没有问题，其实要大打折扣。

9. 必诺的人不能够信任他。如果一个人随口答应“我负责”，结果不能达成使命，又找出许多理由来推诿塞责，就是不可以信任的人。

10. 小谨的人很难有大成就。一个人如果太拘泥小节，就很难有大成就。

11. 小功的人要再仔细观察。要判断一个人好坏，不能用小功劳来做标准。有些人在问题很小的时候，就把它解决掉；有些人却只能够解决小问题。这两种人，要经由比较长期的观察，才能够适切地加以分辨。

12. 言必有中的人能担大任。平常不太说话，一旦开口就能切中问题的核心，这种言必有中的人，谨慎小心，可以承担大任。

第二节 知人的目的在求适才适用

寻找人才要选择合适的途径

我们很喜欢找人才，那到底什么样的人是人才？我们不妨把人才分成三个等级。

第一种人才，本身很公正，对别人也严格挑剔，是非之心很重。但“水至清则无鱼”，这种人才很难成就大事。

第二种人才，功利心很重，只求解决现实的问题，或者眼前的问题，不能够顾及长远。因此所用的方法容易产生流弊，常常解决了旧问题，又产生了新问题。一些老板常说，自己的一些干部，很有能力，什么问题都能很快解决，可能是因为太年轻的关系，他们留下的后遗症使人更头痛。

第三种人才，有能力，可是心术不正，为了争取功效，常常不择手段。这种人如果有一点成就，其背后有更多的人指指点点。

要找到很齐全的人是非常困难的。本身公正很好，可是对别人太挑剔就很糟糕；自己把问题解决了很好，后面又产生更多的问题就很麻烦；有能力但是不择手段，这样的人更可怕。所以我们在选人才的时候，一定要小心。人肯定有长处有短处，我们把他的长处和短处衡量一下，看看他是不是我们需要的人才。我们也不妨承认，有些人才就是被利用的，这不能怪别人，是他的性格造成的。有能力却不择手段的人，可以当做短暂使用的工具，譬如说，某个部门需要大力整顿，大家都不愿意下手，就可以到外面找一个为了达到目的不择手段的人，让他负责整顿，整顿好了，他自己也肯定会被挤走，我们再来收拾局面。不过不能常这么做，否则会弄得企业人心惶惶。

对不同的人才要求也不一样。技术人才，只要一板一眼，技术高超就够了，不必要求太多。对主管来说，真正好的主管，一方面要聪明，另一方面要能够含蓄。主管聪明到让下属都用不聪明来回应你，那你就没有办法把人培养出来。主管聪明且含蓄，使下属感觉不到你很聪明，那下属才能表现自己的聪明，这样才有办法把人引导好。

不管怎样，我们要找人才，一般来讲有四个途径。

第一个，公开招聘。优点是可以扩大找人的范围，尤其是把招聘消息刊登在发行量大的报刊上，会吸引很多人来应征。缺点是如果应征的人太多，成本太高。

第二个，去找就业辅导机构推荐。我们把自己的需求提供给专业机构，让它们替我们寻找合适的人。

第三个，可以直接向学校或者向职业培训机构求助。一般性的员工，通过学校或职业培训机构就行了。高层次的管理人才，可以跟大学结成合作关系，让学校代为培养。

第四个，通过企业里面现职人员的推荐。如果企业需要的人不多，而且只是一般性的人才，由企业的员工来推荐就好了，只不过推荐的时候应该有一些原则性的限制，比如不要老是由一个人推荐，否则将来就造成一个派系，这是非常不好的现象。

招聘要慎重选择真正的人才

为了礼聘到真正的人才，招聘的过程要慎重一些。通常由用人部门提出需求，需要多少人，条件如何，写得越清楚越好。人力资源部门根据用人部门提出来的需求来判断，到底是内部提拔还是去外面招聘。如果适合内部升迁的，当然要优先考虑；如果不适合内部升迁，只好到外面去觅才，即利用前面提到的四个途径。找到人才以后，要进行初步筛选，他的年龄合不合适，学历符不符合，工作经验丰不丰富……凡是不合适的，我们也要正式地通知他，这样才不会引起他的不满，同时也增加企业的好形象。初步筛选合适的人，要安排面试，约好时间，先由人力资源部门负责面谈，再由用人部门进行面谈。面试不合格的人，要把他们的简历至少保存一年，因为我们认为合格的，最后不一定来，名额有空缺的话，我们再把淘汰的简历过滤一下，退而求其次。依然没选中的，也要正式通知。面谈合格的人，要让他们实地来参观一下，看看工作环境如何。有很多企业，招聘的时候是在办公室进行的，结果应征的人来了之后，发现自己被分配到工厂里，工作环境跟他想象的完全不一样，所以他就不来了，这样也造成浪费。招聘进来的人，要按国家有关法律规定的试用期试用，试用期要安排具体的工作，否则就没有任何效用。试用期满以后，一定要考核，不合格的请他谅解，因为长痛不如短痛，趁现在大家感情不密切的时候，让他走比较容易开口，等到将来感情浓厚了，就不容易开口了。他不合适，趁早让他换一个工作，对他本人来说也比较好，拖下去对双方都不利。试用合格了，就正式任用。

当然我们不得已的时候还要去挖角，为了使挖角而来的空降部队更好地适应，我们要让员工做好心理准备。比如我们事先把工作交给现有的人做，他们做不好，就感到有压力，会主动提出找个有能力的人来做。我们干脆让他们自己去找——他们自己找来的人，排斥会小一些。

好不容易把人挖来了，我们就要待之以礼，他来了以后先辅导他，使他适应环境，让他顺利地发挥才能。我看到有很多老板，在人才挖过来以前，待之如上宾，态度很诚恳；一旦人才挖过来了，就把他当成一般人来看待，使他感觉前后落差太大，心理受到伤害，就不会好好做事情了。

选才的时候，一定要有几个原则。

第一，要公正无私。对于一般的人，我们要平等地去看待他，不要有成见，先做一般性的了解，初步淘汰以后，再对合适的人做进一步的分析。在这个过程当中，越没有私心就越容易找到真正的人才，越没有成见就越容易发现真正的面貌。

第二，听其言还要观其行。我们不要完全听一个人嘴上的话，还要看看他有没有说到做到。我们要事先设计一些可能发生的状况，让新人来处理，看他如何应对。当然，在面谈的时候，就要先问问他，出现类似状况如何处理，以此来了解他的言行是不是一致，可不可靠。

第三，考考他对道理的了解及解决问题的能力。姜子牙说，“必见其阳，又见其阴，乃知其心”。就是说，一个人，光看到他阳的一面，不够，还要看他阴的一面，才能真正了解他的内心。“必见其外，又见其内，乃知其意”。光看他表现出来的，没用，还要看他没有表现出来的，才能知道他真正的意图。“必见其疏，又见其亲，乃知其情”。看一个人，对他不认识的人是什么态度，再看看他对自己很熟悉的人又是什么态度，亲疏当然有别，但是差别到什么地步，就可以知道他的感情是什么样子的。总而言之，不能片面地了解人，要从不同的角度来了解。

第四，不能求全责备。因为人没有十全十美的，越是有奇才异能的人，越有独特的个性，这很难兼顾。所以必要的时候，我们可以用其长而去其短。不过利弊之间应该好好地考虑，最要紧的是利要大于弊，这才是我们选人的时候要注意的。

很多时候，我们招聘时认真选择，可是等人进入企业以后，其表现并不好，为此，我们常感觉到很后悔。这就说明甄选的方法是很重要的。如果一个人来应征，我们问他几句话，他当然回答得冠冕堂皇；如果我们提几个问题，看他怎么答，就能更深一层地了解他。

比如，问一个来应征的人：如果你是主管，指派司机老王和助手老李，下午5点钟之前一定要把货物送到某地点。过了一段时间，助手老李打电话过来，说他们已经到高速公路了，但车子抛锚了，你说的第一句话是什么？

如果他的答案是："那糟糕了，货物能不能如期送到啊？"这个人是不能用的，他只关心货物，丝毫不关心人，这种人当主管就非常危险，这就是工作导向。如果他回答："你赶快叫老王把车子修好啊，不能耽误时间，如果修不好的话，就找修车行来修。"这个人也不合适，因为他满脑子都是工作，工作一定要完成，可是万一老王已经出了车祸，送到医院去了，你还用这种口吻，谁能够接受？如果有人这样回答："你们两个有没有受伤？"这个人应该被优先录取，这说明他很关心人。如果两个人都平安无事，再谈其他的，如果两个人受伤了，当然是救命要紧了。当然，还会有人回答"我知道了"，这样的人一定是很官僚的。

我们从对方的答案当中，判断他的个性以及将来可能的表现，这是一种好方法。另外，我们也可以把应征的人都找来，故意把面谈的地方搞得乱七八糟的，看看他们的反应。有的人的反应是，你们通知我来面试，结果场地搞得乱七八糟的，这算什么企业？有的人来了之后，就在旁边等，什么时候弄好，就什么时候开始。还有的人来了以后，会主动帮忙收拾，这样的人应该优先录用。

企业招人，除了品德跟能力要兼顾以外，还需要注意三个原则。

第一，我们要找的人并不是最好的，而是最合适的。有些企业并不欢迎学历太好的人，因为"要不起"。这是根据经验得出的结论：这样的学历，把他请来，他不一定会来报到；就算来报到了，过一阵子他又跑掉了，结果又要从头来。时间长了，企业就知道，某个学校的毕业生，大概对我们这儿没有多大兴趣，所以从一开始就不选择他。这不叫做成见，而是经验。甄选的时候，只报着选最好的人的目的，并不是一个良好的做法。我们甄选的时候，选最合适的，他来了以后，不但做得很好，而且感觉很愉快，这才是我们在选人的时候应该把握的原则。

第二，我们所要找的人，是合乎企业标准的人。因为每一个企业有不同的企业文化，根据我们的企业文化，寻找能够认同的人，这样的话可能比较合适。譬如说，一个企业有个不成文的规定，任何人来应征，如果不系领带就不予以考虑，这样做到底对不对？我很赞成。但是，我们有一些不成文的想法，那不知道的人不是很倒霉吗？这就牵扯到第三个原则。

第三，我们所要找的人，要是有很大的诚意想来我们的公司，事先一定会打听一下。如果连公司的禁忌都打听不出来，可见要么是诚意的问题，要么是能力的问题。

前面提到，问应征者一些没有答案的问题，看他怎么答，我们再来评定。我承认这样做不客观，但是每一个企业都有自己的想法，每一个企业的文化也不见得很客观。这样一来，负责甄选的人很重要。负责人本身如果不公正，无论用何种招聘方法，他都可能把自己的亲朋好友招进来，而不是招企业所需要的人。如果负责人很公正，尽管没有固定答案，尽管可以完全按照主观来决定，我们也可以相信他。企业如果连一两个可靠的人都没有，那么这家企业恐怕也很危险。

企业可以按自己的企业文化主观地选择人，而应征的人也可以按照自己的意愿来决定接不接受，这样是很公平的。要来的人，有诚意的话，首先会先打听一下，这家企业会问什么问题，怎么回答比较好。中国人在这些方面都是很敏感的，有些人甚至专门编辑某企业的面试题来卖。所以企业也不能总用老一套方法来征选，要经常变换一下。比如，通知应征的人面谈，他们来了以后，接待的人就说自己是面试官，但是突然有急事，要出去两个钟头，两个钟头以后再开始面试，并安排一个人陪着应征的人闲聊。其实那个陪他们闲聊的人才是真正的面试官。用这样的方式，可以使应征的人放松警惕，容易把心里的话都说出来，这样有助于了解他们。

用不同的方式，并经常变换，就算有人都打听得很清楚，一进公司就能适应环境，也没有什么不好的。当然我们还可以进一步去了解，这个人是为了讨好一时故意为之，还是他的确能够认同我们的文化。特别是在面谈的时候，不妨问他对工作地点、上班时间、待遇有什么看法。如果这个人一开始就非常有主见，对工作地点、上班时间、待遇有非常明确的要求，恐怕弹性太小，也不太适合我们企业。假定他能够配合企业的需要，对企业应该有比较大的帮助。

不过，有很多人也在抱怨自己在面试的时候，就被面试官断定他去做什么工作。比如面试官看到一个人很有说服力，就让他去当销售人员；看到另外一个人，家庭背景是从商的，就让他当采购人员。凭一个短短的晤谈，就把他定型，往往会埋没很多人才。这叫做“直观的注定型”，并不是一个很好的办法。因为一个年轻人很快就被定型，他能够进入其他领域的机会恐怕很少，如果我们看得百分之百正确还好，稍微看走了眼，肯定就会把一个人的潜能压抑住了。

我们最好按部就班地让一个新来的人，多方面去尝试，以便真正了解他的才华。同时我们还要小心，优秀的人才是比较难驾驭的。关于这一点，墨子曾说：“良弓难张，然可以及高入深；良马难乘，然可以任重致远；良才难令，然可以致君见尊。是故江河不恶小谷之满已也，故能大。”一个很强的弓，要把它拉开很不容易。可是这种很难拉开的弓，射出的箭可以飞得很远很高，而且命中靶子很深。同样的，好马也很难驾驭，可是你把它驯服了以后，它就跑得非常快。

所以，我们应该在选人才的时候多加注意，比如有的人明明知道面试时系领带的企业才要，他就偏偏不系，可是他的言谈当中，的确有过人之处，我们也不能因为他违反了我们不成文的规定就不用他，不妨尝试问他有没有听说这一规定，他若是说“我知道。但我找不到领带”，就可以知道，他可能是有意用这种方法来引起我们的注意。他算是怪异之才，不要错过。

恃才傲物当然不好，可这种人还没有到恃才傲物的地步，只是说他有才能，不想接受这些。据我所知，有的人一辈子不穿西装，不打领带，有些场合若是有强硬的规定，他宁可不来。

聘用人才后要做到适才适用

当我们把人招进来之后，最要紧的就是要加以适当的教育。新进人员包括有经验和没有经验的，有工作经验的人进入一家新企业，也是新进人员。要使从业人员充满工作意愿，最好的办法就是在他踏入我们企业的头一个星期，给他适当的辅导。如果他刚踏入社会，我们要提醒他，学校是学校，职场是职场。在企业里要早日摆脱学生的气息，最好能够把学生作风一扫而空，变成一个真正的就业者。如果不及时提醒他，他会把当学生时的一些行为带到企业来，我们过一段时间再培训他，就不如一开始时效果好。对于有经验的新人，我们可以客气一些，告诉他，他刚刚进入这个企业，对环境也许陌生，可以先来好好地了解一下情况，凭他的经验，三五天就能进入角色。用这种方法来诱导他，对他也是一种帮助，让他能够尽快适应我们的环境。

等他适应了环境，我们就开始任用他。任用他就是分派工作给他，分派工作最要紧的就是适才适任。也就是说，他有什么样的才能，给他什么样的责任。人有长处也有短处，我们用其所长，这是我们用人的一个原则。

不要大材小用，也不要小材大用，而是要量才为用，他有多大的能力，就要让他承担多大的责任。让他一上来感觉很轻松，以后他的能力就显不出来；让他一上来就感觉到工作负荷太重，他做不好，以后他的信心也会受到一些打击。当我们量才量得差不多以后，就要让他专心地把工作做好。我们一方面要培训他专心，另一方面在考验当中逐渐地加以信任，他才能够把工作做好。所以疑人不用，用人不疑，是由小信到大信，不要从不相信他开始。一个人刚进企业，我们最好不要有怀疑他的念头，因为中国人很敏感，只要他感觉到我们不相信他，那就很糟糕，而且很难改变。我们还是相信他，只不过信任度较小，等他表现好，再对他多一份信任，这样逐渐增加，信任度大到一定程度，就可以真正地相信一个人。

工作分配当然有很多理论，现在我们只讲三个比较重要的原则。

第一，我们要分配工作给别人，千万避免一些因素的干扰，如伦理、感情、价值、习俗……这些因素常常会干扰我们的工作分配。比如，这个人年纪大，看到他就像看到长辈一样，所以不好意思多分配工作给他，这就是伦理的因素。再如那个人很年轻，刚进公司，不好意思给他太重的工作。我觉得这都是不必要的，因为一个人进入公司前，我们已经知道他的才能，我们根据他的才能来分配工作，而不去考虑他到底是长辈还是晚辈，这样才比较合理。没有背景的人就多给他一些工作，有靠山的人就少给他一些工作，这种心理最好避免。假定这个人是老板的儿子，他分配到你这个部门来，你一定要慎重，过分讨好他，就等于告诉老板，你这个人专门在讨好人，肯定给老板一个不好的印象。

第二，我们要按照一个人的特殊资质来分配工作，比如说他的性别、意志、健康情况；还要考虑他受过什么教育，受过哪些培训，智能如何，性情怎么样；再考虑他的情况，包括时间、工作量、人际关系等。当然，我们不主张重男轻女，也不主张重女轻男，在性别上，我们应该了解其先天的区别。比如说男性一般体力比较好，可以多承担一些体力活。我们只是就这些先天差异来考虑工作分配。如果一个人很喜欢跟别人打交道，我们就分派给他需要经常跟别人接触的工作；反之，不妨让他做一些物料管理等很少跟人接触的工作。

第三，我们要考虑他如果获得了这份工作以后，会有何感想，是不是感到身心愉快。尽量让他产生工作的意愿，尽量让他感到这份工作很有面子，或者做了以后很有成就感。

我们在分派工作的时候，尽量避免考虑人情上的问题，尽量避免用私人的关系来决定他的分量，尽量依据当事人的条件、情况。

另外，能者多劳到底对不对？我们分配工作时常常有一些不合理的现象，同一个部门里，有的人工作多，工时长，有的人工作少，也很轻松，这样的情况到底对不对？是应该每一个人做一样多的工作，还是允许能干的人多做一点，不能干的人少做一点？我们居高位，领高薪，而且又很神气，又是红人，但是最后没有作任何贡献，这样会不会引起很多人的不满？如果一个人在企业工作20年了，而且得了一身职业病，我们也要求他跟别人做得同样多，是不是也会引起很多人的反感？

我们要考虑到大家的心理因素。不过从儒家的角度来看，我是赞成能者多劳的。儒家有个很重要的观念就是“才也养不才”，即有能力的要去养那些没有能力的。有能力的人不但不可以骄傲，不可以要求更多的回报，而且应该要多多地服务，以回馈社会。我们今天口口声声讲服务，一定要同工同酬，我觉得这是有点矛盾的，上天给我的条件比人家好，这就是我比人家优越的地方，我还要求多得报酬，这是很奇怪的事情。你既然是能者，你就应该多劳。当然这句话我们要比较慎重地理解，如果有更多的人不计较做多少工作，得到多少奖励，那么我们的企业会做得更好。

第三节 知人善任才能人人尽其才

知人善任目的是得人又得心

做领导者最要紧的就是知人善任，知人善任的目的在于“得人又得心”。只有他的心在企业里面，他才会真正发挥潜力，把企业的事情当做自己的私事一样，用心处理。

所谓得人，就是得到所需要的人。中国人很喜欢讲事在人为，就表示一切的事情都是由人来完成的。单靠管理者一个人把事情做好是很困难的，所以我们才需要组织。组织就是把一群人的力量笼络起来，但这群人是不是得力很难说。同样一群人，如果得力的话，生产力就高；如果不得力的话，生产力自然就低。我们如果能够使这群人都很得力，那就表示我们已经得人了，得人才能够发挥整体的组织力，才能够按照预期的目标顺利完成任务。

这群人是不是长期地努力下去呢？那就看我们有没有得到他们的心。这些人过一阵子就变成不得力了，这种状况相当多，因为彼此不信任，到最后由误解慢慢地产生冲突，甚至严重到对立的地步，那就非常糟糕了。如果有人跳槽到我们敌对的企业，或者自行创业，那么他就很可能会跟企业死拼，这对企业的发展也是非常不利的。得人又能够得心，长期合作，为共同的理想目标而努力，这才是我们长期发展的保证。

知人善任的目的是，不但要得到合适的人，而且要把这些人的心留在企业里面，使他们有向心力、有信心、很专心、很用心。知人是很困难的，但善任更加不容易，有两个原因：

1. 客观的形式常常受到限制。限制一是，我觉得这个人很了不起，将来肯定大有发展，但是我没有办法推荐他，因为我没有这个权力，想推荐也做不到。“人在衙门好修行”就是说，你本来有权力可以推荐人，而你碰到人才又不推荐，那就是罪过。我没有权力，我很会看人，但没有办法推荐，我没有罪过。所以这点也是所有的主管都要小心的，当主管而不能替企业发现人才，不能举荐人才，这就是罪过。

限制二是，我现在发现人才了，可是适合他的位置已经有别人来做了，我又不可能马上把那个人开除，这样做也是不合理的。所以还要等机会，等到那个人调走了，或者企业扩大编制了，再把人才引进来。

限制三是，曲高和寡，真正的天才，他的才华别人看不到，我要推荐他，大家一听都摇头，那我也没有办法了。

限制四是，人才的专长刚好是现实社会不需要的，他生不逢时，只好被埋没了。

2. 嫉妒心理在作怪。嫉妒是人之常情，难免会有。有权力的人，如果嫉妒心很旺盛，故意不推荐人才，就使得人才没有办法获得善任。或者有权力的人本身没有嫉妒心，很想举荐人才，但是其他的人嫉妒心很强，联合起来反对他，排斥他，这个人才也得不到机会。可见，我们要找人很难，发现人以后能不能顺利地善任，也很困难。

齐桓公把管仲请回国，要管仲好好去替他治理国家，可是管仲并没有达到他所预期的目标。齐桓公就问管仲，他这么能干，为什么没有治理好国家？管仲说“卑贱者不能凛然高贵者”，即职位太低的人没有办法让那些职位高的人听话。于是，齐桓公就封他为上卿，给他比较高的职位，可是国家还是没有治理好。齐桓公又问他为什么，管仲说“穷人不能指挥富人”，即他没有钱，别人比他有钱，他虽然是上卿，但是他讲话他们不听。于是，齐桓公又给他齐国市场一年的租金收入。但是，国家还是没有治理好。最后齐桓公又问他是什么道理，管仲说“疏远者不能制约亲近者”，即他跟齐桓公的关系比较疏远，别人跟齐桓公关系比较亲近，他讲的话，那些跟齐桓公关系比较亲近的人根本不听。齐桓公干脆拜管仲为相，尊为仲父。于是，齐国内部大治，安定团结，成为中原霸主。

我们都知道，齐桓公是一个平凡无奇的人，他居然能够成霸业，就靠管仲。管仲是个人才，可是如果他的身份、资产、尊称都不如人家，那么他的能力也没有办法发挥出来。幸好齐桓公在这方面做得比较到位，给他提供了一个广阔的平台。这个故事告诉我们。要想让一个人发挥能力，就要给他适当的条件，不能凭空要求他尽量发挥，当然这些条件要符合他本身的实力，不能盲目给一个人太好的条件，否则容易引起更大的不平之怨。

据了解，很多中高层主管，实际上都不了解本身的职责，只有一部分的主管知道自己的职务是什么，责任是什么，真正能够做出应有成绩的人更少。有 80% 的人不太了解自己应该做什么工作，其中，有 55% 的人是大概知道，但是不很清楚细节。只有 20% 的中高层主管的的确确知道自己应该承担什么样的责任。为什么会这样？因为我们平常并没有要求他们尽到责任，没有让他们反思自己是不是尽责了。我们既然把人才请进来，既然给他相当的地位，给他相当的权力，就应该进一步要求他尽责任，这样才叫做善任。

知人善任体现在企业管理上，可以划分成十个段落，我们把它叫做用人的一贯之道。

第一，识才。企业要订立用人的标准。我们选人的标准，一直是“德本才末”，就是说先看他的品德，品德过关了以后再来看他的才干。一个品德不好的人，我们就不必冒险用他，除非只是短期地利用他，把他当工具。如果准备长期用人，品德是第一位的，然后再考虑他的才能如何，这是识才。

第二，觅才。要拓展寻找人才的渠道，渠道越多，选择越多。

第三，知才。就是在一群人才当中，你能够慧眼识英雄，发现最合适企业需要的人。越是大老板，越要有这种本领。

第四，聘才。就是把我们所找到的人聘请到企业来，而且给他很适当的职位，辅以很合理的责任。

第五，礼才。礼遇人才，让他有知遇之感。

第六，用才。使人才的才干能够充分发挥出来，被企业所用。

第七，留才。使人才久任而不会见异思迁，别人怎么挖角都不会心动，这是很不容易的事情。

第八，育才。就是让他持续地成长下去，再好的人才到了企业以后，如果不给他适当的培训，不让他有继续成长的机会，他也可能过一阵子就衰退了，我们让他跟企业同步成长，将来才不会出现企业人才断层的现象。

第九，尽才。让他在自动自发的气氛当中，能够把所有的力气都释出来，没有什么顾虑，也没有什么阻碍。当年诸葛亮没有碰到刘备以前，有人跟他说，东吴孙权也很好，礼贤下士，他既然讨厌曹操，不如到孙权那儿去。但是诸葛亮不愿意去，他说，孙权是很贤能的人，会敬重他，但是不能充分地信任他，让他去发挥。诸葛亮之所以追随刘备，就是看上了刘备能够使他尽才这一点。

第十，救才。就是使散漫的人能够自律。因为一个人在企业长久工作，难免会有情绪的高低，难免会发生错误，或者他一切都做得很顺的话，也可能会散漫。这样的人，我们要救他，让他日新又新。

遵循用人的一贯之道，就可以让一个人才好好地在企业里面充分发挥才干。能够识才已经很困难，肯用心去寻觅、去鉴别、去礼聘，得到人才后又能够重用他，这更是不容易的事情。用人时，能够克制自己去听他的意见，这个更难，历史上只有少数的成功人士做到了这一点。能够有容人之量，能够使一个人在自己的领导之下，真正地发挥能力，也是人生最大的乐事。

用人，最要紧的是跟下属成为一体，不要跟下属对立，否则就会分裂，分裂就会引起仇视，造成很大的阻碍。假如主管与下属能够成为一体的话，那主管就会知他、信他、尽他、用他、教他、谅他。假如主管跟下属形成对立，主管自然会想办法压制他、排斥他、欺负他，找机会冤枉他，想办法打击他，最后整垮他。这样一来，就和知他、信他、尽他、用他、谅他，形成两种不同的气氛。从下属的角度说也是一样，下属跟主管成为一体，会感到爱主管就等于爱自己，对主管好就等于是对自己好。可是下属如果跟主管有对立的感觉，就会觉得这个主管不能捧，否则到最后他一定推翻自己，打击自己，岂不是自讨苦吃？所以现在就开始冷冻他，疏远他，有机会就打击他。我们要注意自己跟下属相处时内心的感觉，如果感到他是人才，我们会自动地爱护他，培养他，会去制造机会让他发挥，这就是良性循环了，有一天你会很感谢他。如果你认为他是奴才，排斥他，感觉到跟他在一起很倒霉，这是恶性循环。最好趁早改变这种状况，或者实在没有办法的话，就只好离开他。当然也有人感到不好不坏，不过这种情况对我们的帮助不是很大。

从事管理的人最大的本事其实是能够“用人”。用人的先决条件是了解一个人，还要有适当的条件把人才找来帮我们的忙，了解人要靠眼观，而请人来帮助要靠手腕，这都需要有相当的素养。我们常常羡慕别人命好，他的左右手都那么出色，能够帮上他的忙，实际上他也是经过一番的努力才得到今天的成果的。用人不可能没有术。有很多人自认为是个正人君子，不耍什么手段，也不讲什么术，好像所有的术都是不正当的。其实不然，儒家所主张的叫做柔术，法家所主张的叫做刚术。中国人常说的刚柔并济，意思是在关怀、爱护下属之外，还要加上若干的“艺术”。这个艺术就是一种人际的技巧，使得你的下属一方面对你心怀感激，另一方面对你又相当的尊敬。这种情形之下，他自然会为你所用。

我们一定要把权术跟艺术分开，凡是玩弄权术的人，最后一定是害人害己，绝无好处。那种很讲究艺术的人，虽然有花样，但是大家知道他的心很正，意很诚，所以很乐意跟他在一起。中国社会就是这样，我们要高兴地接受人家的设计，这样一来我们就可以相处得很好。

员工跳槽关键在于找准原因

每次大家一谈到人员跳槽，就会感觉到很紧张，好像这是个很严重的问题。我的看法是，一个年轻人刚刚进入社会就业，在前五年，如果认为有跳槽的必要，你就去跳槽，五年之后，你就不应该去跳槽。年轻人刚进入社会，搞不清楚企业的实际情况，也不知道自己的兴趣或者工作意愿，甚至自己适合哪种环境都搞不清楚。你在两年之内能够安定下来，那是你的本领。实在不行的话，宽限到五年。在这五年中，你不是盲目地跳槽，或者存心跳槽，或者为了一点点小便宜就跳槽，而是为了选取更合适的工作环境而跳槽。

有人可能觉得我是站在员工的立场上的，其实我的立场是两面兼顾的。老板要慎选员工，员工也要慎选老板，这是很正常的。我们有一句话说"年轻的时候要慎选老师"，年轻的时候，没有选一位好的老师，结果越学越糟糕。同样，年轻人也要慎选企业，不能盲目投入一家企业就替老板拼命，到最后发现上当，悔之晚矣，会产生很严重的挫折感。年轻人慎选企业，慎选老板，与慎选老师的道理是一样的。

年纪大了以后要慎选学生，很多老师最后身败名裂，就是因为收错了学生，这个学生的所作所为统统算在老师的身上，老师就跟着倒霉。老板也要慎选员工，才不会被员工拖垮。

在现代企业，员工跳槽的原因其实很多。

第一个原因，老板有一个错误的观念，即不培训员工，害怕自己培训完，员工就跑了，白费力气。有的企业甚至自嘲为培训企业，就是专门培训员工好让他跳槽到别的企业。这样一来，就自然想到用挖角来代替培训，大家都想挖角，就造成企业不愿意投资培训，形成恶性循环。

第二个原因，经济快速成长，工作机会很多，年轻人一碰到不如意就想跳槽。

第三个原因，我们一直有太多的创业机会，很多人想到跟老板做不好，那干脆自己当老板。我发现很多人是因为不了解经营的困难，不了解自己没有经营理念，就贸然出去当老板。如果老板能够让干部多参与一点战略决策，多了解经营的困难，干部反而不会轻易出去当老板。我们一想到跳槽，常常会想到薪水的因素，福利的关系，可是我认为这两个并不是主要的因素，主要的因素还是在于人际关系不协调。整个企业没有人情味，才是大多数员工跳槽的原因。

跳槽难免有一些诱因，分内部诱因和外部诱因。内部诱因如对主管不满，感到待遇偏低，没有升迁的希望，或者工作环境不好，再加上劳动条件不合理，工时太长，经常加班，加班费又不高……当然也有福利不好的原因，或者是员工感到很受委屈，不公平，工作不合适，可是主管又不给他调整，或者工作很合适，但是学不到东西，没有成长性……员工对企业内部不满意，就会产生跳槽的念头。

外界的诱因也很多，比如招聘广告上常写着工作轻松、待遇高等，其实每个人心里都清楚，世界上找不到这样好的工作，但是一看到招聘广告上这样写，就会心动。我们常看到高薪挖角的信息，就信以为真。当然也有人觉得自己的工作不太理想，想找到一个真正合意的工作。还有一部分人是听了他人的劝告而跳槽。自行创业而跳槽的也大有人在。

无论是内部的诱因还是外部的诱因，都会使得跳槽的情况越来越严重。不过，从中国人的心理分析，我们不要盲目崇拜日本人的终身雇佣制度。据我了解，中国人是很讨厌终身雇佣的，我们不喜欢受到束缚。我们也不必羡慕美国人“你能做我就让你做，你不能做我就让你走路”的方式，中国人无法忍受做不好就要走路的做法。中国人喜欢合则留，不合则去。我喜欢留下来，老板就不能让我走路，否则就是不讲道义；我哪天要走了，你不能留我，否则就是不顾虑我的前途。很多老板摇头，这样的人还能用吗？其实，这样有什么不好？这才是人性，我们今天提倡的人性化管理，就是认定人会为自己着想，就要想办法留住人才。留才，可以说越来越重要。

留才有八个原则，假定我们能够遵循这八个原则，相信人才就能够留住。

第一，要关怀他。如果让员工感到大家相处一年就有一年的感情，相处三年就有三年的感情，那么他是不会跑掉的。你看一家人，很穷，但是家庭成员也不会弃其他人于不顾，因为有感情，血脉相连。企业也是一样，虽然待遇差一点，但是有感情，也无所谓，可见关怀还是很重要的。

第二，要信任他。当然，不要盲目地信任，先考验，后信任。越经得起考验，就越信任他，考验到某个程度，你认为可以信任的，就不要样样去怀疑他，让他感到你很信任他，他自然会更加勉励自己，维持信用。

第三，要让他承担相应的责任。如果让中国人感到这件事非他办不可，他反而会把事情做得很好。我们让他感觉到企业需要他，老板相信他，这个责任他一定要完成，他会想办法去把事情做得很好。

第四，我们要随时比较同行业的待遇和劳动条件，尽快调整自己，使员工赶上同行业的平均水平。常常表示抱歉没有照顾好大家，常常感谢大家出了这么多力，经常追赶同行业的企业，最起码不落伍，即使没有办法走到最前面，也不能低于平均水平，这样，大家也就没有什么好抱怨的了。

第五，要用合理的态度来对待员工，使员工感到被尊重，而不是被别人随意使唤的人。给员工一定的自主权，让他感觉到某些事情他可以自己作决定，而且只要他的决定是正确的，大家就会给他一定的尊重，他自然会留下来。

第六，我们要重视非正式组织。不但不对非正式组织加以排斥，而且要重视它，利用它，让它很自然地运行，并帮助我们去留住一些人。

第七，我们要有适当的升迁制度。我们的组织要因人设事就是这个道理，等到确认一个人不会离开，就开始调整我们的组织结构，挤出一个新的主管来让他担任，使他能够安定下来。同时我们也要形成一种风气，谁争谁就没有，这是我们一再声明的。如果是争的人才有，那大家就一直争了，不用心工作，天天要争；假定不争的反而有，争的反而没有，那大家就会用工作来争，不会用工作以外的方式来争。

第八，我们要常常培训他，指导他，让他感觉到成长。现在的年轻人越来越重视成长性，很多年轻人留在一家企业，虽然薪水不高，但是可以学到很多东西，他就感到很满意。有的人去听课，不管是不是企业指派的，他认为对他有用就会去，而不考虑加班费、补助等因素。人们如果不能够随着时代而进步的话，心里头就会感到没有保障。所以我们要留住人，就得让他感到在企业可以学到很多东西，可以跟上时代的步伐。

除了这八个原则以外，还有一些内容，也要稍微了解一下。

第一，我们要个别地分析一个人为什么愿意到我们企业来，或者为什么他会有离开的想法。假定我们对相关的人都作一个分析，并且把能够使人留下来的原因强化，使人想走的原因弱化，这是很有效的。

第二，我们要常常了解员工的动态，分析他最近的征兆。有的人之前上班很守时，最近开始迟到了，这就是征兆。我们要进一步了解他，如果是他家里头遇到麻烦，正好趁着这个机会关心他，帮他解决一些问题。如果是他身体不适，我们给他一些安慰，给他一些鼓励，设法帮他找到更好的医生。这样一来，他自然会很安心地留下来。

对有特殊才能、特殊贡献的员工，我们要特别照顾他。这方面不需要顾虑公平不公平，有人多表现，有人多贡献，企业特别给他优遇，这很合理。

我们还要适时、适地，因人而异地调整安人的方法。人会离开，都是因为不安，不可能毫无理由。当然了，我们最近也发现有一些个案比较特殊，这在一定程度上是跟现在的教育有关联。

有一个老板告诉我，他新招来了一批人，都是大学刚毕业的。可是没过几天，他就发现有一个人没有来上班，就打电话询问是什么原因。那个人说："没什么特殊原因。我就是不想做了。"老板就说："你不想做可以呀，你要来企业办个离职手续。"那个人问："什么叫做离职手续呀？我所有的东西统统都在企业里面，我不去，你找别人接替我就好了嘛！"

我想这是教育问题，对于快要进入社会的学生，学校有责任告诉他们一些基本的理念。但是现在学校做不到，还要通过同事或人力资源部门去跟他们沟通，让他们了解。

若是企业的可用之材想离职，我们一定要想方设法留住他。实在不得已，我们也可以给他一段假期，再想办法把他找回来。

有一个部门主管，他手下有一个助理小王做得非常好。但是有一天小王来找他，说："主管，我要辞职，我非走不可！"主管问他为什么要辞职，他说："我在这里感觉挺好的，我也不想辞职。但是没有办法，我妈妈非要我辞职。我妈妈说，我到这里来，有这么多同事，我的婚姻大事应该是没有问题的。想不到我来这儿两三年了，还是没遇到合适的结婚对象，所以我妈妈让我赶快离开这儿，换个工作环境，看看有没有新的机会。我没有办法，只好听她的。"

这也是一个很现实的原因。主管很有办法，就对小王讲："你既然为了这个原因要离开，我不能留你，因为我留你，你心里头也不安，我也对不起你母亲，所以我赞成你跳槽。不过你到别的企业以后，情况也不见得会有所改变，而且你去新的地方，工作顺利不顺利还不知道，你这边先不要辞职，我替你保留职位，你随时可以回来。虽然企业规定不能请长假，但你不必介意，因为上级都知道你做得非常好，所以给你一个特殊待遇，让你请长假。你先请三个月，如果觉得新的企业很好，你再离开，如果觉得不好，你随时回来。"小王对主管非常感谢，他到了新的环境后，主管常常打电话关心他，结果不到一个月，小王就回来了，继续做以前的工作。

每个人都应该记住好聚好散，他要走，一定有他的理由，不要翻脸，不要对他讲一些难听的话，不要说"你要走就走吧，反正企业也不差你一个人"。这样的话一旦说出来，就会传开，就弄得大家非常不愉快。

最后，对于重要的人才，我们要格外了解他离开的动机。中国人在辞职以前，你不让他开口比较容易，等到他开口要辞职，你再留他是相当困难的。企业管理者对那些企业不可或缺的人才，要特别留意，一有什么动静，就要想办法去安他，使他不好意思开口辞职，那你就成功了。如果等他想了又想，下定决心要辞职，你再留他，恐怕相当困难。

在工作上，要一步一步培养员工，让他有成就感；在生活上，要细心地照顾他，让他感到知遇感；在观念上，要让他知道经营是相当困难的，让他了解我们的经营理念，使他产生一种畏惧感，不敢轻率地去自行创业。这样的话，员工自然会留下来。留才的要领归纳起来就是一句话，“让他没有话讲”。一个企业能够做到让大家没有话讲，那大家自然不会想到离开。所以我们要经常了解员工有哪些不安的地方，设身处地了解他的需求，然后想办法让他安下来。不过，我们一定要记住，留得住人不一定留得住心，所以留才，一方面要减少跳槽，另一方面要使现有的人能够比较用心地做事情。

老板最担心的就是跳槽的员工出去以后把枪口对准自己，所以老板就会想到，用合同、用契约来约束员工，甚至有些老板会把他的干部都带到神庙里面去宣誓，说干部要走，一个人可以，不能把别人都带走。这样做也没有什么用，因为中国人很简单，照样可以跑，而且契约的存在只会使员工和老板之间更加不信任，越来越增加敌对感。中国人的心理作用是很大的，老板一说到合同，一想到契约，员工马上会想到，你不信任我，我就先下手为强。因此要留得住他的心还得关心他。所谓“关心”，就是把他的心“关”起来，能够把员工的心关在企业里面，那他一定不会跳槽。

员工最容易感到不满的因素是什么呢？员工如果做得很好，这些问题都是很小的。员工如果做得不好，第一，他会怪企业的政策不好，企业的制度不好，企业的管理不好。当员工讲这些话的时候，不一定是真的，只是在发牢骚而已。第二，他会怪主管的态度不好，领导方式不好。这个我们要稍微研究一下，到底真实情况是不是这样。第三，他会觉得自己对工作没有兴趣，这是一般人都有感觉的。第四，人际关系不好，这一点占的比例相当大。怎样能使人际关系慢慢地调整，使大家相处很愉快，才是使大家减少跳槽最要紧的方式。

第十章
时常自省才能成就未来

中国人既然要别人看得起自己，既然要自作主张，就应该首先看得起自己；要看得起自己，就要使自己能够获得别人的青睐，所以必须重视修己。

第一节 人人修己才能创长青基业

忧患意识和企业伦理不可少

什么叫做忧患意识？特别是企业经营的忧患意识，我们提出四点：

第一点，天下为公。很多人总认为“天下为公”是一个理想，或者是一种政治主张，其实不是。企业经营者如果把天下事当做自己的事情，不私心自用，不以私害公，以解救民族的苦难作为前提，以员工的安人为目的，这就是天下为公。如果每个人只想到自己，没有想到国家，没有想到中华民族，那么我们的前途是很可悲的。

第二点，知耻知病。意思是说，我们要经常地反省，不要麻木不仁，不要生活散漫，不要认为有钱就什么都可以做，不要为非作歹，不要为了钱，就不择手段。这样，我们就不会越来越往没有文化的方向去走。

第三点，奋发上进。我们的生活改善以后，要注意提高生活素质，养成良好的生活习惯。随时吸收一些正确的观念，而不仅仅是新的观念。观念正确最要紧，新不新没有什么关系。还要问问我们能不能精诚团结，如果我们能够同舟共济，处处识大体，明大义，不内斗，不私斗，不自乱阵脚，能够同心协力、精诚团结，那我们的企业还是很有前途的。

第四点，大公无私。要考虑到整个国家，不要因为自己的私利而损害国家的利益。

什么叫企业伦理呢？企业伦理就是企业家对劳动者应该有什么样的行为规范，企业伦理最主要的是“共享利润、尊重权利、平等对待、分红入股”。企业家要了解，这个事业不是我一个人创立的，不是靠我一个人的努力就能有这样的成果的，而是大家一起努力得来的，所以有利润要共享。我们在职务上有高低，但是人格上面是平等的，所以我们要互相尊重。你有你的责任范围内的权利，我也有我责任范围内的权利，我尊重你，也希望你尊重我。这样我们以平等对待的态度来相处，慢慢地推行分红入股，将来大家都是老板，这样就可以恢复我们的企业伦理。

讲企业伦理，一定要相对地讲“工作伦理”，如果我们只是片面地要求企业家要对员工怎么样，也会带来一个危机，所以员工希望老板好好对自己，员工也应该想想自己的工作伦理。工作伦理就是劳动者或者工作者对企业家，对同事应该遵守的一些行为规范。我认为主要有以下几点：

第一点，敬业精神。就是“当一天和尚撞一天钟”。很多人认为这句话是贬义的，很消极，其实是误解。日本的“经营之神”松下幸之助一直备受尊敬，当很多人问他一辈子取得这么多的成就，有什么心得，他说自己就是抱着“当一天和尚撞一天钟”的态度，可见这是很积极的，能够在平凡当中善尽自己的责任。

第二点，合理的态度。我们要努力实现团结的目的，这种合理的态度就是我们的工作能力。

第三点，诚信原则。我们要很诚恳，有信用，积极履行自己的承诺。我们该承诺给人家的，就要承诺；我们既然承诺了，就要履行。

第四点，要讲理。大家要讲理，有问题不要怕，也不要想着在气势上压倒对方，要用合理的态度来解决问题。

第五点，共存共荣。我们要跟企业家共同努力，尊重企业家的贡献。

第六点，要牢守秘密。企业的利益要靠大家来维护，企业有什么机密，我们不能随便来告诉外人。

这些行为规范是我们都知道的。但是，知道是一回事，做到又是另外一回事。

唐朝诗人白居易，小的时候就被称为“神童”，他自己也很得意，经常在家闭门造车，写了很多作品让长辈来批评、指教。这些长辈骂他目中无人，不懂得谦虚，白居易听了很难过，同时很困惑：“你们不是说我是天才吗？现在我写的作品请你们批评赐教，你们反而骂我目中无人，为什么？”于是他就跑到庙里面，去向一位和尚请教。和尚告诉他：“好事多做，坏事少做。”白居易不理解，就回敬一句：“你讲的这些，三岁小孩都知道。”那个和尚说：“对对对，三岁小孩都知道，七旬老翁做不到。”白居易才知道原来那个和尚是在指点他，很多道理我们都知道，但实际上我们很难做到。

因此，不管是忧患意识也好，企业伦理也好，还是工作伦理也好，我们都不要说“我知道了”，越是轻松地说出“我知道了”的人，越是没有做到。很多人口口声声要建立企业伦理，如果大家都不重视修己，那就统统流于空谈。

永丰余集团的创办人何传先生，晚年的时候很喜欢打坐。他一开始打坐，态度全都改变了。以前他很严厉地对待下属，现在他处处宽容，变得很风趣、很爱说笑，大家很乐意听他的话。可见他利用打坐来修养自己，活到老，学到老，不断地反省，不断地改变作风调整自己，别人也适当地回应他。我想用这种互动的方式应该是最合适的。

企业管理是修己安人的过程

中国人最喜欢自作主张，自主性很强，绝对不喜欢别人管。一个不喜欢被别人管的人，一个喜欢自作主张的人，更应该修己。不是为了当圣人，修己只是为了被人家看得起，你不修己人家根本就看不起你。中国人看不起别人不一定当面讲，但是心中没有他的地位。中国人既然要别人看得起自己，既然要自作主张，就应该首先看得起自己；要看得起自己，就要使自己能够获得别人的青睐，所以必须重视修己。

修己的“修”就是治，把原来不美满的地方整治一下。我们今天会美容，为什么不修己呢？外表好看，不如行为正当。修己最重要的是实践，要情绪跟理智密切地结合，一方面要有热烈的情绪，另一方面要有清明的理智，这叫做“情智交融”。情智交融，才能把自己的缺点改掉，把自己不合适的地方调整好，这样就够资格自作主张。

修己的目的是为了安人，中国人的管理就是修己安人的过程。在修己方面我们要做到四点：

第一点，修养自己的品格。其目的在于有感有应。我设计人家，人家接受我的设计，我很感谢他；人家设计我，我觉得很合理，我就很高兴地接受他的设计。这样大家有感有应了，整个的社会就会热闹起来，一方面我们有人情味，另一方面我们很合理。一切事情都靠讲道理来解决。

第二点，锻炼体魄。一个人如果体力不好，工作再认真，也会事半功倍。中国人刻苦耐劳，更需要坚强的体魄。我们都知道中国功夫的妙用，功夫是我们中国人很了不起的一样东西，要珍惜它，利用它，把内脏锻炼好，实际上外表强壮不如内脏健康。

第三点，要充实知识。现在是知识经济时代，知识的更新加快，我们要不断吸收新知识。但新的不一定就正确，我们充实知识，然后运用我们固有的智慧来判断，合用的我们就拿来用，不合用的我们也知道这是一种说法，作参考而已，这样才能够日新又新。

第四点，增强自己的能力。因为技术不断地改良，我们要跟上时代，要培养自己的能力，没有任何一套做法可以用一辈子。现在提倡人要有第二专长，要做转业的准备，其实内部也可以转业，不一定非要跳槽。

修养品格，锻炼体魄，充实知识，增强能力，还要发挥自己的能力来安人。所谓安人，是指凡是跟我们在一起的人都感觉到很安心。人一安，就会忠诚肯干；大家都忠诚肯干，企业一定会精诚团结；企业精诚团结，每个人日新又新，整个企业自然就会生生不息：这是有连带关系的。

谈到经营理念就会想到一些哲学层面的问题，管理如果始终停留在科技的层面，大家都很容易学会。但管理一定要提升到哲学层面，越高阶层的主管包括老板，越应该有相当的哲学素养。德国著名哲学家康德，一辈子也没有离开过自己的故乡，他给自己提了几个问题，这几个问题简单地说就是：第一，我能够知道什么？企业管理者应该告诉自己到底能够知道些什么，这跟我们中国人的想法是很接近的——中国人水平越高，越感到自己所知有限，越明白自己的能力有限，越会尊重帮助自己的人，越会重视别人协同努力的成果，越不会轻视别人而自视甚高。

在康德的观念中，知识是有极限的，而在我们中国人的观念中，自认为能看到的很有限，能听到的很有限，能做到的很有限。总之，我的能力有限。管理者如果认为自己能力有限，是很有助益的。

第二，我能够做什么？我能知道什么，这是知的层面；我能做什么，这是行的层面。知道是很容易的，行动却很困难，所以我们要常常勉励自己多多去做。知道了，没有做，等于不知道。

第三，我可以希望什么？按照中国人的解释，老天爷会给我们的指示，我们如果顺天而为，希望就比较容易达成。所以一个人应该有希望，但希望必须是光明正大、合乎天理的。

第四，人是什么？当然现代人类学一直在研究这个问题。不过我觉得很奇怪，人类学研究到最后，结论却是“人不是人，人是动物”。中国人说人是万物之灵，今天我们受西方的影响，慢慢地否定人跟动物不同的地方，认为人越来越像动物，然而又要提高生活品质，根本是背道而驰。所以我觉得我们还是应该回归到“人是万物之灵”的理念上，天大地大人也大。

康德的问题，用我们中国人的态度来回答，就是一个管理者修己应该做的事。管理者先认定制度是有限的，是没有办法才制定的，我不是想管大家；我担任了这个职位，但我没有权力，我只有责任；我所能够做的很有限，希望大家能够帮帮我；我有很多没有做到的，也希望大家提醒我；你没有做到，我提醒你的时候，你也不要认为我是恶意的；我们一起来努力，但还是要靠老天爷的保佑。我觉得中国人靠老天爷保佑大家，就不会有争执。尽管时代这么进步，只要我们说一声老天爷如何如何，大家都会接受，不会引起大家情绪化的反应。

人是很崇高的，所以我们自己要看得起自己，也要看得起别人，人就是人，人不是动物，这是中国人的重要观念。

一个成功的管理者到底需要什么样的条件？见仁见智，有很多不同的说法。一般来讲，应该信赖自己的下属，让下属承担相应的责任；给下属相当的尊重；有一些正确的判断力。尊重下属的意见固然很好，但是他究竟对不对，还得靠你自己的判断。下属如果吸收了很多你不懂的知识，你就没有办法去了解他，所以自己也要常常进修。

至于创业者的修己方式，跟一般的企业管理者有点不同了。作为一个创业者，我建议他在以下十个方面要反省一下：

第一，创业时的精神有没有保留下来。很多人创业时很认真，能够重视员工，能够听取员工的意见，很重视市场的变化，兢兢业业，一旦成功以后，他就松懈、自大，变得跟另外一个人一样了。这就表示创业时的精神已经消失了，没有继承下来。

第二，任何事情是不是真的贯彻到底。我们中国人常常是说说就算了，做着做着会停下来，很少坚持到底，一不坚持就会变质。企业里面任何事情都是自上而下一层一层地变质，到最后把上面的意思完全扭曲了。

第三，有没有常常进步。如果没有进步，那就是危险的信号。

第四，有没有在技术方面不断地改善。技术如果不改善，你的产品就跟以前一样，很快就会被更好、更新颖的产品取代了。

第五，有没有用心观察别人的举动作为自己的借鉴。创业者慢慢会发现很多人不好意思当面指出你的错误，不好意思给你太多的建议。别人越尊重你，对你越有顾虑，你越不会从别人那里了解自己。所以要靠自己用心去看别人，从别人对自己的反馈中来反省自己。

第六，有没有保持一颗谦虚的心。有很多人稍微有点成绩就自以为了不起，认为自己事业做那么大，赚这么多钱，全靠自己的本事。因此就一点也不谦虚，人家说什么他都不以为然。比如让他去参加培训，他会说："那有什么用？我讲得比他好，他那一套我知道得更清楚。"像这样的人，进步有限。

第七，创业者应该想一想自己对人、财、物的处理方法是否适当。

第八，有没有宽大为怀的雅量。一个人地位越高，事业越大，越经不起失败，越容不得别人。所以要宽大为怀，不要斤斤计较。

第九，是不是充满信心。这一点很重要，如果事业做得差不多了，就认为自己不做也可以，那就是半途而废。人还是要有信心，不管什么困难，以前都能走过去，今后当然还能够走过去。

第十，有没有继续寻找人才，培育人才。如果你觉得人才已经够多了，那你的企业就开始老化，开始衰退了。

干部的修己方式又有些不同，在中国的企业里面，责任最重大的是中"艰"干部。这里之所以不写中"间"干部，是因为中层干部非常艰苦。他要承上启下，一个企业能不能管理好，能不能有很好的绩效，关键在于中艰干部能不能承上启下。当然高阶层要看得很远，要有正确的方向，这是必要的；基层要很努力，要切实地执行命令也很重要。可是最重要的还是中艰干部。很多企业都很重视中艰干部的培训，这是一个很好的趋势。中艰干部发挥作用，会使得高阶层和基层比较容易沟通，所以中艰干部的修己，一定要重视三个很重要的项目：

第一，严守上下的分寸。因为中艰干部不上不下。凡是自己有主管，又有下属，一方面要管别人，另一方面要被别人管的，都是中艰干部。可见中艰干部包括的范围比较广，我们今天因为客气，把经理、副总等都叫做高阶层主管，实际上除了老板算做高阶层主管，车间作业人员或者营业部门的一线人员算做基层外，其他所有人，都应该把自己当成中艰干部，来好好地修治一下，这样对整个企业有更大的帮助，对自己更有利。

严守上下的分寸，一方面，对上一定要小心，绝对不要功高震主。因为越是功高震主，死得越快。有些人表现得非常好，但是最后跟老板闹翻了，这时候要检讨自己，是不是让老板太没有面子，让他感觉到你给他的威胁太大了。另一方面，对下要记住“深藏不露”。“深藏不露”不等于没有能力，而是有能力，但不表现。只要下属能做的，自己就不要做。不过，千万不要说“别人能做的，我为什么要做”之类的话，这种口气让人听了不舒服。站在第三者的角度说这种话没问题，但是自己说出来，就有点过分。“深藏不露”还是要露，中国人讲“不露”就是“露”。

第二，功成不居。所谓功成不居，即不要跟上级抢功劳，也不要跟下属抢功劳。跟上级抢功劳，你抢不过他，最后受伤的反而是自己；跟下属抢功劳，可以抢，但是只能抢一次，因为他这次被你抢了以后，心灰意冷，以后就不表现，没有功劳被你抢，那你也抢不到。中艰干部最好的办法是，事情做成功以后，判断一下是大功劳还是小功劳，大功劳归功于上级，说上级主管领导有方，如果是小功劳，归功于下属，说他们处置得当。中国人都知道，我们的功劳是让出来的，不是抢出来的。

第三，谋定而后动。任何事情，最要紧的是动脑筋，任何事情先动脑筋想好再去做，应该能立于不败之地，因为胜败不是决定于打仗之后，而是决定于打仗之前，先预测一下胜算如何再作决定，比较保险。说话要说到要领，要能够打动对方的心，不可以存有偏见，不可以忽略当前的事物，还要看出任何事情的征兆，最好能够防患于未然。假定做不到，也要及时避免后患，随时注意天时、地利、人和，这就是谋定而后动。

中艰干部严守上下的分寸，尽量把功劳让给上级或者下属，一切谋定而后动，那么他一定可以做得很好。

我们把范围扩大一点，所有的管理者最好常常按下面十个方面来反省、来修己：

第一，能不能经常提出正常而正确的主张。管理者经常要提出一些主张来，不过这些主张必须是正确的。

第二，能不能勇敢地承担自己的工作。虽然我们一再说别人能做的尽量让别人去做，但是毕竟每一个管理者都还会保留自己的一点工作，这个工作不管多少，是不是自己都很勇敢地承担起来，是不是能够以身作则。

第三，能不能用平常心来对待自己所遭受的不公平。你样样要求公平，最后就会感到自己很委屈，就会经常埋怨，心理就不平衡，这样就会影响自己的工作。我们以平常心来对待，不公平就不公平，这次不公平下次公平就补回来了。

第四，能不能尽量减少例外行为。管理一定有例外，任何制度不可能没有例外，但是我们还是要求尽量减少例外。主管就是要做例外的事情，但是每件事情都例外，那就相当于没有制度，而且是破坏制度。我们有制度，也要承认有例外，还要尽量减少例外。

第五，能不能很宽和地待人，并且常常反省自己。我有什么做不到的，我有没有什么地方对不起人家的，我是不是越来越霸道了……

第六，能不能审慎地面对自己的工作。俗话说，艺高人胆大，做久了以后就觉得我这么有经验还怕什么，听我的不会错。这样的人很容易阴沟里翻船，所以始终保持审慎的态度应该是比较好的方法。

第七，能不能用心来了解对手。我们不要害怕对手的存在。世上永远有对手，我们不可能垄断整个市场。竞争对手要发展，我们也要发展，老是埋怨没有用，不如用心来了解它。在企业内部，我们也难免有对手，也应该用同样的态度，用心了解他，包容他，化解他对我们的误解。彼此更了解，才能密切合作。

第八，能不能对事情追根究底，不敷衍了事，又能够尽量不得罪人。有的人为了追根究底，不敷衍了事，就会得罪人，这就是不懂得兼顾。有的人为了不得罪人，很多事情马马虎虎，不了了之，那也是不对的。

第九，能不能忍耐，成为有泪就往肚子里咽的人。一个人地位越高，就越有可能遭受更大的阻碍。所以一定要有更强的忍耐力，假定碰到很大的阻碍，很大的挫折，能够把眼泪往肚子里咽，那就表示自己有足够的忍耐力，将来能够做大事。

第十，能不能拿其他行业企业的经营方式，来作为自己企业改革的参考。我发现有很多人老是跟同行业的人打交道，认为和不同行业的人没什么话好讲，也不想了解别人的经营模式。其实不同的行业，其经营的道理是相同的。就算你是保险企业，我是百货企业，我不妨听听你的经营理念，看看有没有可以借鉴的。还有些人正好相反，越是面对同行的人越是谨慎，很多话都不敢讲；越是面对不同行业的人，越没有顾虑，说话不着边际，拼命把自己的心得讲出来。我们听一听，吸收一点经验，得到一些启示，回去调整一下，变成对自己企业有用的东西，何乐而不为呢？

从员工到老板，每个人都要修己，这才是我们不断进步的动力，我们今天口口声声要社会安定，要经济繁荣，要大家提高生活品质，最根本的还是要常常地修己，常常反省自己，修造自己，改变自己。修己可以分成三个阶段：

第一个阶段，认识自己。

第二个阶段，控制自己。

第三个阶段，成就自己。

在认识自己方面，我们建议某些人去做做性格测验。为什么只是某些人？一个不了解自己的人，尽量多做一些性格测验，但是这样的测验只是告诉你，做某些事情可以，做其他事情不可以，它不是万能的。我们劝一些人去做做智力测验，目的不是让他们知道自己有多聪明，而是知道自己有多笨。一个人抱着想知道自己有多聪明的心态去做智力测验，往往很失望；一个人抱着想知道自己有多笨的心态去做智力测验，就有助于他培养自知之明。我们要做健康检查，才知道自己是否健康。我们要了解一下自己的价值判断、价值信念、价值取向是什么，就知道如何调整。我们通过性格测验、智力测验、健康检查、价值取向等形式可以认清自己。

在控制自己方面，我们处在自由民主的社会里，最要紧的是每个人要控制自己。不要老是说“不要让你的权利睡着了”，相反我们要强调“不要让你的责任睡着了”。每一个人时时处处想着自己的权利，要争权利，但是忘记了自己的责任，这才是糟糕的。我们要明白自己能力有限，知道的很有限，我所能够做的也很有限。这样一来，我们才会了解别人的重要性，来了解跟别人合作的必要性，从中来成就自己。

一个人在不能肯定别人之前就肯定自己，一定很狂妄，一个人肯定了别人再来肯定自己，就能够比较健全地发展自己。在成就自己方面，我们提出六点，大家一起来勉励。

第一点，要知人善任。不管哪一个阶层的主管，尽量来培养自己知人善任的能力。

第二点，有容乃大。一个人度量要大，要容纳一些自己看不惯的事情。

第三点，真诚服务。要用真意来服务人家，有能力的人不能骄傲就是这个道理。有能力是上天给我们的优厚条件，我们要是骄傲，就对不起老天爷。我们来尽量帮助别人，服务别人，才对得起老天爷对我们的特别照顾。

第四点，仁爱为怀。我们要了解每一个人都有自己的苦衷，所以我们要尽量地去关心他，尽量地让他的立场能够站得稳。

第五点，信义为重。每个人要讲信用，要讲义气，讲义气就是说一切讲道理，“义”就是“适宜”的意思，适合的事情多做，不适合的事情少做。

第六点，知命乐天。要知道我有一个命运，但是我不一定认命，我可以创造命，能创造到什么地步就创造什么地步。这才是我们每一个人可以走，而且应该走的路。

大家都重视修己，就会不完全依赖企业的制度，而是依赖自己对自己的约束，每个人都约束自己把工作做好，把责任完成，由小而大，我们的企业一定就会生生不息，每一次都能够很顺利地完成自己所定的任务。

第二节 时常自省才能成为好老板

好老板没有固定的参考标准

怎样才算是好老板？我的看法是每一个人都可以当好老板，因为人们心目中好老板的标准不一样。有的员工认为，老板脾气凶一点不要紧，只要能够跟你学到本领，你就是好老板；有的员工则认为，老板这么凶，看到你我的情绪就不好，你要教我，我也不愿意学。可见员工的心态不同，我们没有办法说哪一种类型的才算好老板。不过我们还是有个最低标准的，能够把员工带好的，就算好老板。能够带好十个人，你就可以做十个人的好老板；可以带好一百个人，你就可以做一百个人的好老板；假如你能够带好一万个人，那么你的企业规模就可以扩大到一万人……

我们也可以缩小一点范围，当我们听到一个老板在赞美下属的时候，就感到他是一个好老板；一个老板始终骂下属，就表示他没有到达好老板的境界。老板心里最清楚，员工是不是尽到责任，是不是把工作都做好，有没有达到预期的绩效。如果答案是否定的，那老板不可能愉快地赞美下属；假定老板能够愉快地赞美员工，可见他的员工工作做好了，责任尽到了，预期的绩效也达到了，那就表示他是很成功的，我们就可以认为他是个好老板。

一般来说，要想成为好老板，要记住三句话：

第一句，要好心。老板可以做错事情，老板可以骂错人，但是你不能存心要害人，当老板心要好，要公正。因为员工跟你在一起，没有功劳也有苦劳，那你就要照顾他；就算照顾不周，也要好好教他；就算没有把他教好，也不能害他。

第二句，度量要宽广。容许你的干部去表现，容许你的员工在把工作做好以后，能够愉快地生活。也许你的干部会投机取巧，也许他会骗你，也许有很多你认为不应该存在的状况，但是你要宽宏大量，去感化他，让他改变过来，这才是当老板最大的成就。

第三句，有钱要大家赚，不要你一个人发财。有钱大家赚，我们今天把它具体化，就叫做“知人善任”。你要知道你的钱是跟谁一起赚，随便碰到一个人说“我们一起赚钱”，到最后谁也赚不到。知道哪些人可以跟你同甘共苦，你就要找到这些人，然后跟他们一起赚钱，这个老板会当得很好。

老板也要特别注意，不要把事情统统留给自己来做。身为领导者，如果聪明而不甘于平淡的话，是不能够有大成就的，就算有短暂的辉煌，也会很快消逝。所以一个大领导者的风范，应该是聪明与平淡兼备，绝对不以自己的聪明来跟干部争功劳。凡是老板显得非常聪明，认为在整个企业里自己最了不起，他不可能成为一个好老板。世界上一些能力高强的老板，往往做不到平淡，因此他们就不想运用他人的长处，也运用不了，只想自己包揽一切，自己独裁。这是非常不聪明的做法。一个人能力再强，能做好的事情也很有限，俗语说得好，“全身都是铁，能打几根钉”。一定要得到别人的帮忙，才能够把老板当好，把事业做好。

诸葛亮有很多长处，可是诸葛亮犯了“食少事烦”的毛病，一个人吃得很少而事情又很繁杂，是活不长的，所以诸葛亮最后累死了。虽然很可惜，但这也是他自找的。无论任何决策，做老板最好让下属针对问题，把可行的方案找出来，然后大家一起商量，不能从头到尾都由自己来负责。

好老板还要具备“三钱四力”。“三钱”是，第一要肯花钱，第二要能赚钱，第三要有一些剩钱。“四力”是亲和力、包容力、智慧力、自信力。

肯花钱。好老板要肯花钱培训员工，让员工在工作当中成长，才不会变成甘蔗的压榨机。如果我们不培训员工，就等于把员工招进企业后，把员工所有的能量统统吸收光，等他们变成废物、呆人后，再把他们赶走，这就是贪心的表现。

能赚钱。赚钱要与员工分享。很多老板很能赚钱，如果不和员工分享，劳资一定不和谐，公司里一定有人会偷懒，跟你过不去，不可能做到一条心。

有剩钱。好老板除了做到以上两点，还要有剩钱回馈社会。现在企业引起社会的公愤，主要是因为企业老板没有剩钱来回馈社会。只有“善尽社会责任”，社会公众才不会对某个企业越看越不顺眼。

亲和力。就是对待员工友善，容易沟通。

包容力。就是说，正面反面的意见都能够听进去，没有成见。并不一定是看法一致的才包容，意见不统一的就成仇人。

智慧力。当企业遇到困难的时候，要有解决的办法，能够及时帮助企业脱困。这种智慧是老板一定要有的。

自信力。对员工要有信心，对企业要有信心，不是完全对自己有信心而已。有些老板对员工没有信心，就不太容易把人带好。

同时，好老板要有爱心，虽然企业是以赢利为前提的，每一件事情都要讲效率，讲精确，但还是希望企业除了利润以外，能够为员工提供一些精神上的安慰，使员工感觉到企业很有人情味。

我始终觉得“人情味”这三个字一点不过时，不是说现代社会就不需要人情味，反而因为现代社会大家都很紧张忙碌，更需要人情味。如果整个企业真的像家庭一样，大家很和谐，老板像长者一样来照顾所有的员工，使大家能够很愉快，这是除了利润以外更重要的一点。

关心下属的生活起居，问问他们有什么困难，要不要我们帮忙，我们不要随便地责骂下属，最好用鼓励来代替责骂。老板并不就是“老板着脸”的意思。

当下属请假、休假的时候，不要为难他，因为他是不得已才要请假的。我发现有一些老板，看到下属要请假，表面答应，然后却交代他这样做，那样做，弄得下属心神不宁，有罪恶感，好像欠了企业很多东西一样。

好的管理者应该避免的症状

管理者要避免一些症状。我把这些症状分成五个层次，一个层次比一个层次更难治。

第一个症状就是“耳目失明”。我把它叫做管理者的感冒，感冒时的症状在管理上叫做情报的管道不通。主管带着七八个人，一件事情七八个人都知道了，只有主管不知道，这就是“耳目失明”。很多人问我：“为什么大家都知道，作为主管，我却不知道?”原因是管理者不能保守秘密，员工不敢告诉他任何事。

第二个症状就是“动辄得咎”。主管如果发现自己的部门情报不灵，就应该提高警觉，你已经“感冒”了。如果不及时医治，那就进入第二个阶段——感冒并发症。感冒本身不可怕，感冒引起并发症就很可怕，主管耳目失灵，大家不愿意跟他沟通，他情报不灵通，就会慢慢走上第二条，叫做动辄得咎。所谓“动辄得咎”，就是说，主管不管怎么做，下属都往坏的方面想。比如主管多问下属几句话，那个下属就怀疑主管想抓他小辫子，其实主管多问几句话是表示关心他，可是他不往这方面想。主管把本部门的业绩报告给老板，你可以认为主管是为了让老板知道大家工作的成绩，这是往好处想；也可以认为大家辛辛苦苦地工作，主管却把大家的成绩当做自己的功劳，这是往坏处想。当一个主管做到每一件事情都被下属往坏处想，这个主管已经得了并发症了，而且是相当严重了。

第三个症状是“传染病”。管理者如果已经有了并发症，不赶快治疗的话，再拖下去，就变成“传染病”了。就是说，大家怕你，把你隔离起来，让你“孤立无援”。你有并发症的时候，也许下属里还有一两个会同情你，等到大家发现你是传染病患者的时候，就会把你隔离起来，没有一个替你说话。

第四个症状是“癌症的初期”。一个主管到了癌症初期，就叫做离心离德，人心都失掉了。不过当你病得很厉害的时候，还是会有人照顾你，虽然得了癌症，初期还是有救的。

第五个症状是“癌症的末期”。一个主管到了癌症末期，就叫做“众叛亲离”。此时，人心尽失，完全孤立。

这五个症状一个比一个严重，作为管理者，最要紧的是要自我诊断，以免症状加重。管理者如果众叛亲离，根本没有办法解决。管理最要紧的是掌握员工的心，所谓的管理的功夫，就是要抓到对方的心，而不是管到他的表面。

我们要避免管理出现这些症状，就要经历“知心、顺心、开心、关心”四个历程。管理最后的目的是关心，让员工把工作做好，但是你在关心员工之前，要让他开心，这就是开关原理。他的心一开，趁机把他关起来，就把他的心关住了。你要让他开心，就要顺着他的心。要顺应他的心，你一定要明白他的心，所谓要知心。

所以我觉得管理者要避免一些症状，最要紧的是要常常跟员工接触。今天我们所谓的走动管理其实就是到处走走，到处看看，如此而已。你跟一个人相处，可是你不见得会了解他，到处走动，但是也可能看不出什么名堂来。管理者用心去了解下属，把他的心理摸得一清二楚，这样叫做“知心”，然后要顺他的心，顺他的心不是要讨好他，而是要让他开心，然后把他的心关起来，把他诱导到企业的任务上面，这才是管理。

因此，我最后要提出十点，以便达成共识。

第一点，管理者对人对己都要和蔼、宽容。身为主管，平常脸色要轻松一点，好看一点，这样当你板起脸的时候，你的下属才看得出来。有的主管一天 24 小时，都是板着脸的，根本搞不清楚他是高兴还是不高兴。主管要下属回应自己，平常要和蔼一点，必要的时候一板脸对方就知道了，这样可以缩短解决问题的时间。

第二点，我们要正确地估计并充分发挥每一个人的能力。

第三点，我们要相信自己，也要相信别人，我们肯定自己，也肯定别人。

第四点，尽力地克服困难，不要失望。有什么困难都当做一种历练，得到更多的经验。

第五点，推己及人，时时要设身处地为对方着想。

第六点，做事要有计划，事先要把目标定好。

第七点，看到问题要很冷静、客观。记住两句话："无事不惹事，有事不怕事。"

第八点，全力以赴，以求贯彻。

第九点，要有团队的意识。一个人没有办法完成的事情，只有大家合作才能够把事情做好。

第十点，尽可能今日事，今日毕。

能够做到这十点的话，不管是管理者还是被管理者，大家都能够很愉快地把事情做好。

·管理培训大师系列·

《做最好的总裁》

作者：曾仕强　定价：45.00元　ISBN：978-7-5502-0250-4

用《易经》的观点解读"领导中心"的奥秘

曾仕强教授教你如何成为无为而无不为的总裁

本书依据《易经》天、地、人三才之道，提出总裁应该"替天行道"，也就是秉持"天之道"来知人、用物。21世纪是快速变化的时代，《易经》是一本变化的书，告诉我们面对变化多端的未来，如何适当地应对。总裁依照《易经》三才之道，确实顺天应人，必然可顺势发展，而且立于不败之地，才是真正的大道。

《领导的真功夫》

作者：曾仕强　刘君政　定价：35.00元　ISBN：978-7-5502-0263-4

领导比管理更为重要，圆通的领导最有效

曾仕强教授教你真正的中国式领导艺术

领导的难题在两难，管也不是，不管也不是。中国人不喜欢被管，却喜欢管人，作为领导该如何处置？本书从领导的两难状态入手，多方面、多角度地阐述了如何解决领导的两难，以及在中国如何做一个圆通的领导，从而领会真正的中国领导艺术。